企业商事法务丛书

汉译主编 季卫东

许可合同

〔日〕 椙山敬士 高林 龙
小川宪久 平岛竜太 编

储 翔 译

商务印书馆
创于1897 The Commercial Press

总序：重新认识企业法务

在2016年，一直被认为是世界法律秩序稳定之锚的英美两国突然发生异变。英国公投决定脱离欧盟，在欧洲乃至全世界掀起滔天巨浪。美国大选推出另类总统特朗普，在世界范围内不断造成意外和不确定性。以此为背景，WTO上诉机构按照任期届满的空缺职位重新遴选新委员的工作从2016年开始受到严重阻碍，直到三年后彻底丧失裁定的功能。美国从2018年1月开始采取大幅度提高关税的举措，从2019年5月开始对华为等企业采取封杀行动。这场中美贸易战的本质其实是法律战，必然促进企业的策略诉讼以及政府的司法外交，当然也就相应地提升了预防法学的重要性。为此，我们需要在新的时代背景下重新省察和反思中国企业法务的制度设计和运作实践。

在过去很长时期内，中国企业忽视了企业法务的功能。按照国际惯例，大型企业的法务开支一般占营业收入的百分之一，但中国的这一占比曾经只有千分之一；在企业的治理结构中法务部门一直处于从属地位，不能参与经营决策；法务人员与顾问律师之间的角色分担关系也是模糊不清的。自从经济合作与发展组织（OECD）成员国在1997年签署《国际商业交易活动反对行贿外国公职人员公约》、美国在1998年修改《海外反腐败法》而把贿赂罪适用范围扩大到外国企业和自然人，各国企业在涉外业务中的法律风险骤增，中国也相应地提高了对企业内控与合规的要求。从2004年起，中国通过三个特别"三年计划"建立和健全了总法律顾问制度以及法律风险防范机制，特别是2012年国资委颁布企业合规的国家标准，企业法务逐渐成为经营决策的指南针。从对总法律顾问具备律师资格的刚性要求上，还可以依稀看到律师主导的美国式企业法务模式的影响。

日本式企业法务模式有所不同，并非律师主导。企业的大部分涉法涉讼事务都由法务部门处理，往往只把自己无法解决的难题交给外聘律师。所有法务人员都是在公司里工作的职员，法务部长也无须获得律师资格，因而企业的法务成本相对比较低，法务部门与业务部门之间的关系也比较协调。企业法务部门的主要职责包括合同文书的起草、修改、审核，就包括劳资关系在内的各种法律问题进行咨询，参与商务谈判以防范有关法律风险，建立和维持内控制度并进行合规培训，维护知识产权，研讨并购的攻防对策，履行环境保护等社会责任，与政府和司法机关进行沟通，与律师进行协调与合作，处理解决纠纷和诉讼的相关问题，等等。2008年的金融危机导致美国跨国公司压缩律师聘用的开支，更重视录用企业内部法律工作者来满足合规和守法的需要。在这种背景下，日本式企业法务模式也受到更多的关注。

中国与日本之间围绕企业法务的体系化深入交流，可以追溯到上海交通大学凯原法学院在2009年开始正式举办学分制日本企业法务系列讲座、在2010年开设东京企业法务实习基地，以及在2011年携手日本经团联成立企业法务研究中心。2017年的中国企业法务年会上海会场邀请到日本经营法友会领导层和代表与会，决定从2018年起在东京和上海两地交替举办中日企业法务年会。就在中美贸易战如火如荼的2018年，上海交通大学日本研究中心作为教育部认定的国别研究中心、作为校级实体化平台隆重成立，围绕企业法务的研究和交流也就自然而然成为这个中心的一项重要任务。在这样的背景下，我们启动了日本企业商事法务丛书的翻译出版计划，试图为中日两国在新时代的经济合作以及纠纷化解奠定坚实的法务基础。

早在国际经济纠纷开始激化的年代，日本就曾经策划出版过关于企业法务的大型丛书，对我国当然也有借鉴意义，但毕竟很多内容已经过时。作为大型公司法务部长交流平台的日本经营法友会倒是经常出版关于企业法务的专题论文集、专著以及最新法规解说，但这些不断刷新的书刊缺乏体系性，无法让中国读者一窥全貌。最后选定的商事法务丛书是从2006年开始编辑，到2009年出齐，距今只有十年左右的时间，内容还在保鲜期内。这套丛书的编撰者包括相关领域的权威学者和实务家，特色是非常注重对现实中出现的各种法律问题的学理分析，试图通过在理论与实践之间架设桥梁的方式为企业法务指明进一步发展的方向，并且提升预防法学和策略诉讼的专业水准。这套书分为四种，包括许可合同、并购和合资、企业金融创新、国际商务等四大前沿领域的重要现象和趋势、法律的制度安排以及操作流程的解析，具体论述的范围实际上几乎涵盖了企业法务的所有层面。因而这套丛书既可以作为企业法务研究的向导，也可以作为法学院培养专业人才的教科书或参考书，还可以作为总法律顾问和法务部长们的业务指南。

不得不指出，就在过去的十来年里，数字化信息技术使法律界的生态环境发生了天翻地覆的变化。物联网、大数据、云计算以及人工智能在司法机关和律师事务所被广泛应用，法律流程外包（Legal Process Outsourcing, LPO）现象变得司空见惯，在这种状况下法律科技公司如雨后春笋般涌现出来，并逐步扮演起替代性法律服务提供商（Alternative Legal Service Providers, ALSP）的角色，直接对接客户而不让律师作为"中间商"赚差价。因此，律师事务所以及司法机构不得不在多样化条件设置下迎接竞争，增加对法律科技的投入或使用，兼顾智能决策、会计、金融等法律之外的关联服务。同样，企业法务部门也开始大量导入智能化的法律科技（Legal Technology）和辅助性服务软件（Software as a Service, SaaS），用于AI合同审核、电子签约服务、数据的追踪管理、多语种自动翻译、国内外法规和案例的检索、企业法务部门与外聘律师的在线协调和咨询、数字化调查取证以及区块链存证。显而易见，企业法务也正在面临数字的覆盖，势必在法务操作科技化、法务运营平台化的激变之中促成相应的范式创新。即便如此，这套丛书揭示的法律专业原理和技巧在数字化时代仍然不会失效，倒是会反过来对数据科学和计算机科学的发展提出更高的具体要求，促进信息通信技术与既有的合规体系不断交织和重组。

这套书的译者都曾经在日本留学和生活过很长时间，是双语达人，所从事的专业工作也与企业法务有着千丝万缕的联系。其中两位是商法、企业法以及知识产权法学科的青年才俊——段磊从东京大学获得法学博士学位后先在名古屋商科大学担任助理教授，再到华东师范大学法学院就任副教授；储翔从神户大学获得法学博士学位后到律师事务所工作过一段时间，现在华东政法大学任教。另外两位是中日经济合作方面的资深律师——骆美化曾经在君合律师事务所创立初期开拓日本业务并担任高级合伙人，现在转为顾问并兼任瑞穗银行（中国）有限公司独立董事；高师坤是上海世民律师事务所的高级合伙人并兼任住友化学投资（中国）有限公司监事。他们都对书中涉及的专业问题了然于胸并且富有实践经验。也就是说，与原著编撰者兼有法学教授和法律实务家的构成相对应，译者也考虑到理论与实践两方面的代表性。各位译者都在繁忙的本职工作之余认真进行翻译，确保精准传达高度专业化内容的原意。

在所有译著付梓之际，我谨代表上海交通大学日本研究中心，代表中日企业法务论坛的组织方，特向各位译者表示敬意和谢意。同时还要感谢日本评论社串崎浩先生不辞辛劳逐一征求日本作者的同意并授予涉外出版的所有权限。当然，在这里要特别感谢商务印书馆责任编辑王兰萍女士对这套书翻译和出版的支持、在等待和编辑译稿方面的耐心以及令人感动的敬业精神。但愿这套"企业商事法务丛书"有利于中日两国企业法务界的交流与合作，有利于企业法务高端人才的培养和训练，也有利于中国企业在充满风险和不确定性的当今世界化险为夷，通过合法经营以及富于洞察力和专业知识的决策而不断发展壮大。

是为序。

季卫东

上海·2021年红叶时节

日文版"企业商事法务丛书"刊行寄语

本丛书旨在对企业现今面临的各种法律问题进行理论分析，并为解决此类问题提供方向。因此，本丛书面向的读者人群首先为从事商事法律实务的律师、企业法务负责人，其次是对实务中的问题感兴趣的法学研究者。

策划本丛书的理念一言以蔽之，是成为"实务和理论的桥梁"。日本法律实务和法学研究此前具有相互背离的趋势。20世纪90年代以后，很多法律学会鼓励实务家参会，尽管上述趋势有所改善，但实务和研究的背离在企业法务等众多法律领域仍旧屡见不鲜。

这导致从实务家的角度观之，实务中真正亟待解决的问题并不一定是法学研究的对象，因此时常有无法利用法学研究成果处理问题的情形。而从法学研究者的角度观之，尽管既存的实务内容中存在理论问题，但我们常常会忽视这样的现状：在未认识到可能产生法律风险而直接进行处理的情形下，实务不断得以发展。

就法学研究和法律实务之间的关系而言，两者的背离并非理想的状况，自不待言。本丛书刊行的出发点就是希望能够或多或少地改善这样的现状。

为达成上述目的，本丛书编委由实务专家（律师）和法学研究者双方共同构成。特别是，研究者当中也有部分从事实务的执业律师，这样有利于在实务专家和研究者间进行实质性探讨。在双方充分讨论的基础上，依据实务、法学研究双方的问题意识，在企业法务的各领域内，提炼值得讨论的重要课题。在各课题执笔之际，我们将写作重心放在对具体实务问题的法理分析和考察，而对制度的讲解，仅限于分析问题所必要的范围之内。

在日本，商事相关法律解释的明确化，是构建商业活动的重要基础。希望本书能为商事法务的发展提供些许助力。

2006年11月

"企业商事法务丛书"编辑委员会

小川宪久（律师）　　　　　宍户善一（成蹊大学）

须纲隆夫（早稻田大学）　　椙山敬士（律师）

高林龙（早稻田大学）　　　道垣内正人（早稻田大学）

德冈卓树（律师）　　　　　中野通明（律师）

野田博（一桥大学）　　　　平岛竜太（筑波大学）

译者序

　　《许可合同》一书讨论的是企业商事活动中知识产权法和合同法交叉领域的问题。本书日文原著由多位日本知名法学家及实务专家精心撰写而成。承蒙丛书主编季卫东教授嘱托承担翻译重任，借此宝贵机会译者细读了原著。虽然日文版发行已有十五年，但是书中所讨论的诸多问题历久弥新，至今仍未完全解决，并且伴随着技术革新和商业模式变化势必产生新的细分话题。因此，本书并未失去其时效价值。此外，本书在科研和教学方面也有一定价值，值得向学界同仁推荐。

　　其一，本书系统性梳理了日本在知识产权许可合同领域的理论脉络和企业法务实践，对我国在该领域展开研究具有参考价值。本书一共分为十一章，每章一个专题，内容涵盖知识产权许可的基本理论以及许可合同在反垄断、专利池、权利用尽、商品化权、国际诉讼管辖等方面的问题。各专题立足日本法，又大量涉及与美、德等国家判例及学说的比较，有学理考证也有实务操作，有实体层面的探究也有程序层面的讨论。这些问题具有全球共性，需各国法律人携手贡献智慧共同寻找妥善解决方案。我国学界和实务界在这些领域也已形成一定的研究积累并将持续探讨下去。知识产权制度在日本是西方舶来品，明治维新后一百多年来日本移植欧美制度的同时又能保持其特色，这离不开日本学者对欧美制度的研究和借鉴，也离不开法官、律师、企业法务工作者等实务专家通过合理解释使之本土化落地。本书所呈现的技术变革时代下日本企业法务和司法实践所做的有益尝试，对我国处理类似问题具有一定借鉴价值。

其二，本书收集了日本知识产权领域代表性判例，有利于丰富教学资料。当前，全球正面临新一轮科技革命和产业变革。一国知识产权竞争力的提升离不开大量的专业人才，近年来我国将培养具有国际视野的知识产权高端人才提升到了国家战略高度。高校作为人才培养的主要阵地，在课程教学中引导学生研读各国代表性判例，培养学生从多法域展开制度比较以掌握多角度思维方法，对培养学生的国际视野无疑非常有效。译者为本学院知识产权专业本科学生开设了《日本知识产权法》课程，相较而言学生们在专业学习上接触欧美制度比较多，在本课程中译者详细介绍日本法中典型判例及相关学说，从不同侧面启发学生进行比较思考，学生们表现出了浓厚的学习兴趣，也拓宽了分析问题的思路。本书各专题对日本代表性判例和学说展开了细致梳理，在教学中将其作为教材或参考用书也非常合适。

本书价值较高，译者深感翻译工作责任重大。我国思想家严复先生在《天演论》中提出了"译事三难：信、达、雅"，此后"信、达、雅"成为翻译工作者所致力追求的理想境界。译者自大学时代开始学习日文和法学，此后硕士、博士均在日本神户大学就读，自感在法律文献阅读和日文写作上应无障碍。但是，翻译的过程又别有一番体验。不同国家语言背后实则是思维习惯的差异。日文有其独特的语法结构和表达习惯，日本学者为求思维严谨往往较多使用长句。在翻译中如为追求日文原文逻辑而力求原样翻译，则不免会造成中文表达的生硬；反之，如为保障中文阅读习惯，则原作中精妙之处难以原样呈现。如何在这两种语言的思维差异和表达习惯之间寻找平衡点，实属不易。此外，日文中有大量外来语，笔者对这些外来语的翻译也颇费了一番心思。譬如，本书第七章中日文"マーチャンダイジング"源自英文"merchandising"，同时日本学界对该外来语又使用汉字"商品化"作为同义表达，由于我国学界对"商品化"一词已比较熟悉，因此译文直接采用该说法；又如，第八章针对美国法上的"publicity"，日本学界并未对此用汉字进行翻译，而是通用"パブリシティ"作为外来语进行表述。针对"publicity"一词，我国有学者将之翻译为"公开权"或"形象权"，本书中为方便理解而采用近年来我国文献中使用较多的"形象权"。诸如此类，翻译过程中在用词贴切和符合原意之间往往需权衡折中、反复调适，译者中文功底有限，深感译事不易。

回忆在日本求学期间，恩师季卫东教授时常教导我们做文章须反复修改才能精益求精。本书的翻译也遵循此道，译稿初成后经过多次修改、反复校正。本书统稿过程中，硕士研究生刘熠宁、刘影、贺顺琪、吴子迪等同学也协助译者做了大量文字修正及资料校对工作。本书得以在著名的商务印书馆出版，是对译者工作的极大鼓励。在此特别感谢责任编辑金莹莹女士，她逐字确认译稿、耐心指点修正的敬业精神着实令译者感动。由于本人学识水平有限，译文中难免有错漏或表达不准确之处，恳请各位读者不吝指正。

储翔

上海·2022年初夏

目　录

凡　例

▼法令名称

　　本书原则上记载正式名称。但如正式名称过长，采用通常用法进行简写。此外，2005年修改前的商法原则上称为"旧商法"。

▼判例

　　略记法如下：

　　最判昭和33·7·22民集12卷12号1805页→最高裁判所昭和33年7月22日判决、最高裁判所民事判例集第12卷第12号第1805页

　　大阪高判→大阪高等裁判所判决

　　东京地八王子支判→东京地方裁判所八王子支部判决等

　　主要判例集的简称如下：

民录	大审院民事判决录（1895—1921年 全27辑）
刑录	大审院刑事判决录（1895—1921年 全27辑）
民集	大审院民事判例集（1922—1946年 全25卷）
	最高裁判所民事判例集（1947—）
刑集	大审院刑事判例集（1922—1947年 全26卷）
	最高裁判所刑事判例集（1947—）
行集	行政事件裁判例集（1950—1997年）
裁集民	最高裁判所裁判集民事（裁判所内部资料1947—）
高民集	高等裁判所民事判例集（1947—2001年）

高刑集	高等裁判所刑事判例集（1947—2001 年）
下民集	下级裁判所民事裁判例集（1950—1987 年）
东高民时报	东京高等裁判所判决时报（民事）（1953—）
裁时	裁判所时报（1948—）
判时	判例时报（1953—）
判夕	判例 Times（1950—）
金法	金融法务事情（1951—）
商事	商事法务研究（1955—1972 年）
	商事法务（1972—）
无体裁集	无体财产权关系民事·行政裁判例集
	（1969—1990 年）
知的裁集	知识财产权关系民事·行政裁判例集
	（1969—1990 年）

前　言

　　正如前文"刊行寄语"中所述，一言以蔽之，商事法律体系中最主要的问题在于，仍然存在诸多对法律实务十分重要但却未被充分研究的领域。例如，合资合同等股东间的合同。这是公司法这一组织法与规制少数当事人之间关系的合同法之间的交叉领域，两者面临的诉求不尽相同。正因如此，仅掌握其中一个领域的学者通常难有所得，须同时通晓两个领域的知识。此外，在此类领域中实务专家的贡献难言充足。有鉴于此，本系列丛书旨在通过实务专家和学者的共同努力来对此类领域进行深度解析。

　　本卷《许可合同》涉及知识产权法和合同法的交叉领域。知识产权法原本是为解决非合同关系者之间的竞业秩序，并且，是以规制他人行为为中心的排他性法律制度。而合同是在一定目的范围内，众人通过合意安排形成的某种法律关系。许可权且可以认为是以合同来消除排他性的制度安排。但是，在现实生活中，即使某种智力成果并未形成具有排他性的知识产权，依然可以成为许可的对象。此外，也存在以各种理由排除垄断的情形。如，通过共同行为支配市场的问题（与独占禁止法相关），以及在一定条件下保留权利的同时允许他人在较大范围内自由使用的许可形态（开放源代码）等。本书将广泛择取此类问题，进行深入研讨。

椙山敬士　高林龙　小川宪久　平岛竜太

2007年1月

第一章 许可的概论

金子宏直

　　许可合同对于知识财产或技术的应用而言不可或缺，具有防 1
止技术重复开发、降低投资风险等社会经济意义。与知识财产及其
应用方式的多样化相应，许可合同也非常多样。本章在概览各类知
识产权相关许可合同的法律规定的同时，也分析混合许可的相关
内容。

一、许可的多义性

（一）意义

"license"一词起源于拉丁语的"licentia"，表示许可或同意的意思。广义上，是指给予特别的行为自由。某种意义上，也可用于指称进行某种特定经营方式的许可。17世纪下半叶，英国的判决将"许可"定义为：在对财产或利益不进行任何移转或变更的前提下，将未经许可而为则属违法的行为合法化。[1]

许可合同具有以下意义。以专利许可合同为例，即使发明人无法自行实施或无力承担实施所需的设备投入资金时，通过许可实施发明，发明人也可据此获得利益；相反，实施方自己不具备发明能力或不具备新技术开发的财力时，通过许可便可在规避投资风险的同时使用最新技术。此外，许可能防止技术重复开发。综上，许可合同具有使既有技术得到实际应用，防止重复开发，降低技术开发投资风险等重大社会经济意义。此外，商标许可合同，则通过维持商品的品质及识别功能，起到保护消费者利益的作用。

许可合同的对象主要是知识财产（知识产权或信息）。知识财产的保护包括文化及经济、人格权及财产权等多个层面。例如，在文化层面，著作权的保护与文化的发展相关联（著作权法第1条），

1　Charles E. Clark, License in Real Property Law, *Colum. L. Rev.* Vol. 21, 767(1921), at 769 n. 8; Mark D. Janis, A Tale of the Apocryphal Axe: Repair, Reconstruction, and the Implied License in Land, *MDLR*, Vol.58, 423(1999).

专利权的保护与激励创造相关联（专利法第1条）；又例如，在经济层面，保护知识财产有利于促进产业发展（专利法第1条、实用新型法第1条、商标法第1条）；在人格权层面，典型如作者人格权（著作权法第18条以下）等等。此外，知识财产作为一种无体财产，具有排他性及同时使用可能性，这与经济活动的公平公正等为宗旨的独占禁止法和不当竞争防止法也具有关联。总之，许可合同 3 作为一种重要的合同，在协调知识财产多方面关系的同时，实现知识财产的有效利用。

（二）定义

日本法律中并无"许可合同"的定义。与转让合同不同，许可合同是许可人保留知识财产（知识产权）的合同。在日本，许可合同作为与知识产权的使用相关的合同，可分为实施许可合同和使用许可合同。许可合同是一种契约，其将专利发明、实用新型、外观设计、集成电路布图，商标或服务标记等的识别商标、Know-how、商业秘密等的知识财产（知识产权）的实施或使用的权限授予相对方。[2] 许可合同的对象，还包含不构成著作权法意义上数据库的一般信息以及类似形象权（publicity）等知识产权法并未明确予以保护的对象（狭义的许可合同）。此外，技术及软件的委托开发合同、销售代理合同、特许经营合同等合同中，如含有知识财产许可使用的内容，并将该许可作为合同重要部分的，也可归入广义的许可合同。因此，许可合同并不是仅仅指诸如专利实施权许可等知识产权法规定的许可使用合同，而应更为一般性地理解为包含了知识财产

2　伊藤正己＝園部逸夫編集代表『現代法律百科大辞典』（ぎょうせい、2000年）〔土肥一史〕。

使用相关内容的复合型合同。

法律上并未对许可合同进行明确定义，但是随着其对社会的意义愈加重大，一些文件也开始尝试对许可进行定义。例如，公平交易委员会《独占禁止法上关于专利与 Know-how 许可合同的指南》（1999 年 7 月 31 日）[3] 对此作如下定义："专利许可合同，是指对专利等（指专利或实用新型，其中专利包含申请中的专利、实用新型包含注册申请中的实用新型）的许可合同。Know-how 许可合同，是指对 Know-how（具有秘密性，以适当方法被记载或记录等，以适当形式存在并且可识别的，与产业相关的有用技术信息群）的许可合同。"

4　　考察日本法院的判例，在早期，"许可人"或"被许可人"的用语往往被专门用于指代专利实施合同中的当事人，而判例中出现"许可合同"这一表述则相对较晚。[4]

（三）分类

许可合同可依据效力及成立的原因进行分类。以许可合同的效力为标准，根据是否仅能由一名被许可人使用知识财产，许可合同可分为排他性许可（exclusive license）和非排他性许可（nonexclusive license）。排他性许可，依据许可人本人是否可以使用知识产权，又可进一步分为完全排他性许可和非完全排他性许可。例如，专利的专用实施权在其登记的范围内属于完全排他许可。

以许可成立的原因为标准，大致可分为基于当事人之间合意而成立的许可（基于许诺的许可）以及基于法律规定而成立的强制许

3　http://www.meti.go.jp/policy/kyoso_funso/pdf/tokkyo.pdf。

4　参见东京高决昭和 41・9・5 下民集 17 卷 9=10 号 769 页。

可（例如，专利裁定实施权等由法律拟制合同成立的情形；根据著作权权利限制的规定，限制许可人知识产权的情形）。此外，专利专用实施权如属于依据遗嘱成立的，则可以参考适用基于许诺成立的许可的相关规则。

此外，并非直接从知识财产所有人（保有者）处获得许可，而是与被许可人签订许可合同的，称为"再许可"［专利的专用实施权对此有明确规定（专利法第77条第4款）］。通常实施权是否可以再许可，专利法中并无规定，但学界通说对此予以认可，实践中也存在这样的做法。[5]

许可合同将被许可人可以使用的权利进行特定化，也对地域范围、期限的限制、数量的限制等进行约定。此外，许可合同通常也会约定许可费（royalty），作为许可使用权利的对价。除了许可费之外，还可能约定改进发明等的权利回授（grant back）条款，关于第三人侵害时的防诉条款，不可抗力原因导致无法实施的不可抗力条款，有关被许可人不履行义务或破产时的合同终止条款等。[6]此类许可合同的内容基于契约自由原则由当事人合意决定，但是，如果许可人以不正当地维持竞争上优势地位为目的，限制被许可人的权利或增加被许可人的义务（例如，要求交叉许可等），或以交易习惯（例如专利池等）为名增加市场准入难度的，则可能违反独占禁止法。[7]

5　中山信弘『工業所有権法（上）』（弘文堂、第2版増補版、2000年）446頁。

6　野口良光『国内実施契約の実務——理論と作成』（発明協会、1979年）。

7　村上政博＝浅見節子『特許・ライセンスの日米比較』（弘文堂、第4版、2004年）；公平交易委员会《关于独占禁止法上专利池形成标准化的意见》（平成17年6月29日），http://www.jftc.go.jp/pressrelease/05june/05062902.pdf。

二、日本法（实体法上）的定位
——民法、专利法、著作权法

（一）实体法的定位

日本民法上不存在许可合同的相关规定，其并非典型合同，而属于诺成的非典型合同。[8]许可合同与专利法的实施合同或商标法的使用合同并不完全相同，确切地说，是包括这些在内的更为广泛的概念。许可人与被许可人，在契约自由原则下，只要不违反公序良俗及强制性规定，可对许可合同的内容进行自由约定。

许可合同形式多样，从使用他人财产获利这一点而言，与使用借贷及租赁相似；就持续性及重视当事人之个性而言，与委托、承揽及雇佣合同有关联之处。因此，对于各种不同的许可合同应当如何适用合同法规定，就解释方法而言，应当参考与其最相类似的典型合同。

（二）许可人的义务

许可合同的本质或称法律性质，是一种规定了许可人不得禁止被许可人使用其知识财产的消极容忍义务（被许可人享有不作为请求权）的合同。[9]许可人对被许可人不负有任何积极义务。许可合同中规定的允许使用知识财产，附随的保密义务、对被许可人的技

6

8　野口・前注6。

9　关于通常实施权，参见：中山・前注5第443页；田村善之『知的财产法』（有斐閣、第4版、2006年）76頁。

术指导以及提供改进技术等内容，理论上可视之为附随于许可合同另行缔结的其他合同。然而，实践中，许可合同大多包含这些义务并将其作为一个整体缔结，因而会有从许可合同本质的角度直接推导出许可人义务的做法，这实际上不一定妥当。具体许可合同的类型不同，其重要的实质内容也不同。

就许可合同允许他人使用知识财产这一本质而言，许可人的义务，可分为知识产权法上的义务及民法等法律上的义务。

知识产权法规定的许可人义务，例如，许可合同的对象若属于专利权等的依申请注册而设立的知识产权，则许可人的义务包括，维持权利有效性、缴纳专利费；如放弃专利权或申请订正无效宣告的，应事先获得实施权人同意；积极适当地应对无效宣告程序等。[10] 此外，在设定专利的专用实施权等以登记为生效要件的情形下，许可人负有配合登记的义务。

其次，关于民法等规定的许可人义务，由于许可合同有偿或无偿均可成立，有偿的情形下，民法上瑕疵担保责任的规定，特别是买卖合同中卖方担保责任的规定（民法第560—564条、566条）也准用于许可合同（第559条）。因此，被许可人享有解除许可合同、请求损害赔偿、请求降低许可费等权利。此外，知识财产作为许可合同的对象，如存在瑕疵，也可适用瑕疵担保责任（第570条）。许可合同当事人之间关于不负担保责任的特殊约定，也可准用民法的规定（第572条）。

产品责任法的适用对象为动产（产品责任法第2条第1款），而知识财产作为许可合同的对象，存在缺陷时，许可人的义务无法适

7

10　中山·前注5第473页。

用产品责任等。然而，当许可合同约定被许可人的零件等由许可人提供时，这些产品可适用产品责任法。

许可合同是继续性合同，因此被许可人可能面临许可人拒绝延续的问题。[11]许可费显著过高因而实质上无法延续的情形下，也可能产生不当竞争防止法等方面的问题。

（三）被许可人的义务

被许可人的义务具体也由合同约定。理论上，许可合同有偿或无偿均可成立。许可合同大多是有偿合同，然而，也有如软件的 GPL 等无偿合同，因此，许可合同中被许可人并不一定有支付使用费的义务。

知识产权法规定的义务有，被许可人不得主张许可人的知识产权无效（不质疑义务；关于不质疑义务，可参见"三"中专利许可相关内容）。民法等对被许可人负有的义务作了以下规定。许可人信赖特定的被许可人，并与之签订许可合同，被许可人代替许可人积极制造产品的情形下，许可合同类似委托乃至准委托合同。此时，被许可人应负有受托人妥善管理的注意义务（民法第644条）。

此外，知识财产作为许可合同的对象，许可人及被许可人均负有诚实行使其相关权利的义务。

（四）担保责任

8　　许可人的担保责任，将在各类许可合同中"许可人的义务"相关部分分别进行说明。

11　拒绝延续许可合同的有效性。许可合同是由于许可人拒绝延续而终止，不构成违反诚实信用原则和滥用权利（大阪地判昭和54·10·16判夕398号154页）。

（五）权利侵害救济

作为许可合同对象的知识产权在受到第三人侵害时的救济问题，理论上存有争议。具体而言，即是否承认许可合同的效力包含差止请求。被许可人的物权请求权，是由侵害所有权乃至占有的排除妨害请求权构成，还是由侵害人格权的请求权构成？不法行为相关理论认为，应承认差止请求权，例如，专利的专用实施权以侵害物权性质的权利为依据，此外，作者人格权以侵害人格权为依据。实际上，专利法和著作权法规定了差止请求权（专利法第100条、著作权法第112条）。如此，许可合同中，除专利的专用实施合同等明文规定可请求差止的情形外，针对知识产权法上的使用合同，专利通常实施权许可合同等，以及现在并未成为知识产权法规制对象的知识财产或将来新出现的知识财产使用合同等，有必要讨论是否可以依据民法的一般理论对合同的侵害进行救济。

就此，民法承认了损害赔偿作为不法行为的救济手段（民法第709条）。而且，在损害名誉等情形下，民法还承认有广告道歉等损害赔偿以外的救济方法（第723条）。有疑问的是，在金钱赔偿以外，能否承认差止请求作为不法行为的救济手段。

关于民法上的第三人侵害债权，判例认可债权人有损害赔偿请求权和排除妨害请求权。[12]

债权侵害成立不法行为（债权的对外效力），此前就已得到承

12　平井宜雄『債権総論』（弘文堂、第2版、1994年）114頁；奥田昌道『債権総論』（悠々社、増補版、1993年）232頁；内田貴『民法III』（東大出版会、1996年）167頁。

认，[13]然而，其要件存在争议。传统通说认为，债权侵害要构成不法行为，需要侵害行为的违法性特别严重，须满足下列三种情形之一：①侵害债权的归属的；②侵害作为债权目的的给付，使债权消灭的；③侵害作为债权目的的给付，但债权并未消灭的。[14]在②的情形下，因不可归责的履行不能而债权消灭，债务人被免除债务，因此违法性比③更强。因此，主观要件上，①②仅需第三人的过失即可，而③需要第三人的故意（第三人不仅需要认识债权的存在，还要有债务人的教唆或与其通谋）。在客观要件的违法性上，仅签订双重的雇佣合同或双重的演奏合同并不违法，但以欺诈、胁迫及与之类似的手段取得债权，或构成不正当竞争的情形下，应认为构成不法行为。对于上述通说，从保护合同关系的角度而言，存在扩大不法行为认定范围之嫌。构成侵害行为债务的，合同作为该行为债务发生的原因，应认为仅可对债权人清偿（约定有竞业禁止义务、独家销售权等情形），这样的情形下应当优先保护合同关系。在具备通常的不法行为要件时，应认定构成不法行为。[15]

关于排除妨害请求权，在债权侵害的情形下，也有判例予以承认。[16]

13　大判大正4·3·10刑録21輯279頁；山本隆司「第三者の権利侵害と不法行為」星野英一＝平井宜雄＝能見善久編『民法判例百選II債権』（別冊ジュリスト、第5版、2001年）52頁；大判大正11·11·21民録22輯2250頁。

14　我妻栄『債権総論（民法講義IV）』（岩波書店、新訂版、1964年）94頁以下；内田·前注12第168頁以下。

15　平井·前注12第120頁。

16　对当事人侵害债权，承认债权人的排除妨害请求权的初期判例有，关于专用渔业权侵害的大判大正10·10·15民録27輯1788頁。还有判例承认日本舞蹈"流名"等的差止请求权。大阪地判平成1·4·12判时1306号105頁。

但在债权侵害中一般不承认排除妨害。主要在不动产租赁中，通说认为，不论对抗效力，无权占有人皆有排除妨害请求权，订立双重合同的情形下，应承认有对抗效力的租赁权享有排除妨害请求权。

（六）刑罚等

侵害知识产权，不仅有民事上的救济，还有可能成为刑事犯罪处罚的对象（专利法第196条等、实用新型法第56条等、著作权法第119条等、商标法第78条等、外观设计法第69条、不当竞争防止法第21条）。有欺诈行为罪、虚伪表示罪、伪证罪、法人的双罚规定等。专利法上还有秘密泄露罪（专利法第200条）。

专利权、实用新型权、外观设计权侵害罪，过去在仅侵害私益时为亲告罪，但1998年改成了非亲告罪［违反进口侵害物（关税法第69条之8第1款第9项）的处罚规定的，即第109条，为非亲告罪］。商标权侵害罪所保护的法益，并非仅限于商标所有权人的信用、财产权等私益，侵害商标权还会导致商品出处的混同或者误认，侵害流通秩序等损害消费者、交易者的公共利益等后果，因此始终是非亲告罪。[17]

（七）程序法上的问题

1.损害数额的推定等

不法行为的损害赔偿请求中，必须对故意或过失、权利的侵害、损害的发生、因果关系的存在进行举证。理论上，专利权人必须对生产制造专利侵害品导致其所受损害的金额进行举证。然而，实际上很难对金额进行举证，导致难以承认其损害赔偿请求。对此，为使损害赔偿请求更加容易，专利法等规定有损害数额的推

17　小野昌延『商標法概説』（有斐閣、第2版、1999年）293頁。

定、过失的推定等（专利法第102—104条，商标法第38条、第39条中专利法的准用，著作权法第114条，不当竞争防止法第5条等），同时还规定有相当损害额的认定手续等（专利法第105条之2、第105条之3，商标法第39条，不当竞争防止法第8条、第9条等）。

但是，上述规定不适用于许可合同中基于债务不履行的损害赔偿请求。

2.保密令

在民事诉讼法规定的诉讼记录阅览限制（民事诉讼法第92条）之外，2005年专利法、著作权法等也设置了保密令制度（专利法第105条之4、商标法第39条的准用、著作权法第114条之6、不当竞争防止法第10条）。此前的诉讼记录阅览限制等，是为弥补诉讼导致商业秘密不能完全避免公开的缺陷，而借鉴美国保护令（protective order）所设计的制度。

商业秘密作为保密令的对象，由不当竞争防止法定义（不当竞争防止法第2条第6款）。例如，许可人相关诉讼的相对方以外的被许可人名称及其与许可人之间的许可条件等，也属于商业秘密。

3.破产手续

很多许可合同约定有当事人破产作为合同终止或解除的原因。被许可人的破产程序开始时，承认许可合同中知识财产的使用权几乎没有意义（理论上有使用破产财团所有的材料制成制品并变卖的可能性）。破产程序外的再建型程序（公司更生、民事再生）中，被许可人因破产导致合同终止是否妥当，值得探讨（首先考虑防止Know-how等逸散的理由）。许可人破产导致合同终止时，尽管被许可人并无任何责任，却无法继续使用知识财产，这一点存在问题。[18]对此，破产法将许可合同视为双方未履行的双务合同这一点存有争议。近年由于破产法修改，注册的知识财产使用合同中，也开始明确约定对被许可人的保护（破产法第56条第1款、会社更生法第63条、民事再生法第51条的准用）。

三、专利的许可和Know-how的许可

专利法上，专利的使用合同有专用实施权和通常实施权，还有不基于合同的裁定实施权（强制实施权）、法定实施权。[19]专利的许可合同的内容符合上述任一情形时，适用如下所述的专利法规定。

裁定实施权及法定实施权构成专利法上的通常实施权，但两者性质不同。[20]下述有关专利的专用实施权、通常实施权的说明，除了人格权及职务发明等事项，与商标的专用使用权、一般使用权基本相同。　　　　　　　　　　　　　　　　　　　　　12

（一）专用实施权

1.设立

专用实施权人在设定行为规定的范围内，享有实施专利发明并

18　知的財産研究所編『知的財産ライセンス契約の保護』（雄松堂出版、2004年）。

19　佐藤義彦「特許実施権の性質」磯村哲編集代表（於保不二雄先生還暦記念）『民法学の基礎の課題（下）』（有斐閣、1976年）277頁。该文总结了旧法以来关于专利实施权性质的判例、学说。

20　中山・前注5第431页。

进行营业的专有权利（专利法第77条、商标法第30条）。即使是专利权人，在设定范围内也无法实施该权利，因此，专用实施权表现为准物权的效力。超过该限制的实施，并非违约，而是侵害专利权。专用实施权的生效要件是登记，并且必须同时登记对实施范围的限制（专利注册令第44条第1款第1项）。与通常实施权相比，专用实施权的使用频率更低，多存在于当事人之间有特别关系的情形下。

职务发明，原则上由使用人取得通常实施权，若要设定专用实施权，则需支付相当的对价（专利法第35条第3款）。

2.登记和效力

专用实施权以登记为生效要件。不登记则不发生专利法上专用实施权的效力，但不影响许可合同的成立。例如，未对专用实施权的范围限制进行登记，则该专用实施权将被视为无限制的实施权，实施权人超过该限制实施的，不构成侵害专利权，而可能产生债务不履行的问题。此外，对于在外国实施的限制与出口地的限制，专利权的效力尚不及，专利法上不予认可，因此无法登记注册。[21]对数量限制进行的登记，不应予以认可（理由在于，如此则专利权人和专用实施权人双方都有实施的权利，违反了专利法第68条的立法原意）。然而，从契约自由的原则观之，只要不违反独占禁止法等的规定，这些限制在合同上是有效的。[22]在现实的专用实施权设

---

21 东京地判昭和38·5·18下民集14卷5号979页（永田大二郎「通常实施権許諾の範囲」兼子一编『特許判例百選』〔别册ジュリスト、1966年〕72事件、156-157页）。

22 中山·前注5第435页；織田季明『新特許法詳解』（日本发明新聞社、1961年）334页；豊崎光衛『工業所有権法』（有斐閣、新版·增補、1980年）304页。这些文献认为，即使违反数量限制，也不构成对专利权的侵害。

定合同中，很多都规定有原材料的进口地、产品计划、销售途径、标识的使用、职员派遣等限制，这些限制并非专利法上专用实施权的范围限制，而是当事人的合同义务。

专用实施权人在设定行为规定的范围内，享有与专利权人同等的权利（专利法第77条第2款、商标法第30条第2款）。专用实施权人得以自己的名义向侵权人请求差止*（侵害的停止、预防及侵害物的销毁等）（专利法第100条、第101条，商标法第36条、第37条）和请求损害赔偿。这种差止请求权，与损害赔偿请求权不同，不论侵害人的故意过失。而损害赔偿请求权推定侵害人有过失（专利法第103条）。

3.共有

共有的专利权，如未获得其他共有人的同意，不能设定专用实施权（及通常实施权）（专利法第73条第3款，商标法第35条中专利法的准用）。违反前述规定获得实施允诺者的使用，将构成对其他共有人的权利侵害（实用新型权）。[23]专用实施权共有时，对于专用实施权的内容，各共有人未取得其他共有人的同意，不得允诺他人取得通常实施权（专利法第77条第5款，商标法第30条第4款中专利法的准用）。

对侵害共有专利权的行为请求差止的情形下，各共有人均有权单独实行保存行为（民法第252条但书），也有权单独请求损害赔

---

* 一般认为，差止请求除包含停止侵害的含义之外，还有禁止将来发生侵害之义。——译者

23　仙台高秋田支判昭和48·12·19判时753号28页（井上靖雄「共有者の一人の下請人の実施と他の共有者の同意」鴻常夫＝紋谷暢男＝中山信弘編『特許判例百選』〔別冊ジュリスト、第2版、1985年〕71事件、148-149頁）。

偿（商标权）。[24] 此时，可依据共有份额请求相应的损害赔偿。[25]

14　　4.终止

专利的保护期限原则上是从专利申请之日起20年（专利法第67条第1款）。例外情形下，可以延长不超过5年（第67条第2款）。专用实施权附随于专利权，因此，专利权消灭的，专用实施权也随之消灭。具体而言，专用实施权可因无效宣告的确认、专利存续期间的届满、专利权的放弃（但须要专用实施权人的承诺，专利法第97条第1款，商标法第35条中专利法的准用）、无继承人（专利法第76条）、专利权的撤销（独占禁止法第100条）等原因消灭。此外，当事人之间合同关系的消灭（合同约定期限届满、解除等）、专用实施权的放弃、专用实施权的撤销（第100条）也会导致专用实施权的消灭。公司的合并等导致专利权人与专用实施权人为同一人的，专用实施权因混同而消灭。除混同或专利权的消灭之外，登记是消灭的生效要件（专利法第98条第1款第2项，商标法第30条第4款中专利法的准用）。

　　5.许可人的义务

许可人负有专利的维持义务、专用实施权的登记义务等。[26] 许可人的义务可由专用实施权等的设定合同自由约定。设定合同多约定有技术援助义务、技术信息提供义务等。无明示约定时，设定人是否有瑕疵担保责任存在争议。另外在约定通常实施权或质权时，必须对能够对抗专用实施权的权利进行登记，且不能将这种对抗性

24　大阪高判昭和40・1・22下民集16卷1号63页。

25　参见小野・前注17第156页，著作权法第117条。

26　关于商标的专用实施权，参见：田村善之『商標法概説』（弘文堂、第2版、2000年）421頁。

的权利视为隐蔽瑕疵。法定实施权无需登记即可对抗专用实施权
（专利法第99条第2款），因此，专利权人明知存在法定实施权，而
隐瞒该事实，则会产生担保责任。法定实施权存在时，大多会承认
专用实施权人的许可费减价请求权以及瑕疵重大时的合同解除权。

关于专利的有效性，原则上应认为专利权人不承担担保责任。[27]
无效宣告确认专利无效时，专用实施权人无法继续独占性地实施，
因此，需要专利权人通知解除。但被确认无效之前，由于专用实施
权人通过事实上独占性地实施获得了利益，通说认为，许可人原则
上没有返还已支付的许可费的义务。如存在已支付部分不返还的约
定，则许可费并非不当得利，无返还义务。[28]

专利权转让时，关于专利权人的受让人是否继受实施权设定合同
中的权利义务，学界存在争议。有学说认为，仅有经登记的权利义
务移转至受让人，而合同义务中，未登记的义务、无法登记的义务
（技术信息提供义务、技术援助义务、原材料提供义务等），仍由原
权利人享有。如此的结果是，合同无法履行则构成债务不履行。[29]

6.被许可人的义务

许可费支付义务在实务上最为重要。这也由合同约定，有可能
无偿。实施权人有实施的权利，但没有当然的实施义务。

对于实施义务与许可费支付义务之间的关系，在专用实施权与
独占实施权许可的情形下，双方并非按照定额的方式，而是约定依

27　中山・前注5第438页。

28　东京地判昭和57・11・29判时1070号94页、判夕499号195页（石川義
雄「実施契約中の権利の無効と不当利得返還請求権」鴻ほか編・前注〔注23〕
74事件、154-155页）。

29　中山・前注5第440页。

据生产量等持续性地支付许可费时，被许可人负有实施义务。[30]

关于不争义务（实施权人不质疑专利有效性的义务），各个学说之间存有争议。[31]判决所持的观点一般认为，实施权人是无效宣告的适格申请人。[32]此外，约定不质疑专利权有效性的合同基本上是有效的。[33]

16　　被许可人的其他义务包括，产品的销售价格的限制、竞争产品的交易限制、品质规格的限制、供应商相关限制、产品经销商的限制、改进技术提供义务、商标等标识的使用义务、专利池的使用等。这些义务还可能受到竞争法的规制。[34]

此外，许可合同终止时，被许可人负有将手册等资料、样品等返还给许可人或销毁的义务。保密义务将在"（四）Know-how许可"中进行说明。

（二）通常实施权

1.设立

通常实施权（专利法第78条）包括，合同约定的独占的通常

30　豊崎·前注22第313页。

31　支持不质疑义务的学说有：中山·前注5第438页、光石士郎《新修订专利法详解》（帝国地方行政学会、1971年）536页，认为依据诚实信用原则，应认可专用实施权人的不质疑义务。田村·前注9第264页认为，如不违反诚实信用原则，请求无效宣告是可能的，因此是同样的。与此相对，反对不质疑义务的学说有：织田·前注22第445页认为，通常实施权人，即使申请人和被申请人之间存在不申请判决的合意，也可作为无效宣告的适格请求人。

32　东京高判昭和38·1·31行集14卷1号95页。

33　田村·前注9第274页认为，为确保许可人的积极性，不质疑义务具有合理性。

34　公正取引委員会「標準化に伴うパテントプールの形成等に関する独占禁止法上の考え方」平成17年6月29日。

实施权和非独占的通常实施权。独占的通常实施权仅作为一种债权性质的权利，区别于专用实施权。此外，因无法对其独占性进行登记，许可人即使进行其他实施许可，实施权人也仅能追究其债务不履行责任。判例默示承认了独占的通常实施权。[35]

2.登记和效力

通常实施权的登记是对抗要件。即使仅有通常实施权，但如果该通常实施权在专用实施权之前登记，仍可以对抗专用实施权（专利法第99条第1款）。对通常实施权的移转、变更、消灭或处分所进行的限制，或者以通常实施权为标的的质权相关的登记，也是对抗要件（第99条第3款）。

对于通常实施权受侵害时权利人是否有损害赔偿和差止请求权，这涉及在上述民法上，是否构成对通常实施权的债权侵害，而这一点尚存在疑问。对此，专利法相关理论认为，一般应区分非独占的通常实施权和独占的通常实施权。首先，关于非独占的通常实施权，如债权侵害的三个要件均未满足，则不成立不法行为（实用新型权）。[36]与此相对，独占的通常实施权的情形下，理论认为，第三人通过无权实施在形式上侵害独占性的，构成债权侵害。就判例的趋势而言，其也在逐渐承认独占的通常实施权人固有的损害赔偿

17

35　东京地判昭和37・5・7下民集13卷5号972页（佐藤義彦「黙示の実施許諾の成立」鴻ほか編・前注〔注23〕88事件、182–183頁）。

36　大阪地判昭和59・4・26无体裁集16卷1号271页等；田村善之『著作権法概説』（有斐閣、第2版、2001年）484頁。反对说有：豊崎・前注22第299页，也承认了通常实施权的损害赔偿请求权。此外，参见：兼子一＝染野義信『新特許・商標』（青林書院、1960年）131頁。认为依据合同被许可通常实施权的，由于具有债权的性质，构成侵害债权的情形下，可以排除该侵害（民法第709条）。

请求权。[37]

判例不承认基于侵害独占的通常实施权可以产生不法行为的差止请求权。[38]对于非独占的通常实施权，其与基于不动产租赁产生的占有保护不同，通常实施权能够重叠使用，因此一般不承认差止请求权，[39]但也有反对意见。[40]

此外，对于通常实施权人能否代位专利权人请求侵害人损害赔偿和停止侵害，与不动产不同的是，通常实施权能够重叠使用，因此，专利权人有向其他第三人许可实施的自由，如无特别约定，通常实施权人对专利权人没有排除侵害请求权。相反，独占性实施权的使用情形与不动产的债权性使用相似，债权人代位请求权的适用余地得到了承认。[41]

3.其他

通常实施权的终止与前述专用实施权一样。关于专利权人通常实施权的登记义务，判例和学说均予以否定。[42]

18

37　中山·前注5第450页注5；作花文雄『詳解著作権法』（ぎょうせい、第3版、2004年）412頁。

38　不承认差止的判例有：（外观设计权的完全独占实施权）大阪地判昭和59·12·20无体裁集16卷3号803页。本案上诉审中，设定有专用实施权，因此承认了差止请求。

39　中山·前注5第449页。

40　織田·前注22第343页认为，差止请求权和损害赔偿请求权应类推专利法第100条、第102条。

41　关于作品的独占使用许可，一般承认差止请求权有代位行使的余地。东京地判平成14·1·31判时1818号165页，田村·前注36第451页。

42　最判昭和48·4·20民集27卷3号580页（佐藤文男「実施許諾者の登録義務」鴻ほか編·前注〔注23〕72事件、150-151頁），中谷·前注5第451页。

（三）强制许可

专利法在专用实施权、依据许可的通常实施权之外，还规定有裁定实施权（专利法第83条等）和法定实施权。其中，裁定实施权并无实例。[43]专利法中有关于职务发明的法定实施权（第35条第1款）、先使用的法定实施权（第79条）、无效宣告申请登记前实施的法定实施权（中用权）（第80条）。

关于职务发明，专利法上的使用人当然取得通常实施权（第35条）。法定实施权依存于强制性的许可合同（其成立并非基于当事人的自由意思），也依存于雇佣合同和就业规则的内容，但在作为发明人的工作人员应得报酬等方面，使用人需要支付相当的对价（同条第3款等）。

在先使用权具有限制专利权效力的功能。从保护正在实施者的衡平观点出发，即使是先申请主义（Know-how），也承认在先使用权。[44]但是仅限于实施或准备实施的发明且限定于经营的目的（第79条）。在先使用权是通常实施权，如果满足法定要件则当然产生，可以对抗未登记的专利权、专用实施权取得人（第99条第2款）。而且，此时被许可人没有专利法上支付对价的义务。

与此相对的是，无效宣告申请登记前实施而享有法定实施权的情形下，被许可人需要支付相当的对价（第80条第2款）。

（四）Know-how许可

Know-how合同以Know-how的使用为许可对象，是依据许可人传授其拥有的Know-how、被许可人支付许可费等对价的合意而

43　中山·前注5第456页。

44　东京高判昭和50·5·27无体裁集7卷1号128页。

成立的合同。[45]公平交易委员会《独占禁止法上关于专利与Know-how许可合同的指南》[46]将Know-how定义为："具有秘密性，以适当方法被记载或记录等，以适当形式存在并且可识别的，与产业相关的有用技术信息群。"

Know-how许可与专利许可合同等有很大差异，如Know-how许可人的义务有，技术效果的保证义务、Know-how的给付义务。[47]

关于被许可人的义务，在专利许可合同终止后的一定期间内，被许可人仍应继续负有保密义务。这种合同是专利许可和Know-how许可合同的组合（Hybrid）合同。对被许可人设定过长时间的保密义务，可能引发竞争法上的问题。对此，正如上述公平交易委员会的指南所述，专利池等的运行是否会涉及反垄断法，也是需要讨论的。

公平交易委员会的该指南中，Know-how的定义中不包含商业秘密（不当竞争防止法第2条第4款）。Know-how可以区分为工业上或技术上的Know-how和商业上或营业上的Know-how。[48]许可合同也可以商业秘密为许可对象，由于秘密性是财产价值的本质这一点对许可人和被许可人同样适用，因此他们负有同样的义务。对于商业秘密的许可合同，不当竞争防止法规定有差止请求权等，这一

45　也存在无偿的Know-how许可合同。与此相对，豊崎·前注22第317页写的是有偿合同。

46　参见前注3。

47　豊崎·前注22第317页。

48　金井高志『フランチャイズ契約裁判例の理論分析』（判例タイムズ社，2005年）445頁。有技术性Know-how与非技术性Know-how的划分。野口·前注6第19页。

点上Know-how许可合同与其存在差异。此外，商业秘密还可能与著作权（作品）许可合同结合（有加密内容的许可合同），或者与商标许可权结合（包含特许经营合同）。

四、著作权等的许可

20

（一）基于允诺成立的许可合同

1.许可的对象

著作权法对作品的使用许可合同进行了规定（著作权法第63条）。著作权许可合同的范围比作品使用许可合同更广泛。[49] 著作权许可合同可以是关于著作权、著作邻接权或其分支权的许可合同。书籍等作品复制件的买卖合同不属于著作权许可合同。

许可合同中一般约定有作品的使用期限、数量、方式等内容，但就使用的方式而言，可能成为针对不同分支权和著作邻接权进行许可的合同（存在许可人许可非其所有的权利的风险），因此，违反合同条款时，须注意区分是侵害著作权还是合同上的债务不履行。[50]

法律规定上，不能成为著作权标的的作品（第13条）也不能成为许可合同的对象，不能成为作品使用许可的对象。此外，如作者人格权（第18—20条）那样具有专属性的权利也无法成为许可

49　关于作品许可，参见：金井高志『著作権等のライセンス契約の諸問題』コピライト2004年12月号2-26页。

50　作花·前注37第413页。

合同的对象。与此相对的是，欠缺作品的构成要件的情形下，尽管无法成为著作权法上的保护对象的客体，如不属于著作权法上的数据库的数据等（第12条之2），但可能成为许可合同的对象。因此许可合同对于网络信息使用具有重要意义。

著作权是作品创作时产生的权利，登记并非权利产生的要件。因此，在不确定许可人的著作权是否受到保护的情形下，该著作权也可能成为许可合同的对象。此时，需要讨论的是许可人的瑕疵担保责任问题。[51]

著作权法中不存在专用使用权的概念，但规定了作为排他性使用权的出版权（第79条）。许可人仅限于复制权人，出版权人作为被许可人不得再许可。著作权法还规定，出版权的行使是出版权人的积极义务（第81条）。

职务作品，如不存在劳动就业规则等其他约定（计算机程序当然会有），法人为作者（第15条）。不同的是，专利的职务发明中，法人享有通常实施权。

2.登记

著作权法上，除了出版权的登记（著作权法第88条），不存在其他使用许可相关的登记对抗制度（第77条）。因此，著作权转让或著作权人破产时，使用权人的使用权不得对抗著作权的受让人。

3.著作权许可合同的特殊性

著作权或者作品许可合同具有特殊性，如软件的许可合同、网

---

51 吉田正夫『ソフトウェア取引の契約ハンドブック』（共立出版、1989年）80頁。

络信息使用合同，被许可人并非经营者，而有可能是一般消费者。这一点有别于以专利等其他知识财产为对象的许可合同。分别授权合同、点击合同，[52]网络信息使用合同，在可适用电子消费者特别法的同时，也可基于经济产业省制定的电子商务交易相关准则进行实务上的解释。

4.权利限制的情形

著作权法从保护作品使用这一文化角度出发，规定有限制著作权的情形（著作权法第30—47条之2）。这些情形下，即使未经著作权人的使用许可，也可以使用该作品，但有时必须通知作者和支付补偿金（第30条第2款、第33条第2款、第33条之2第2款、第34条第2款、第36条第2款、第38条第5款）。在这些情形下，当事人之间可能签订许可合同。

22

5.共有作品及二次作品的使用

共有作品的行使，须共有人全体的合意（著作权法第65条第2款）。这一点基本与其他许可合同相同。但著作权法的不同之处在于，其规定了：如无正当理由，各共有人不得对抗该合意（第63条第3款）。

关于二次作品，有观点认为，应该对其与共有作品的著作权进行同等对待。[53]

6.终止

许可合同的终止和其他合同相同（参照本章"三"专利许可）。著作权保护期限为，作者死后50年，电影作品则为发表后70年。

52　田村·前注36第164页。

53　椙山敬士「翻案の構造」知財管理56巻2号（2006年）207頁。

这些著作权的保护期间届满后，著作权法上的作品使用许可合同即终止。

许可合同终止后被许可人的义务与本章"三（四）"中Know-how许可相同。此外，软件的许可合同终止后，被许可人负有删除其电脑硬盘上作为许可对象的软件等的义务。

（二）强制性许可

著作权法上，著作权人不明的情形（著作权法第67条）、作品的放映（第68条）、商用唱片录音（第69条）等情形下，如经文化厅长官决定，并向著作权人支付与通常使用费数额相当的补偿金，可以承认其使用行为。在这些情形下，由于事实上很难与作品使用相关的当事人签订合同，因此很难设定一个与著作权法不同的许可合同。

五、商标权许可、特许经营合同

（一）商标权许可

商标法规定有专用使用权（商标法第30条）和一般使用权（第31条）。商标权中，不存在如专利权或著作权中的人格权性质的权利，[54]因此，不存在因人身专属性而不能成为许可对象的情形。商标权作为在指定商品或指定服务上使用注册商标的专有权利，因注册而设立产生（第18条、第19条、第25条）。使用权的范围，

54　小野·前注17第158页。

也限于商标权的范围内。

1. 专用使用权

专用使用权人，在设定的行为范围内，如制造、销售或提供等使用方式，指定商品或服务中的许可商品或服务、使用许可期限、使用许可地域等，专有在商品或服务上享有使用注册商标的专有性权利（商标法第30条第1款、第2款）。在对专用使用权设定范围时，注册商标，以及商品或服务的使用权和禁止权，究竟是只能在同一范围内允诺使用，抑或是可在类似的范围内也可以设定专用使用权，这一点存在争议。但是通说认为，应在同一范围内设定。[55]

商标权的注册和专用使用权的效力，与"三（一）"中专利的专用实施权相同。此外，商标权侵权中还可能存在平行进口等问题。[56]

2. 不可设定使用权的注册商标

注册商标中，用以表示国家或地方公共团体及其机构、不以营利为目的的公益团体或不以营利为目的的公益事业，并且属于著名商标（相同或近似的商标）的，不得设定专用使用权（商标法第30条第1款但书、第4条第1款第6项、第4条第2款）。一般使用权也同样不得设定（第31条第1款但书）。然而，对于这些限制仅仅是商标法上的使用权不能成立，还是当事人间的许可合同也不能合

24

55　小野·前注17第240页。

56　田村·前注26第469页。小野·前注17第260页认为，不侵害商标价值的真正商品的平行进口不应认定为侵害行为。此外，违反许可合同中制造场所的约定将商品平行进口时，尽管存在违反许可合同上义务的情形，但并非侵害商标权。东京地判平成11·1·28判时1670号75页、判夕995号242页。

意，有必要进行讨论（例如使用国立大学法人等为名称的商品销售问题；相关问题还有本土品牌的许可合同等）。

（二）特许经营合同

现今，法律上没有关于特许经营（franchise）合同的定义。依据公平交易委员会《独占禁止法上关于特许经营的意见》（2002年4月24日），[57]总部对于加盟者，在给予其使用特定的商标、商号等权利的同时，对于加盟者的商品销售、服务提供等其他业务、经营等，采用统一的方法给予统筹、指导和援助，作为对价，加盟者向总部付费，这种经营形态被称为特许经营。特许经营采用这种打包的经营方法（business format），使被特许人的经营更加方便。特许经营这一用语一般限定在这种特许人和被特许人之间共同经营的形态上。[58]

在法律性质上，特许经营合同包含三大要素：①商标（包含服务标记）及Know-how的许可合同；②以指定商品销售或服务提供的义务及向特许人提供Know-how的改良或者开发的义务为内容的准委托合同；③买卖商品和材料等的持续性买卖合同。因此，对于特许经营合同与许可合同的关系，可以参照商标权许可合同和Know-how许可合同。

57　http://www.jftc.go.jp/pressrelease/02.april/02042402.pdf。

58　金井·前注48第14页；神田遵「フランチャイズの法的構成」西口元＝木村久也＝奈良輝久＝清水建成編『フランチャイズ契約の法律相談』（青林書院、2004年）10頁。

六、混合许可

混合许可是指，以多种知识财产的使用为内容的许可合同。组合的情形可能有专利权和Know-how，著作权和Know-how（软件的许可），专利权和著作权（通过计算机的控制），商标权和Know-how（包含特许经营合同），外观设计权和Know-how（物的构造）等。 25

上述许可合同中，在各种知识产权法的使用权上，有些规制是重叠的，有必要针对多种知识产权间的调整进行讨论。例如，专利权、实用新型权、外观设计权有法定存续期间，而商标权由于可以续展，相当于半永久的存续。因此，商标法规定了专利权（实用新型权和外观设计权亦同）消灭后权利人的商标使用权（商标法第33条之2，第33条之3）。[59]著作权及与之相比存续期间更短的专利权等的组合许可合同，也存在同样的问题（此外，关于外观设计权存续期间届满后的法定实施权，专利法第81条、第82条有规定）。

此外，如前所述，在与Know-how组合的许可合同中，还涉及竞争法的规制。

---

[59]　小野·前注17第233页。

七、美国等国许可的意义

（一）美国

美国在制定法或普通法上，对于所承认的知识财产，大多承认对其进行的许可。[60]一般而言，许可合同被定义为一种知识财产的所有者（Intellectual Property Owner）负有容忍被许可人行为的义务的合同。[61]换言之，被许可人对许可人仅有不作为请求权。

在美国，许可合同的对象不仅是知识产权，也可能涉及不动产。所谓不动产许可，并非是基于相邻关系利用土地，而是在当事人之间如果不存在合意则对所有人的权利造成侵害的情形下，承认对经同意的使用进行的许可。[62]

知识财产作为许可合同的对象，包括专利权、商业秘密、著作权、商标权等。其中，美国宪法中明确记载有专利权和著作权的保护。[63]

美国的制定法有联邦法和各州的州法。在美国，当不确定某一

60　有关美国的许可合同，一般可参见：Port/McManis/MaElwee/Hammersley, LICENSING INTELLECTUAL PROPERTY（Carolina Academic Press, 1999）。关于日美知识产权及许可合同在比较法上的讨论，可参见：村上等·前注7。

61　Western Electronic Co. v. Pacent Reproducer Corp., 42 F. 2d 116（2d Cir. 1930），cert. Denied, 282 U.S. 873（1930）.

62　Restatement（First）of Property §512（A.L.I., 1944）.

63　Article I, section 8, clauses 8 and 18: The Congress shall have power to promote the progress of science and useful arts, by securing for limited times to authors and inventors the exclusive right to their respective writings and discoveries.

法律问题适用联邦法还是州法时、最终适用联邦法，这种情形称为专占。没有联邦法的重要领域，则制定统一州法，很多州以统一州法为依据立法［统一州法由各州选出和构成的全美统一州法委员会议（NCCUSL）起草，由各州通过并以州立法的形式确定，因此，实质上各州施行的内容统一］。

专利法（Patent Law，35 U.S.C.101以下）、著作权法（Copyright Law, 17 U.S.C.101以下）［日本、德国的著作权中有人格权的要素（Authorship），但这是有争议的，美国著作权的中心是复制］、商标法［Trademark,兰哈姆（Lanham）法，15 U.S.C.1502以下］是联邦法。其中，商标法原本由普通法保护。商业秘密作为知识产权法，不是由特别的联邦法保护，而是由不当竞争法保护。[64]商业秘密是由作为统一州法的商业秘密法（Uniform Trade Secrets Act）进行规定的，由40个州通过。出版权由不当竞争法保护。[65]

许可合同相关的统一州法有UCITA（Uniform Computer Information Transaction Act）。该统一州法曾尝试与统一买卖法（UCC第2编）一起，纳入作为信息财产交易的统一法，进行起草，但最终以限制适用事项的形式公布。[66]关于计算机信息和著作 27

---

64 Restatement（Third）of Unfair Competition §39（A.L.I., 1995）. 将商业秘密定义为，商业或经营中使用的信息，且与他人相比具有现实或潜在的益处因而具有相当价值的、作为秘密的信息。

65 Restatement（Third）of Unfair Competition §46. 对于未经许可使用他人身份中商业性价值有关部分，规定有相关救济。

66 有关起草过程，参见：曾野裕夫「情報取引における契約法理の確立にむけて（中間報告）（上）（下）―UCC第二B編（ライセンス）起草作業のめざすもの」NBL626号（1997年）24-23頁；國生一彦『米国の電子情報取引法―UCITAの解説』（商事法務研究会、2001年）。

权等相关问题，美国制定了联邦法——千禧年数字版权法（Digital Millennium Copyright Act，DMCA）。

许可合同在合同法以及实体法的问题上，也适用各州的合同法。和日本相比，在美国，合同内容的解释应适用哪一部实体法，这是由准据法所指向的，因此准据法的指向更显重要。

（二）德国

下文将以欧盟诸国之一，德国的许可合同为例，进行说明。在德国，许可合同（Lizenzvertrag）在经济活动中也发挥着巨大作用。欧共体委员会积极承认在欧盟领域内技术移转合同的自由（Amtsblatt L 123 vom 27.4.2004，11）。此外，依据德国联邦银行公布的资料，2003年技术服务的总收入为194亿455万欧元，其中，专利及许可相关收入总额为37亿5800万欧元（占总体的19%）。[67]

许可人（Lizenzgeber）也可以为被许可人（Lizenznehmer）提供技术帮助，例如提供建设基础、制造设备、指导等。许可人有时还可能负有其他义务，即提供能监督产品组装的熟练工，进而培训被许可人的工作人员。原则上，许可合同是在对等的当事人之间缔结的，但如果将许可作为限制竞争的手段，则可能适用卡特尔法等的规制，这点是国际共通的。从公共利益角度出发，德国还设置有强制许可（Zwangslizenz）制度（对应德国专利法第24条，TRIPS第31条）。

关于职务发明，依据与职务发明有关的法律（Gesetz über

28

67　Monatsberichte der Deutshen Bundesbank, Statistische Sonderveröffentlichung 12 Technologische Dienstleistungen in der Zahlungsbilanz, Juni 2004. 本次统计所公布的数据中，包括德国与日本等各国家间的许可合同标的额等。

Arbeitnehmererfindungen，1957），德国承认公司保留非排他性的使用权。软件许可的问题相对而言较新。继1991年与计算机程序保护有关的EC指令之后，1993年修改的著作权法规定了对计算机程序的保护（德国著作权法第69条a以下）。

关于共同发明（Gemeinschaftserfindung），与美国不同，德国认为是按份权，而在各个共同发明人不能单独对权利进行使用收益的原则上（参照德国专利法第6条，德国民法第714条以下的规定），与日本相同。

德国的旧专利法中，并未规定许可合同，仅规定其附条件的转让可能性（与日本的旧专利法相同）。1981年的修改明文规定许可合同可以进行部分或全部、排他或非排他性许可（德国专利法第15条第2款）。

德国也未将许可合同规定为典型合同。关于许可合同的法律性质，有观点将其与典型合同中的使用借贷（Miete）和用益借贷（Pacht）进行比较，但一般认为，许可合同与用益借贷更为近似。此外，也有观点将许可合同划分为用益借贷的混合合同。[68]

此前，许可合同一般约定许可人负有放弃行使禁止权的容忍义务，即不作为请求权。然而，最近也有观点认为，不论排他性或非排他性，许可人许诺的是积极的使用。[69]关于许可人所负有的义务

68　田村博史「用益賃貸借」右近健男編『注釈ドイツ契約法』（三省堂、1995年）290頁、292頁。①影院上映合同和电影使用合同（用益租赁的要素中有承揽或出版合同）；②电影出租合同；③特许经营合同（含有与用益租赁、买卖、雇佣、承揽合同结合的要素）；④许可合同；⑤Know-how合同；⑥出版法（VerlG）中存在特别规定的出版合同、剧场公演合同。

69　Stumpf/Gross, Der Lizenzvertrag, 8 Aufl.（Recht und Wirtschaft, 2005）RN15.

是不作为的义务，还是积极义务，关乎实务上的瑕疵担保责任，因此存有争议。对此，一般认为，即使是并未授予专利的技术，也是法律保护的对象，因此其作为许可合同的对象也是有效的。

金子宏直

东京工业大学大学院社会理工学研究科副教授

第二章　许可合同与竞争法
——以日、美、欧为例

泉克幸

现今，随着知识财产价值的不断提升，对其进行许可的商事交 易也日渐繁盛。商事交易的发展应以"公正且自由的竞争"为基本原理。因此，本章将针对知识财产的许可合同在竞争法上的规则，介绍日本、美国和欧洲的竞争政策行政机关的意见。此外，本章还会回应从事商事法律实务，或关注实务中所产生问题的实务家和法学家的需求。

一、许可合同竞争法规制概要

本章的目的在于明确日、美、欧在竞争法上对许可合同进行规制的现状。

许可合同是许可人的获利方式,许可人可以积极运用其保有的资产(即知识产权)取得许可费。同时,被许可人还可以在避免研究开发消耗的时间、失败的危险的同时,获得必要的技术等知识财产,从这一点看来,被许可人也可以获得利益。进一步而言,许可合同不仅对于许可人和被许可人双方当事人有利,还有以下效果:①被许可人可以使用许可人提供的知识财产,生产新的商品、服务,使市场得以形成与发展;②许可人可将其获得的许可费,再投资于研究开发事业,产生新的知识财产;③市场中,与该知识财产相关的竞争单位的数量会不断增加。因此,由于许可合同能够促进市场竞争,竞争政策基本给予其积极的评价。

然而,在具体的许可合同中,许可合同本身,或许可合同所包含的个别条款,可能存在阻碍竞争效果、违反竞争政策的情形。且许可合同与一般的合同或交易不同,许可合同的对象为知识财产,其上附着有专利权、著作权等知识产权。因此,各国的竞争政策行政机关,以提高许可合同相关当事人的预测可能性、交易的安全性并通过许可合同促进竞争为目的,以指南的形式,发布了对许可合同在竞争法上的规制意见。

本章将以上述指南为中心,分别对美国、欧盟和日本各自在竞争法上对许可合同进行的规制进行简要介绍。[1]

二、美国

（一）反托拉斯法指南

在反托拉斯法上对许可合同进行的规制主要存在于现行的指南中，即《反托拉斯法上关于知识财产许可的指南》。[2]该指南是反托拉斯法的执行机关司法部和联邦贸易委员会（FTC）于1995年4月6日联名公布的（以下将司法部和FTC合称为"当局"）。该指南由六个部分构成，分别为：1.知识产权保护和反托拉斯法；2.一般原则；3.反托拉斯法问题和分析手法；4.当局基于许可合同合理原则进行评价的相关一般原则；5.一般原则的适用；6.无效知识产权的行使。

1.知识产权保护和反托拉斯法

本指南的对象为专利法、著作权法及商业秘密法中保护的知识财产和Know-how。而且，知识产权法和反托拉斯法二者均认为

1　本章所选的指南等，均可在竞争行政机关的官网获得。关于日、美、欧的许可合同和竞争法，参见：村上政博=浅见節子『特許ライセンスの日米比較』（弘文堂，2004年）；山木康孝編著『Q＆A特許ライセンスと独占禁止法』別冊NBL59号（2000年）；伊從寛=上杉秋則編『知的所有権と独占禁止法』別冊NBL52号（1998年）。此外，由于篇幅所限，尽量选取最少的参考文献。

2　United State Dept. of Justice and FTC, Antitrust Guidelines for the Licensing of Intellectual Property (April 6, 1995).

"以促进创新和进一步保障消费者利益为共同目的"。

2.一般原则

本指南列举并详述以下三个原则：（1）关于反托拉斯分析，当局本质上将知识财产视为等同于其他财产；（2）当局在反托拉斯的语境下，推定知识财产不能创造出市场支配力（market power）；（3）当局认为知识产权或许能够与企业产品的补充要素结合，一般能够促进竞争。

3.反托拉斯法问题和分析手法

32 　　知识产权许可合同是进一步保障消费者、促进竞争的典范，但也有可能引起反托拉斯法上的问题。美国指南列举了可能产生反托拉斯法上问题的具体例子，如：（1）采用不同技术的竞争企业间，通过分割市场给商品市场竞争带来恶劣影响的许可；（2）关联领域内，在能够从事研究开发的少数企业中，通过在效果上统合双方公司的研究开发，损害新商品或服务市场竞争开发的许可；（3）反托拉斯法意义上的关联市场上，在有可能妨碍竞争的情形下取得知识产权。

受许可合同影响的有商品或服务市场、技术市场、研究开发市场（创新市场）。其中，较难区分技术市场和研究开发市场。指南认为，技术市场是指与被许可的知识财产（许可对象技术）相近并存在替代关系的市场，即由能够实质性地限制被许可的知识财产相关市场支配力的行使、十分相近并存在替代关系的技术或商品构成的市场。当局认为，对知识财产上附着的技术与采用该技术的商品分别交易时，应基于技术市场进行分析。另一方面，研究开发市场通常用于可能影响新商品或新工艺的开发竞争的许可合同，而这仅依靠商品市场或技术市场无法妥善解决。例如，尚未出现的商品的开发相关许可合同。

判断是否违反反托拉斯法的基准，一般而言，有按照个案情形判断的合理原则（rule of reason），和认定"原则违法行为"的当然违法原则（per se illegal），知识财产许可一般基于合理原则进行判断。指南认为，适用合理原则时，一般有必要进行广泛而细致的探讨，一定情况下也可缩小讨论范围，指南甚至还提及无须进行详细分析的情形。另一方面，基于市场条件的当然违法原则提起诉讼的情形包括，横向的竞争者之间的公开（naked）价格协定、产出量限制、划分市场、某种联合抵制交易及限制转售价格。

4.当局基于许可合同合理原则进行评价的一般原则

许可合同一般是为了促进竞争，除前述部分行为类型，在反托 33 拉斯法上，一般采用合理原则进行评价。指南认为，许可人和被许可人之间为横向关系时，许可合同若引发妨害或限制新商品、改良商品或工序的实质性风险，就可能妨害竞争。另一方面，在许可人和被许可人之间为垂直关系时，如果许可合同的限制旨在反竞争性地阻碍引入重要的投资因素、提高竞争者的收益成本，或者使得提高价格与限制产出量便利化，将妨害竞争。

许可合同究竟是否有反竞争的效果，即使认定有反竞争的盖然性，当局也会考虑为促进竞争效率，该限制是否合理必要。若该限制是合理必要的，当局会判断其对各关联市场的竞争是否具有高度盖然性的实质影响，并比较衡量促进竞争的效率和反竞争的效果。

美国指南认为，许可合同有利于促进创新或激发竞争活力，因此明确规定有反托拉斯法上的避风港（safety zone）。具体而言，在商品市场上，避风港的要件有：（1）该限制外观上不是反竞争的；（2）受到该限制实质性影响的各关联市场份额，许可人和被许可人合计不超过20%。在技术市场上，要件有：（1）该限制外观上不是反竞争的；（2）包括许可合同当事人所控制的技术在内，存在四个以上使用者能够独立控制的技术，这些技术对使用者而言是花费同等成本即可代替上述技术。在创新市场上，要件有：（1）该限制外观上不是反竞争的；（2）包括许可合同的当事人在内，存在四个以上独立企业，这些企业控制着该当事人研究开发活动中可替代的、从事研究开发之时必要的特别资产或特质及动力。

5. 一般原则的适用

（1）水平限制

横向关系上的当事人间的许可合同中即便有限制，也不能绝对地认为该合同是反竞争的，如联合经营，也存在提高综合效率、促进竞争而非妨害的情形。水平限制大多基于合理原则进行评价，但依据不同情形，例如无须进行详细分析的案例或价格固定等情形下，也可能遵循当然违法的原则。

（2）限制转售价格

判决认为，原则上附着在商品上的知识产权许可人限制该商品的转售价格是违法的。

（3）搭售条款

若被许可人获得上述知识财产的许可时，将购入其他知识财产或商品或者服务作为条件，则构成违法搭售。但是，搭售合同在可能产生反竞争效果的同时，也可能提高相当程度的效率并具有促进竞争的益处，因此当局在起诉裁量时，会考量这两方面的因素。只有满足以下条件，当局才会认定案件存在搭售情形：①卖方对搭售商品有市场支配力；②该条款对被搭售商品的关联市场竞争有消极影响；以及③该条款的正当化事由不超出反竞争效果。指南认为，专利、著作权、商业秘密等知识产权的保有并不一定推定有市场支配力。

打包许可（package license，将复数知识产权并入单个许可或关联许可群中的许可）也是搭售合同的一种形态。

（4）排他交易

对于排他交易合同是否有抑制关联市场竞争的盖然性，当局认为需要考虑该合同：①促进许可人技术使用或发展的程度；以及②反竞争地排除竞争技术使用或发展，或限制竞合技术间竞争的程度。

行政机关认定某排他交易合同具有反竞争效果的，会考量效率性等正当化事由。

（5）交叉许可和联合经营

交叉许可合同和联合经营合同能实现技术互补、削减交易费用、打破闭锁状态、避免高额诉讼，从而能够促进竞争、促进技术普及。由此观之，交叉许可合同和联合经营合同通常能够促进竞争，但在某些情况下，也可能有反竞争的效果。在这些情形下，美国指南指出，联合经营合同中集团价格设定、产出量限制（例如，知识产权联营集团价格设定中的共同销售或联合产出量限制）并不能提高当事人之间经济活动的综合效率。

指南也提及，签订和解相关联的交叉许可时，可能产生反托拉斯法上的问题。

联营合同一般不必对所有希望参加的经营者开放。但若是有市场支配力的当事人集团通过交叉许可或联营排除其他经营者的参加，在某些情形下会对竞争造成消极影响。指南认为，除下列情形外，一般认为竞争技术间交叉许可或联营中的排除加入给竞争带来消极影响的可能性较低：①被排除的企业在带有许可技术的商品关联市场上无法进行竞争；②联营的参加者在关联市场上有市场支配力的。

此外，指南指出联合经营协议具有其他反竞争效果的可能性。如该协议削弱参加者从事研究开发意愿的。

（6）回授

回授是指，被许可人对作为许可合同对象的技术进行改进时，许可人对该改进技术的使用予以承认的情形。回授大致可以分为，被许可人能够自己使用或许可第三人使用该改进技术的非独占回授，以及不能进行上述使用而仅许可人可以使用的独占回授。

当局在分析回授时所依据的一个重要的因素在于许可人在技术市场或创新市场上是否拥有市场支配力。某回授条款被判断为在相当程度上可能导致被许可人对改进许可对象技术的投资意欲下降时，当局在美国指南中明确，该条款可将其能够促进以下竞争效果的程度作为正当化的事由，即：①促进普及被许可人对许可对象技术进行的技术改进；②提高许可人普及许可对象技术的动力；或者③提高技术市场或创新市场上的竞争或产出量。

（7）知识产权的取得

某种知识产权的取得，依据合并分析中采用的原理和基准、特别是1992年水平合并指南［U.S. Department of Justice and Federal Trade Commission, Horizontal Merger Guidelines（April 2, 1992）］中的原理和基准，能够进行十分恰当的分析。

6.无效知识产权的行使

通过欺诈（fraud）专利商标局（Patent and Trademark Office）或著作权署（Copyright Office）而获得专利权，进而予以行使或

意图行使，可能违反谢尔曼法案第2条（同联邦贸易委员会法第5条）。通过欺诈之外的其他不当行为获得专利权的行使或意图行使在某些情形下也可能被认为违反联邦交易委员会法第5条。

无明显证据证明以行使无效知识产权为目的的诉讼，也有可能符合违反谢尔曼法案的要件。

（二）反托拉斯法规制许可的其他制度

1. 关于不质疑义务

正如美国指南所指出的，该指南并未完全列举可能引发反托拉斯法上问题的限制条款。被许可人对许可人负有不质疑作为许可对象的知识产权有效性的义务，对此，最高法院在对利尔（Lear）事件的判决［Lear, Inc. v. Adkins. 395 U.S. 653（1969）］中，作出了否定效力的判决。此前，在美国，获得专利许可的被许可人否定许可人专利的有效性，这是依据所谓"被许可人禁止反言"（licensee estoppel），这一禁止反言的法理已有定论，但联邦最高法院的上述判决否定了该法理。

最高法院否定禁止反言的理由是，该法理是一种依据诚实守信的原则规范许可人和被许可人之间关系的合同法精神，如果保护的并非有效的专利，则应适用追求公共利益的联邦法，这一般是被广泛接受的。不质疑条款形式上不违反反托拉斯法，但利尔判决认为，"实际上许可人在衡平法上的权利，从使用部分公众或国民思想的层面而言，与鼓励充分且自由竞争这一重要的公共利益相比，并不如此重要"。考虑到不质疑条款对竞争造成的消极影响，利尔判决否定了该条款的效力，这一点也十分重要。

2. 不当使用的法理

美国有不当使用（misuse）的法理。不当使用指在知识产权的侵害诉讼中，有侵害嫌疑的乙方主张的一种积极抗辩。关于不当使用的判断基准，法院的态度是依据是否违反公共政策，即行使权利是否扩大了专利权或著作权认可的独占范围。然而，采用公共政策这一模糊标准判断是否构成不当使用，这一方式受到了激烈的批判。专利不当使用的代表性案例之一是莫顿盐业事件〔Morton Salt Co. v. G.S. Suppiger Co., 314 U.S. 488（1942）〕。该搭售案例中，原告拥有将盐制药片封入罐子的机械专利，在许可授予时，给被许可人施加了只能使用原告子公司所造盐的义务。此外，以不当使用为焦点的案例中，有价格限制或地域限制、竞争品的交易限制、专利届满后的许可费支付等反托拉斯法上多种违法行为类型。

　　因此，应依据是否违反拥有丰富判例的反托拉斯法来判断是否

38　属于不当使用，这一主张颇为有力。但是一旦如此，由于在证明违反反托拉斯法后不当使用也继而成立，在对违反许可合同的被告提起侵害诉讼时，若被告方举证原告违反反托拉斯法的，许可人作为原告请求的损害赔偿或差止等将无法得到承认。

　　不当使用是积极的抗辩，其本身并非独立的诉讼要件。此外，若不当使用行为被清除（purge）或解除，权利人的请求将被认可。

三、欧洲

（一）EC（欧洲共同体）条约第81条对许可规制的概要

对欧洲知识产权许可进行竞争法上的规制并明确其标准的规

则，主要是2004年公布的《关于适用技术转移合同相关条约第81条第3款的若干规则》（以下简称"委员会规则"），以及与其相关的《关于适用技术移转合同的EC条约第81条的指南》（以下简称"欧洲指南"）。[3] EC条约第81条也称EC竞争法第81条，其第1款禁止经营者间有限制竞争效果的合同或共同行为等，同时，第3款以"促进技术或经济进步发展"等为要件，规定了适用除外。EC委员会对该适用除外规定，既会依据个案情形进行适用，也会将其概括适用于一定类型的案件。上述委员会规则属于后者对适用除外规定进行概括适用的情形，同时限定在与技术移转合同相关的内容。而且，欧洲指南将第81条明确适用于该委员会规则适用范围内的某技术移转合同，以及适用范围外的某技术移转合同。

由此可知，在欧洲，多数观点认为，在判断某情形是否受到技术许可的竞争法规制，首先看是否适用第81条第3款的概括适用除外规则，如果不适用该除外规则，再看是否属于第1款，以及是否能适用第3款的个别适用除外。[4]

（二）2004年委员会规则

1.适用范围

委员会规则以"技术移转合同"为适用对象。此处的"技

39

3　Commission Regulation（EC）No.722/2004 of 27 April 2004 on the application of Article 81（3）of the Treaty to categories of technology transfer agreements, OJ L 123/11（27.4.2004）and Commission Notice: Guidelines on the application of Article 81 of the EC Treaty to technology transfer agreements, OJ C 101/2（27.4.2004）.

4　但是，委员会规则或欧洲指南不妨碍针对许可合同的EC条约第82条（市场支配地位滥用行为的禁止）的平行适用（欧洲指南第2段）。

术"是指专利、实用新型、外观设计、半导体电路图设计权、医药品或其他产品相关的追加保护证明（supplementary protection certificate）、植物育成者权（规则将上述技术合并定义为"专利"），包括Know-how和软件著作权［参照规则第1条（b）以及（h）］。本规则的对象仅限于，许可人以生产商品或服务为目的、允诺被许可人使用对象技术的合同，至于以研究开发的转包为目的的许可合同，以及以将知识产权打包许可第三人为目的的技术联营合同，均不在此列［规则序言（7）］。而且，委员会规则不适用于三方以上的经营者间缔结的许可合同［参照规则序言（1）、第2条］。

2.基本判断框架及分析手法

委员会认为："技术移转合同是为减少研究开发的重复、提高研究开发的创新动力，推进创新、推动技术的传播并激励商品市场的竞争，从而起到提高经济效率、促进竞争的作用。"［规则序言（1）］

委员会规则首先将合同当事人分为竞争经营者和非竞争经营者，在此基础上，依据市场占有率设置避风港。具体而言，①竞争经营者的合同当事人在关联技术市场及商品市场上拥有市场份额合计不超过20%的情形，②非竞争经营者则是在不超过30%的情形下，规定有适用除外规则（规则第3条第1、2款）。其次，委员会规则分类列举了许可合同中限制条款不得进行概括适用免除：①合同全体不得成为概括适用免除的对象，获得个别适用免除的可能性也仅限于例外情形下的"核心限制"（规则第4条），以及②不能成为概括适用的对象（针对该限制之外的部分，有可能免除）、依据反竞争效果和竞争促进效果进行个别评价的"不可免除的限制"（规则第5条）。

3.核心（Hard-core）限制

委员会规则第4条第1款规定："合同当事人间存在竞争关系的，规则第2条规定的免除……不得适用于以下述限制为目的的合同"，列举了以下情形：（1）向第三人销售商品的，限制其决定价格；（2）限制产出量（但非相互合同中被许可人的限制，或相互合同中复数被许可人中的一人的限制除外）；（3）分割市场或顾客；以及（4）限制许可人使用自己的技术，或限制合同当事人任何一方进行研究开发（但在后者的限制中，为防止许可对象Know-how向当事人公开而进行的必不可少的限制除外）。

但（3）能在以下七种情形下予以适用免除。①将使用许可对象技术的被许可人的生产限定在特定的使用范围或商品市场；②非相互合同中，对于许可人和/或被许可人设定了下述义务：将使用许可对象技术的生产限定于特定的使用范围或者商品市场，或限定在一方当事人保留特定独占性的地域上；③对许可人，设定不得将该技术许可给位于特别地域的其他被许可人的义务；④非相互合同中，限制被许可人和/或许可人在其他当事人保留的独占性地域，或向独占性顾客集团进行积极的和/或消极的销售；⑤非相互合同中，被许可人限制许可人在分给其他被许可人的独占性地域或向独占性顾客集团进行积极的销售（但仅限于后者被许可人在缔结自己的许可合同时并非许可人的竞争经营者的情形）；⑥对于被许可人，将合同对象商品的生产限定于自家消费（但仅限于其未对己方商品的修补零件进行积极或消极的限制销售）；⑦非相互合同中，许可是以向特定顾客提供替代性[41]供给源为目的，对被许可人设定其生产的合同商品应仅面向该特

51

定顾客的义务。

其次，委员会规则第4条第2款规定："合同当事人并非竞争关系的，规则第2条规定的免除……不能适用以下述限制为目的的合同"，列举了以下情形：（1）向第三人销售商品的，限制其决定价格（由于来自当事人的压力或刺激而设定最高销售价格或推荐销售价格的，只要不是固定销售价格或最低销售价格的，不在此限）；（2）限制被许可人能够被动销售合同对象商品的地域或顾客；以及（3）被许可人作为选择性流通制度的成员，在其零售阶段进行经营，限制向最终需求者进行主动或被动的销售（但禁止在选择性流通制度成员未允诺的经营地上经营的，不在此限）。

但是（2）在以下六种情形下予以免除。①限制在许可人保留的独占性地域或向独占性顾客集团进行被动销售的；②限制许可人在分给其他被许可人的独占性地域或向独占性顾客集团进行被动销售，且该被许可人销售开始未满2年的；③将合同对象商品的生产限于自己使用的（但前提是合同并不限制该被许可人必须将合同对象商品作为自己商品的修补零件进行积极且主动的销售）；④许可是为向特定的顾客提供替代性供给源而作出，设定仅为该顾客生产合同对象商品的义务的；⑤对于在流通中批发阶段进行经营的被许可人，限制其向最终需求者进行销售的；⑥限制选择性流通制度成员未经许可向销售者进行销售的。

4.不可免除的限制

委员会规则第5条第1款列举了技术移转合同所包含的义务中，以下三种情形下不得进行免除适用：（1）对被许可人设定以下义务——不论直接或间接，与许可对象技术有关的被许可人应当将其

保有的可分离的改良技术或新用途相关的权利，独占性地许可给许 42
可人或许可人指定的第三人；（2）对被许可人设定以下义务——不
论直接或间接，与许可对象技术有关的被许可人应当将其保有的可
分离的改良技术或新用途相关的权利，全部或部分让予给许可人或
许可人指定的第三人；以及（3）对被许可人设定以下义务——不
论直接或间接，不质疑许可人在共同体市场拥有的知识产权的有效
性（但不包括：被许可人质疑许可对象中一个或者多个知识产权有
效性，约定了该技术移转合同的终止情形）。（1）针对所谓的独占
性回授，（2）针对回让（assign-back），（3）针对不质疑义务，分
别明确了不可适用免除的情形。

　　其次，规则第5条第2款对于合同当事人并非竞争公司的情形
下，"不论直接或间接，对被许可人设定限制使用自己的技术，或
限制合同当事人推进研究开发的义务的"，也不在规则第2条规定
的免除适用范围内。但对于后一种义务，考虑到Know-how的特
性，"为防止许可对象Know-how向第三人公开时不得已而为的情
形下"，也可适当放宽。

（三）第81条的适用和2004年欧洲指南

1.分析的一般框架

　　不能进行概括免除适用的合同，就成了个别评价的对象。只要
不包含核心限制，对于未进行概括免除适用的合同，不能推定其具
有违法性。委员会认为，若对使用者而言，存在四个以上以同等价
格可以替代许可对象技术的，且可独立支配的技术，除非是核心限
制竞争行为，违反第81条第1款的可能性较低。

　　将第81条适用于各案件时，应考虑该市场上的竞争情况。欧洲
指南列举了如下具有较大相关性的重要因素：①合同的性质；②当

43　事人在市场上的地位；③许可对象商品在买方市场上的地位；④准
入门槛；⑤市场成熟度；⑥其他因素。

欧洲指南指出，限制竞争的技术移转合同对市场的消极影响
有：①对于在技术市场或包含该技术的商品市场上进行经营活动的
企业，削弱（包括使明示或默示共谋更容易）他们之间的技术间竞
争（inter-technology competition）；②通过提高成本、限制必须投入
要素的获取途径或通过提高准入门槛，排除竞争者；以及③对于基
于同一技术生产商品的经营者，削弱他们之间的技术内竞争（intra-
technology competition）。

即便是限制竞争的许可合同，一般也会提高效率，使其促进竞
争的效果超过反竞争效果。第81条第3款规定了第81条第1款禁止
规则的例外，对两种效果的权衡评价便是在此例外规定下进行。适
用该例外需要满足：①该许可创造出明确的经济利益；②是使竞争
限制具备效率性所必不可少的；③消费者因该效率性得到正当利益
的分配；④对于关联商品的实质性部分，该合同并未给予当事人排
除竞争的可能性。

2.第81条对各种限制的适用

对于不属于第81条第1款意义上一般性限制竞争合同，欧洲指
南列举了其中所含的义务：（1）保密义务；（2）对被许可人设定禁
止再许可的义务；（3）合同终止后许可对象技术的不使用义务（仅
限于该技术有效且具有效力的情形）；（4）帮助许可人行使被许可
知识产权的义务；（5）最低许可费的支付义务，或采用许可对象技
术生产最低数量商品的义务；（6）许可人的商标的使用义务或在该
商品上明示许可人名称的义务。

随后指南明确了以下内容：（1）许可费支付义务；（2）独占许可和销售限制；（3）生产量限制；（4）使用范围限制；（5）自我消费义务；（6）搭售和概括销售；以及（7）非系争义务。

（1）许可费支付义务

通常情况下，许可合同的当事人在不违反第81条第1款的情形 44 下，能够自由决定被许可人支付的许可费及其支付方法。但是，竞争者之间的许可，在下述两种情形下，是价格固定行为，属于核心限制竞争行为：①相互的技术提成费并非为了统合补充技术或促进其他竞争，该许可属于虚假（sham）情形的；②许可费也涵盖被许可人只是使用自己的技术生产商品的。

（2）独占许可和销售限制

欧洲指南将独占许可或称单独许可（sole license），与销售限制相区分，分别进行了分析。竞争者之间相互进行独占许可，可适用规则第4条第1款（c），其中将市场分割规定为核心限制竞争行为。非竞争者间的独占许可属于第81条第1款的适用范围，但也很有可能满足第3款的要件，在被许可人处于支配地位并取得竞合技术时，委员会才会介入。

关于销售限制，首先，在竞争者间的相互合同中，当事人一方或双方积极或消极地限制销售，属于规则第4条第1款（c）规定的核心限制竞争。这种限制一般视为市场分割。若是竞争者间的非相互合同，当事人一方或双方超过市场份额的20%、具有市场支配力的，许可人和被许可人间的销售限制会违反第81条第1款（但有可能适用第3款）。

对于非竞争者间的合同，在许可人单独拥有巨大市场支配力的情形，或者在多个拥有较强市场地位的许可人合作、通过缔约也拥有巨大市场支配力的情形下，限制被许可人销售的行为可能违反第81条第1款。

（3）生产量限制

竞争者间在许可合同中相互限制生产量，构成委员会规则第4条第1款（b）的核心限制竞争。非竞争者间的合同中，对被许可人限制产出量所产生的反竞争效果会削弱被许可人间的技术内竞争。

（4）使用范围限制

在独占许可或单独许可中联合限制使用范围，应与单独在独占许可或单独许可中限制使用范围作同样处理。特别是竞争者间的许可中，这意味着相互的独占许可属于规则第4条第1款（c）中的核心限制。

非竞争者间的合同，通常是许可人通过限制使用范围，将许可授予不同的被许可人。

（5）自我消费义务（captive use restriction）

竞争者间签订许可合同时，被许可人为使用许可人的技术，而调整生产体制、中止使用自己的独立技术，并且并非零件供给者的，则该合同限制了合同前已存在的竞争。

（6）搭售和概括销售（tying and bunding）

对于超过市场份额基准的搭售（包括概括销售），有必要衡量其反竞争效果和促进竞争效果。一方面，搭售主要的限制效果是排除了被搭售商品的竞争供应商；另一方面，搭售也可能提高效率。

（7）不竞争义务*

不竞争义务（non-compete obligation）是指在技术许可中，对被许可人设定不得使用与许可对象技术有竞争关系的第三人技术的义务。不竞争义务引发的反竞争风险主要是排除了第三人的技术。

不竞争义务也会产生促进竞争的效果。例如，降低许可对象技术（特别如Know-how）泄露的风险从而促进技术普及，通过联合独占性的地域，使被许可人能有动力实现更高效的投资或使用许可对象技术等。

3.和解协议及非系争协议

就和解协议和非系争协议（settlement and non-assertion agreement）而言，许可（包括交叉许可）其本身不限制竞争。但是，如不存在任何阻挡关系[5]，且当事人的竞争关系是显而易见的，则有可能适用规则第4条第1款所列的核心限制。　46

当事人约定技术提成费从而进行市场分割或对市场价格产生实际影响的，有极大可能适用第81条第1款。和解协议和非系争协议中的不质疑条款一般不适用第81条第1款。这种协议的本质内容是，当事人此后不对作为该协议对象的知识产权进行质疑。[6]

---

　*　此处原书确实未与前文对应，前文指出指南列出的（7）为非系争义务，此处的不竞争义务与之相比确实有所不同。——译者

　5　阻挡关系是指，如基础专利与改进专利那样，使用当事人一方持有的技术时，必然侵害其他当事人技术。

　6　不质疑义务与和解协议或非系争协议无关，不得作为"不得免除的限制"适用概括适用除外的情形［规则第5条第1款（c）］。

4.技术池

技术池（technology pool）是指对于经参加者与第三人许可而来的技术，两个以上当事人进行收集打包的合同。

设立了技术池并规定了其运营条件的合同，不论当事人的数量，均不适用"概括免除适用"的条款。但是，若技术池中心体已通过单个许可授予他人，则和其他许可合同等同处理，如果符合委员会规则第4条的要件，存在核心限制竞争的风险，则适用"概括免除适用"。

技术池的设立必然意味着技术池中技术的共同销售，仅由或大部分由替代性的技术构成的技术池，相当于价格固定卡特尔。此外，当技术池一方面支持业界标准，另一方面自制事实上的业界标准时，技术池不仅会抑制当事人间的竞争，还会排除替代技术、抑制创新。另一方面，为了避免使交易费用减少的双重界限性（double marginalization）问题，通过限制累积的许可费，技术池有促进竞争的可能性。

对于涉及技术池设立和技术池的合同中特有的问题进行讨论时，委员会遵循以下基本原则：（1）技术池拥有的市场地位越强，其具有反竞争效果的危险性越高；（2）市场上拥有强势地位的技术池必须具有开放性，且不应差别对待；（3）技术池不得不当地排除第三人的技术或限制设立替代性的技术池。

专利池特有的问题之一在于，专利池可能保护无效的专利。此外，技术池的设立、组织和运营的相关方法有利于降低技术池在目的与效果上限制竞争的风险，确保该协议促进竞争效果。

四、日本

（一）专利及 Know-how 指南

1.引言

公平交易委员会于1999年公布了《关于独占禁止法上专利与Know-how许可合同的准则》（以下简称《准则》）。《准则》由三个部分组成：1.引言；2.独占禁止法上关于专利许可合同的认定等；3.涉及专利与Know-how许可合同的不公正交易方式的认定。

首先，"1.引言"中阐述了技术交易和竞争的关系、技术交易的相关市场、指南的适用范围、事前商谈等问题。技术交易的关联市场可以分为技术市场和产品市场，其中技术市场是技术交易的场所，产品市场（包括服务市场）是使用该技术制造的产品交易场所（不存在技术开发市场的概念）。

《准则》的适用范围一般限定在专利和Know-how的许可合同，也可适用于交叉许可、专利池、多重许可等相互性的许可合同或多个当事人间的许可合同，以及合并经营合同中的一种。专利和Know-how以外的知识财产不能直接适用《准则》，由于这些权利的排他性与专利或Know-how有所差异，因此根据这些权利的性质可以在一定范围内准用《准则》。 48

2.独占禁止法第21条

独占禁止法第21条规定："本法的规定不适用于著作权法、专利法、实用新型法、外观设计法和商标法上认定为行使权利的行为。"《准则》认为第21条具有如下含义：（1）专利法等法上"认定为行使权利的行为"不适用独占禁止法的规定，不构成违反独占禁止法的行为；（2）另一方面，即使是类似于专利法等法上认定为"行使权利"的行为，如果违背奖励发明等技术保护制度的宗旨，或被认定违反该制度的目的，则不得被评价为"行使权利的行为"，而应适用独占禁止法。根据独占禁止法第21条的规定，在适用独占禁止法时，应探讨是否存在不当交易限制、私人垄断及不公正交易方式。

3. 不当交易限制及私人垄断等的意见

（1）认定意见

《准则》认为，专利或Know-how（以下也称"专利等"）的许可，一般以专利等的许可及其对价的支付为内容，与此同时也会对一方当事人科以各种限制或义务，本不会直接带来不当交易限制或私人垄断等问题，此外，专利权人等自己使用专利等，或许可他人使用，或不许可他人使用本身原则上不会产生独占禁止法上的问题。

然而，上述限制或义务等类似于行使权利的行为，可能成为不当交易限制或私人垄断的一个环节或手段。

（2）不当交易限制

双方当事人间签订许可合同，用于约束相互的经营活动的，可能产生不当交易限制的问题。当事人相互限制专利产品等的销售价格、制造数量、销售数量、经销商、销售地域等，因而导致一定产品市场上的竞争受到实质性限制的，属于不当交易限制，违反独占禁止法（第2条第6款、第3条后段）。此外，当事人相互限制研究开发的领域、许可的允诺方、采用的技术等，导致一定产品市场或技术市场上的竞争受到实质性限制的，属于不当交易限制。

49

　　针对当事人增加对经营活动的相互约束的案例，《准则》列举了交叉许可（多个专利权人相互许可其各自保有的技术）、多重许可（一个专利权人将其专利许可多个经营者）和专利池（多个专利权人将其各自所有的专利或其许可权限集中于特定企业或组织体，并通过该企业或组织体接受该专利池成员等必要的许可），并分别进行了说明。

　　此外，专利池由经营者团体筹建，其成员使用专利池中的专利等进行许可，导致对一定产品市场或技术市场上的竞争产生实质性限制的，经营者团体可能产生独占禁止法第8条第1款的问题。或者，为专利池设立合资公司，其出资公司使用专利池中的专利等进行许可，导致对一定产品市场或技术市场上的竞争产生实质性限制的，合资公司将产生第10条第1款的问题。

　　（3）私人垄断

　　许可合同中并未被评价为"行使权利的行为"的限制或义务，如果排除其他经营者的经营活动，或通过支配方式限制一定产品市场或技术市场上的竞争的，属于私人垄断，违反独占禁止法（第2条第5款、第3条前段）。《准则》列举并分别讨论了以下可能成立私人垄断的情形：①专利池或交叉许可；②专利等的集聚；③许可合同上的限制。

　　《准则》对此三种情形进行了举例说明：在一定产品领域，有竞争关系的多个权利人筹建该产品领域相关的专利池，在该组织体集聚专利等的同时，将现在及将来的改进技术等全部集聚于该组织体，导致如果没有该集聚的专利等的许可，经营者的经营活动将十分困难的情形下，这些权利人使用该专利池时，若无合理理由而拒绝许可给新加入者或特定既存经营者的，属于上述①情形。某经营

50

者自身并无使用的必要性而意图集聚系列关联许可，并且，其他经营者如未获得该聚集专利等的许可，其经营活动将十分困难的情形下，该经营者为阻止新的经营者加入而拒绝许可第三人，或提起专利侵害诉讼等的，属于上述②情形。此外，③情形是指：许可合同上的限制主要判断其是否符合不公正交易方式，但满足私人垄断要件的，也可能因此违反独占禁止法。[7]

（4）不公正交易方式的视角

《准则》指出许可合同中的限制在以下三种情形下属于不公正交易方式：①原则上属于不公正交易方式且违法的（黑条款）；②在一定情形下属于不公正交易方式且违法的（灰条款）；③原则上不属于不公正交易方式的（白条款）。（灰条款中违法可能性较大的又被划分为"灰黑条款"。）

此外，许可合同中包含的主要限制，均有可能被认定为滥用优势地位（一般指定第14款）。

①黑条款

《准则》列举以下两种属于黑条款的情形：①再销售价格的限制（许可人限制被许可人再销售专利产品等的价格）[第13款（附条件的交易）]；以及②销售价格的限制（许可人限制被许可人销售专利产品等的价格）（第13款）。

②灰条款

《准则》列举的灰条款（除灰黑条款）有：（a）地域的限制（专利权消灭时限制专利产品销售的情形，以及限制Know-how产

7　差异在于，被评价为私人垄断而非不公正交易方式的，可能会产生刑罚或课征金。

品销售地域的情形，第13款）；（b）技术领域的限制（通过仅允许批发销售、禁止零售或者仅对采用上门推销的销售商等特定销售方法的销售者设定义务等方式，对与技术领域的限制无关的销售领域或经销商进行限制的情形，第13款）；（c）根据一定产品的制造数量等，支付许可费的义务［许可人不论被许可人是否正在使用合同对象专利等，基于被许可人的专利产品等，或者并非专利产品等一定产品的制造数量或销售数量等，均对被许可人设定许可费支付义务，第11款（附排他条件的交易）、第13款］；（d）概括许可［被许可人对许可人，有接受多个专利等概括许可的义务，第10款（搭售等）］；（e）不质疑义务（例如，不得对合同对象专利申请无效宣告，不得对合同对象Know-how的公知性进行质疑等，许可人对被许可人设定不质疑被许可专利权的有效性的义务，第13款）；（f）改进发明等的非独占性许可义务（第13款）；（g）非系争义务（许可人对被许可人设定不得将被许可人所有或取得的全部或部分专利权向许可人或许可人指定的第三人行使的义务，第13款）；（h）单方解约条件（许可人要求被许可人接受对一方不利的解约条件，如当事人约定，基于当事人支付不能等履行不能以外的事由，许可人有权在未给予适当犹豫期间的情形下，单方直接解除合同等，第11款、第13款）；（i）制造数量或使用次数的限制（许可人对被许可人对专利产品等的最高制造数量或方法专利的最高使用次数进行限制，第13款）；（j）合同有效期内对竞争品的制造使用等或对竞争技术的采用进行的限制（第11款、第13款）；（k）原材料、零件等供应商的限制（第10款、第11款、第13款）；（l）销售数量的限制（第11款、第13款）；（m）经销商的限制（许可人对被许可人设定通过许可人或许可人指定的第三人销售专利产品等的义务，或不向许可人指定的第三人销售的义务，第13款）；（n）合同有效期内竞争品销售的限制（第11款、第13款）；（o）商标等的使用义务（许可人对被许可人设定在专利产品等上使用许可人指定商标的义务，第10款、第13款）；（p）出口地域、出口价格、出口数量等的限制（第13款）。

其中，依据流通与交易习惯准则（1997年7月11日公取委事务总局《关于独占禁止法上流通与交易习惯的准则》）第2章第2节第3部分"涉及流通业者销售地域的限制"中的意见，应依据不公正交易方式的要件"妨害公平竞争的可能性"（参照独占禁止法第2条第9款）对行为是否属于（a）进行判断。此外，依据流通与交易习惯准则第2章中涉及消费品的意见，（a）、（b）、（l）、（m）、（n）和（o）中对涉及专利产品销售的限制，应基本适用于专利产品等的流通。但是，（l）～（o）中的非价格限制，如果是被许可人在专利产品等市场上处于"有力"地位［参照流通与交易习惯准则第2章第2节（2）（注4）］等情形的，《准则》认为将产生不公平交易方式等问题。

其次，《准则》还列举了灰黑条款：（a）专利权消灭后或Know-how公开后的使用限制或许可费支付义务（第13款）；（b）研究开发的限制（许可人限制被许可人针对合同对象专利或竞争技术进行独自或与第三人共同研究开发，第13款）；（c）改进发明等的转让或独占许可义务（第13款）；（d）合同终止后对制造、使用竞争品或采用竞争技术的限制（第11款、第13款）；（e）合同终止后对销售的限制（第11款、第13款）。

其中，关于（c），被许可人的改进发明、应用发明等由许可人和被许可人共有，或被许可人收取相应对价让与许可人的，一般不受本条款的限制。

③白条款

《准则》将白条款分为如下情形：（a）对制造、使用、销售等分别进行允诺；（b）期间的限制；（c）地域的限制；（d）技术领域的限制；（e）根据一定产品的制造数量等支付许可费的义务（作为许可费计算依据的情形）；（f）专利权消灭等情形后的使用限制或许可费支付义务（被认定为许可费分期支付或延期支付的情形）；（g）概括许可（保证合同对象技术效用的情形）；（h）不质疑义务（若被许可人质疑被许可专利权的有效性，或者质疑合同对象Know-how是否公开的，许可人有权解除合同）；（i）研究开发活动的限制（为防止合同对象Know-how泄露，在必要范围内对合理期间进行限制的情形）；（j）改进发明等的非独占性许可义务；（k）取得知识或经验的报告义务；（l）最善实施努力义务；（m）Know-how保密义务；（n）制造数量或使用次数的限制（限制最低数量等的情形）；（o）竞争品制造、使用等或竞争技术采用的限制（防止Know-how泄露的情形）；（p）原材料或零件等供应商的限制（保证合同对象技术的效用、保持商标等的信用、对合同对象Know-how保密的情形）；（q）专利产品、原材料、零件等品质的限制（保证合同对象技术的效用、保持商标等的信用的情形）；（r）销售数量的限制（限制最低数量等的情形）；（s）竞争品的销售限制（防止Know-how泄露的情形）。

（二）标准化活动及专利池

公平交易委员会于2005年6月对专利与Know-how指南进行补充，公布了《关于独占禁止法上专利池形成标准化的意见》（以下简称《专利池意见》）。《专利池意见》大致由两部分构成，前半部分为标准化活动，后半部分集中探讨与专利规格相关的专利池。

前半部分中，标准化活动本身并非独占禁止法上的问题，但如有：1.销售价格等的约定；2.竞争规格的排除；3.规格范围的不当扩张；4.技术方案等的不当排除；以及5.参加活动的限制，则会产生独占禁止法上的问题。此外，未参加标准化活动的经营者在制定的规格中有专利的，即使拒绝许可通常也不会产生问题，但该专利权人如参加标准化活动，并希望将己方有专利权的技术纳入规格的，如无合理理由拒绝许可，将产生独占禁止法上的问题（私人垄断、其他拒绝交易的方式等）。

《专利池意见》后半部分介绍了：1.参加专利池的限制，如限制的内容在合理必要范围内且不限制竞争的，不会产生独占禁止法上的问题；2.规格相关专利是通过专利池许可事先决定的，若对象限于必要专利且不存在其他妨碍自由使用等情形，则不会产生独占禁止法上的问题；3.在合理必要的范围内，要求专利池的参加者遵守一定规则，不只是对特定的经营者提出差别性的条件，则不会产生独占禁止法上的问题（私人垄断、不当交易限制等），但若限制了专利的自由使用则会产生独占禁止法上的问题。此外，后半部分还探讨了通过专利池进行的许可：1.不同许可条件的设定；2.研究开发的限制；3.涉及改良规格专利的许可义务（回授）；4.专利的无效宣告申请等的对抗措施（非系争义务）；以及5.其他被许可人等的专利权的不行使（不质疑义务）。

五、软件

（一）关于软件及独占禁止法的研究会报告书

企业经营活动中，与软件交易相关的独占禁止法的内容愈加重要，公平交易委员会为将相关意见明确化，于2002年3月公布了《关于独占禁止法上软件许可合同的意见——与软件相关的研究会中间报告书》（以下简称《意见》）。该《意见》由三部分构成，即"第1部分 讨论对象和讨论视角"、"第2部分 独占禁止法上关于平台软件技术信息提供的意见"，和"第3部分 独占禁止法上关于软件许可合同的意见"。

（二）独占禁止法上关于平台软件技术信息提供的意见

根据《意见》第2部分，平台软件（基本软件）是系统的基础，其制造商在提供技术时，在下列四种情形下可能产生独占禁止法上的问题：1.在提供技术信息上进行差别对待或者拒绝交易（具体是指，基本软件的制造商，在为产品开发提供必要的技术信息时，对于提供有竞争关系的基本软件产品的硬件制造商或应用软件的制造商，进行迟延提供技术信息等差别对待，或不提供技术信息；或者，基本软件的制造商，在提供产品开发所需必要的技术信息时，对于提供与己方应用软件或硬件有竞争关系产品的应用软件制造商或硬件制造商，进行迟延提供技术信息等差别对待，或不提供技术信息的行为）；2.增加新功能（功能的搭售）时拒绝提供技术信息（基本软件的制造商通过版本升级等方式在既存的基本软件上增加新功能时，虽然对于有竞争关系的应用软件制造商而言，为

55

67

了生产出与该新功能相竞争的应用软件，有必要从该基本软件制造商处获得技术信息，但该基本软件制造商不向其他应用软件的制造商提供或迟延提供该技术信息）；3.不当集聚由硬件制造商或应用软件制造商独自开发的技术［基本软件的制造商在进行基本软件的版本升级并向硬件或应用软件的制造商事先提供该基本软件新版本的相关技术信息时，对硬件制造商或应用软件的制造商设定，将其在对应新版本的产品进行开发时所获得的技术信息向基本软件的制造商进行反馈的义务（设定报告义务），以及将硬件制造商或应用软件的制造商独自开发的技术相关权利或者Know-how归属于该基本软件制造商的义务，同时禁止在有竞争关系的基本软件对应的产品开发中使用］；4.保密义务的不当扩张（基本软件的制造商，对于硬件制造商或应用软件制造商，为了开发己方的基本软件产品而向其提供必要技术信息时，不当扩张该技术信息的保密义务，将保密义务的对象扩大至没有秘密性的技术信息，或者硬件制造商或应用软件的制造商独自开发的技术信息）。

依据上述第1种情形：A.硬件制造商或应用软件的制造商，妨害有竞争关系的其他基本软件制造商的产品开发，或者，该基本软件制造商，掠夺与其所供的应用软件有竞争关系应用软件的制造商与终端使用者进行交易的机会，导致竞争软件的制造商无法轻易确保替代的交易对象等，有可能妨害基本软件、硬件或应用软件等的产品市场或技术市场上公平的竞争的，属于不公正交易方式［一般指向第2款（单独的交易拒绝），第4款（差别的交易），第13款（附条件的交易）等[8]］；B.建立了事实标准的基本软件制造商，通

---

8 此外，其他行为均适用第14款（滥用优势地位）。

过排除或支配其他基本软件或应用软件的制造商、硬件制造商等的经营活动，对基本软件、硬件或应用软件等的产品市场或竞争市场上进行实质性限制的，属于私人垄断（第3条前款）。

其次，依据上述第2种情形：（1）掠夺了应用软件的制造商与终端使用者进行交易的机会，该应用软件的制造商无法轻易地确保替代的交易对象等，有可能妨害该新功能相关应用软件的产品市场或技术市场上公平竞争的，属于不公正交易方式（第2款、第4款）；（2）建立了事实标准的基本软件制造商，通过排除或支配竞争应用软件制造商的经营活动，对该新功能相关应用软件的产品市场或技术市场上的竞争进行实质性限制的，属于私人垄断。

根据上述第3种情形：（1）妨害硬件制造商或应用软件制造商的自由竞争等，有可能妨害基本软件、硬件或应用软件等的产品市场或技术市场上的公平竞争的，属于不公正交易方式［第11款（附排他条件的交易），第13款］；（2）建立了事实标准的基本软件制造商，为集聚技术信息，通过排除或支配其他基本软件或应用软件制造商、硬件制造商等的经营活动，对基本软件、硬件或应用软件等的产品市场或技术市场上的竞争进行实质性限制的，属于私人垄断。

最后，根据上述第4种情形：（1）妨害硬件制造商或应用软件制造商的自由研究开发活动，或妨害面向竞争基本软件的硬件或者应用软件的开发活动，进而有可能妨害基本软件、硬件、应用软件等的产品市场或技术市场上的公平竞争的，属于不公正交易方式（第13款）；（2）建立了事实标准的基本软件制造商，对于硬件制造商或应用软件制造商，通过排除或支配其他基本软件或应用软件的制造

57

商或硬件制造商等的经营活动，对基本软件、硬件或应用软件等的产品市场或技术市场上的竞争进行实质性限制的，属于私人垄断。

（三）独占禁止法上关于软件许可合同的意见

软件许可合同中多含有限制条款，对于其中涉及著作权法上权利行使的限制条款和软件交易中容易产生问题的限制行为，《意见》第3部分第3节主要从公正交易方式的角度，明确了独占禁止法上的认定方法。[9]《意见》指出了五种限制类型，即：1.复制相关的限制；2.改变的限制；3.涉及改变后成果的权利或Know-how的转让、独占性使用的允诺；4.反向工程的禁止；5.搭售、竞争品的交易限制。[10]

第1种限制中的复制，著作权法将其视为权利行使的行为，软件制造商对于硬件制造商或代理商：（1）计算许可费时，不仅包括复制涉及该合同的软件产品，还有复制与该软件有竞争关系的其他软件产品，将其计入交付货品的范围，作为计算许可费的依据，据此夺取了与硬件制造商或流通业者的交易机会，竞争软件制造商无法轻易地确保可替代的交易对象等，有可能阻碍软件的产品市场上公平竞争的情形；（2）通过对复制次数设置上限等的限制，在硬件或软件的产品市场上产生供需调整效果的情形；（3）通过设定复制次数的下限，软件制造商夺取了与硬件制造商或流通业者的交易机会，竞合软件的制造商无法轻易地确保可替代的交易对象等，有可能阻碍软件的产品市场上公平竞争的情形，这些均属于不公正交易方式［一般指定第13款（附条件的交易）〕。

第2种情形中的改变，原则上视为行使保持作品同一权、复制

9　此外，《意见》认为该限制条款可能属于私人垄断。

10　此外，《意见》认为，关于软件产品的再销售价格的限制、销售价格的限制、经销商的限制等，可以适用专利与Know-how指南的思路。

权和改编权的行为，而且被禁止改变的内容如果被认为是为保证该软件的正常运行，或在软件制造商提供的保守服务必要范围内，可以认为不会对软件产品市场或技术市场上的竞争秩序产生很大影响。然而，一旦超过上述必要范围，终端使用者以有效使用为目的，自己或委托第三人（系统集成商等），进行以下行为的，属于不公正交易方式（第13款）：A.限制对该软件的除错（错误的修正）和特别定制；（2）限制该软件连接或嵌入其他软件或硬件，从而妨害软件产品市场或技术市场上被许可人的研究开发活动等，有可能妨害该软件中可能使用的其他软件或硬件的产品市场或涉及系统集成商等提供该软件的服务市场上的公平竞争。

第3种情形中，作为许可人的软件制造商要求被许可人，将改变后软件成果的相关权利或者Know-how转让给自己，或许诺自己独占性使用权的，在以下情形中，这种义务设定属于不公正交易方式（第13款）：（1）将被许可人改变后软件成果的相关权利或者Know-how不当地集聚于作为许可人的软件制造商处，从而不当地强化许可人在软件技术市场上的地位；或者（2）通过限制被许可人自己使用或许可第三人使用其取得的知识、经验或改变后的成果，妨害被许可人等开发新软件。

根据《意见》，第4种情形中的反向工程是指，"通过调查或解析既存的产品，探知其构造或制造方法等技术"。据此，例如带有 59 平台功能的软件，为开发这样的软件和具有互操作性的软件或硬件，禁止反向工程并不评价为著作权法上行使权利的行为，反而在其可能妨害该软件中可能使用的其他软件或硬件的产品市场，或系统集成商等提供涉及该软件的服务市场上公平竞争的情形下，《意见》指出若满足以下条件，则属于不公正交易方式（第13款）的思路。（1）该软件的界面信息为必需的；（2）许可人未提供该界面的信息；（3）对被许可人而言，进行反向工程是为开发那些面向该软件的其他软件或硬件必不可缺的手段。

在第5种情形下，搭售和竞争品的交易限制均不视为行使著作权的行为。搭售的情形包括：（1）软件制造商在其与硬件制造商的预装合同中，约定在该合同约定的软件之外，同时预装该软件之外的其他软件并向终端使用者搭售；（2）软件制造商在与分销商的销售代理合同中，约定有在该合同约定的软件之外，同时向终端使用者搭售该软件制造商的其他软件。约定的这些义务若是妨害被搭售软件的产品市场上硬件制造商选择软件的自由，妨害公平竞争的，适用不公正交易方式条款［第10款（搭售等）］。此外，关于竞争品的交易限制：（1）软件制造商在与硬件制造商的预装合同中，禁止硬件制造商和与该软件制造商有竞争关系的其他软件制造商进行产品交易；（2）软件制造商在与经销商的销售代理合同中，禁止经销商和与该软件制造商有竞争关系的其他软件制造商进行产品交易。这些约定若是侵夺该竞争软件制造商和硬件制造商的交易机会，造成竞争软件制造商无法轻易确保可替代的交易对象等，妨害产品市场公平竞争的，属于不公正交易方式［第11款（附排他条件的交易）］。

六、结语

通过上述分析可知，日美欧竞争行政机关均认为，除价格限制等部分行为，知识财产许可合同基本不直接产生竞争上的危害，应依据个案情形认定是否违反竞争法。而且，美国和欧洲在判断行为是否违法时，较多采用经济学的思路或方法。

2006年2月22日，公平交易委员会事务总长在例行记者会上，宣布现行《关于专利与Know-how许可合同的指南》的修改工作正在进行。此外，2006年6月8日知识财产战略本部颁布的《知识财产基本计划2006》也指出，为使企业在交涉、缔结涉及技术的许可合同之际，便于判断合同中是否存在独占禁止法上的问题，2006年公平交易委员会修改并公布了《关于独占禁止法上专利与Know-how许可合同的准则》，这也成为《基本计划2006》的方案中"重点编"（第17页）的一部分，而"重点编"汇总了特别重要的实行方案。在本书校对阶段（2007年1月7日），新准则（或其草案）虽未公布，但上述事务总长例行会见记录（该会见记录可在公平交易委员会主页上找到）指出了新准则中的重要话题：1.引入美国或欧洲采用的避风港制度；2.除专利和Know-how，还应增加软件著作权等作为许可对象。日本新准则将何去何从，对于实务和学界而言影响重大，对其动向应予以密切关注。*

泉克幸
德岛大学综合科学部教授

＊　本文获科学研究资助金基础研究（C）（2006年度）和公益信托Microsoft知识产权研究资助基金（2005年度）的资助。

第三章　专利池与专利平台

山地克郎

　　近年来，日本逐渐显现强专利政策倾向。同时，在革新变化
激烈的技术领域，WTO/TBT协定的必要性，以及国际标准的重
要性也日益增强。基于此，本章中，将对"专利池""专利池的实
例""触发独占禁止法相关问题的案例"以及与专利池性质不同但
目的类似的"专利平台"等，与知识产权、国际标准、独占禁止法
紧密关联的问题进行探讨。

一、专利池

（一）技术标准与知识产权

不论在什么时代，技术都在进步，并促进着社会的变迁。同时由于技术的复杂化、无国界化，各种技术标准［de facto standard（事实标准）、行业标准、各国标准、国际标准等］的重要程度进一步加强。尤其是以发达国家为中心，pro patent，即重视 IPR（Intellectual Property Rights；知识产权）的倾向增强，使得技术标准中的 IPR 交易方式产生了很大问题。[1]

现行知识产权法，原则上赋予了权利人独占性的排他权，虽然亦受竞争法的制约，但基本上，权利人可以根据其享有的知识产权要求高额的许可费，也可以差别给予许可，甚至还可以视情况拒绝许可。一方面，主张"国际标准作为公共财产，不应对其适用加以制约"的观点深入人心。可以说是私权与公益相抗衡的问题。[2] 这一问题的深刻性在不同的技术领域，其程度也不同。例如，在化学、药品、生物领域，一种产品中使用的专利数量非常少，通常只有一个或数个。在药品中，使用一个专利只生产一种商品的情况很常见。但是，在半导体、家电、电气、通信等所谓

---

1 武田壮司=木島誠「標準化活動における知的財産権の取扱いについて」NTT DoCoMo テクニカル・ジャーナル11巻2号（2003年）99-103頁。

2 石黒一憲『情報・通信知的財産権への国際視点』（国際書院、1990年）；名和小太郎『技術標準対知的財産権』（中央公論社、1990年）。

的IT（Information Technology；信息技术）、ICT（Information and Communication Technology；信息通信技术）领域，一种产品中使用的IPR数量成百上千，并不罕见。例如，能放于指尖的小型半导体DRAM（Dynamic Random Access Memory；动态随机存取储存器）芯片中，不可避免地会使用超出1000个专利等。像这样以大量使用IPR为常态的领域，存在如下问题：

● 仅以自有IPR进行产品化是不可能的，必须得到他人的IPR许可。

● 但是，通常无法灵活使用作为IPR原本功能的独占性排他权。

● 因为希望获得许可的他人的知识产权众多，所以要几经周折进行交涉等以获取许可；另外，即使获得许可，众多IPR累积的许可费可能高昂到商业模型难以描绘的程度。

也有一些探讨并实施专利池（必要专利的专利集合）及专利平台（为促进个别合同而统一进行专利评估等的平台）的案例，以资解决这些问题。[3]

（二）专利池的概要

虽然专利池在不同角度会呈现不同的特征，但其典型特征大致如下。[4]

3　金正勲「技術標準化、パテントプール、そして競争政策」『平成15年度産業財産権研究推進事業報告書』（知的財産研究所、2004年）1-176頁。

4　日本弁理士会中央知的財産研究所『技術標準と特許権について』（2005年）1-59頁；長岡貞男＝山根裕子＝青木玲子＝和久井理子「技術標準と競争政策——コンソーシアム型技術標準に焦点を当てて」公正取引委員会競争政策研究センター、2005年10月（http://www.jftc.go.jp/cprc/reports/cr-0405.pdf）；公正取引委員会「標準化に伴うパテントプールの形成等に関する独占禁止法上の考え方」2005年6月29日（http:// www.jftc.go.jp/pressrelease/05.june/05062902.pdf）。

1.专利池是指数个专利权人协议将各自的专利权或专利许可权限集中在中心体（专利池），以此使其自身及/或第三人获取许可。即，数个专利权人协议将相关专利权移转给受托人或第三人，就专利池化的专利接受实施许可。

2.所谓专利池，是指数个权利人通过捆绑财产权实现统一化管理以及降低交易费用，在确保权利价值的同时，防止反公地悲剧（Tragedy of Anti-Commons；财富创造中财产权的重复使得交易费用上升，结果导致资源的过少利用[5]）进而形成的产物。

3.专利池是必要专利的集合（专利集聚）。如果其包括所谓的周边专利等非必要专利，会造成可替代性技术的捆绑销售，妨碍拥有可替代性技术的同业竞争，则可能会产生独占禁止法上的问题。另外，在独占禁止法上，如后述［次页及本章"二（二）"］，可能存在"分割市场、固定价格、形成市场准入壁垒"等问题。

4.专利池是指"专利等的多个权利人，将各自所有的专利等或其许可权限集中在特定的企业或组织体中（这类组织的形态多种多样，既可以是新设组织，也可以是既有组织），该企业或组织体使专利池的成员获得必要的许可"。[6]

5.专利池是指"两个以上的专利持有人通过互相保留行使排除权，就成员间进行交叉许可或共同对第三人授予许可达成合意"。[7]

5　Heller, Michael A. and Rebecca S. Eisenberg（1998），Can Patents Deter Innovation? The Anticommons in Biomedical Research, *Science*, Vol. 280, 698-701.

6　公正取引委員会「特許・ノウハウライセンス契約に関する独占禁止法上の指針」（平成11年7月30日、http://www.meti.go.jp/policy/kyoso_funso/pdf/tokkyo.pdf）第3・2（2）ウ参照。

7　金正勲「技術標準化、パテントプール、そして競争政策」知財研紀要13号（2004年）66頁。

专利池的定义乃至性质如上所述，其代表性优点一般如下：

（1）降低交易规则化下的交易费用。

（2）专利池的形成使得与池内专利相关的障碍消除（为实施某一专利，无法避免使用其他专利时，如果双方的专利都在池内，就可以避免实施上的问题）。

（3）降低累计许可费。

（4）规避需要高额费用的侵权诉讼战。

（5）提升专利期待价值从而激发研究开发的投资动力。 65

另一方面，专利池存在以下问题：

（1）存在分割市场、固定价格、捆绑必要专利以外专利等的可能性。

（2）可能形成市场准入壁垒、排除特定经营者。

（3）许可条件不够灵活。不论是互相拥有对等专利能力的专利权人，还是互相拥有交叉许可的专利权人，都必须作为被许可人向专利池公司一次性支付许可费。

（三）关于MPEG

1988年1月，为标准化数字动画压缩技术，ISO[8]/IEC[9]/ITU[10]决定设立专家会议（MPEG：Motion Picture Expert Group）。MPEG是指由国际标准化机构ISO/IEC/ITU总结的，与数字动态图像储存用编码化、影像编码压缩方式相关的国际标准。也就是说，MPEG既是组织名称，也是标准的名称。最初于1994年11月以IS-13818

8　ISO：International Organization for Standardization；国际标准化组织。

9　IEC：International Electrotechnical Commission；国际电工委员会。

10　ITU：International Telecommunications Union；国际电信联盟。根据国际条约设立的联合国下的机构。

（IS：International Standard）进行国际标准化，主要标准如下：

• MPEG-1 以家用CD、CD-ROM等储存式媒介为对象，对声音、图像拥有1/30~1/100的压缩率。所谓的MP3指的就是与CD具有同等的音质MPEG-1 Audio Layer 3。传送速度大约为1.5Mbps（Mega bit per second；100万比特/秒）。

• MPEG-2 以DVD机（DVD Player、DVD Disc、Play Station 2〔索尼公司的游戏机〕等）、数字广播（STB[11]、数字电视、VoD[12]等）为对象的高品质（HDTV〔High Definition TeleVision〕水平）图像压缩标准，主要用于专业领域。传送速度可达6Mbps左右。新一代蓝光唱片中也使用了MPEG-2。

• MPEG-4 是与声音、影像符号压缩方式相关的标准，对象为移动通信、无线通信、可视电话、网络等。

MPEG-2专利池的设立背景

如前述，MPEG标准最初标准化是在1994年11月，CableLabs公司[13]等曾指出，1993年左右就有相当数量的专利与MPEG-2技术相关。虽不是非要限定于必要专利，但仅相关的美国专利就有数千件，其中数百件与标准有很大关联。因此，MPEG-2关联产品的开发者被要求实施关联专利调查，但是专

11　STB：Set-Top Box；设置在外部电缆和电视接收机之间，用于控制信号（节目内容）的终端接收器。

12　VoD：Video on Demand；传呼式节目服务。检索式电影。

13　CableLabs：Cable Television Laboratories, Inc.；CATV（Cable Television/Community Antenna Television）的研究机关。（首席运营官）为布田氏（Baryn S. Futa）。

利调查工作量庞大，而且即使确认为对象专利，就必须与为数众多的专利权人进行许可谈判，其结果为，即使单个许可费不高，但累积起来仍有可能需要支付高额许可费，并且会造成开发、交易等的萎缩。

MPEG-2专利池设立的历程大致如下：

• 1993.7：ISO与有关人员之间就MPEG-2的专利问题进行了协商，明确ISO未介入IPR问题，因此决定在ISO框架外继续讨论。

• 1993.9：为解决问题，由志愿者发起设立WG（Working Group；工作小组）。WG成员有：CableLabs、Thomson、GI（General Instruments Corp.）、松下电产、Sony、Scientific Atlanta、3DO Co.（美国的电脑关联公司）、Philips。

• 1994.3：向MPEG-2标准化作业参加者发送确认函，确认其①是否赞成专利管理构想、②是否向专利池提供所持专利。

• 1994.9：专利池的赞同者聚集在美国科罗拉多州的博尔多，由必要专利权人发起设立为实现构想的MPEG-2 IPR WG。成立时的成员有：AT&T、哥伦比亚大学、GI、富士通、松下电产、三菱电机、Philips、Sony、Thomson。

• 1996.7：为统一许可专利池中的必要专利，设立了MPEG-LA LLC（MPEG-2 Licensing Administration Limited Liability Company）。

• 1997.7：开始许可活动。

许可活动的基本方针如下：

①为普及推进MPEG-2，尽可能设定低额许可费。

②为方便使用人，使统一各公司的专利、概括许可成为可能。

③对所有使用人进行非差别许可。即使是向专利池提供专利的专利权人也一视同仁。

（四）合同的架构

MPEG-2专利池的合同架构简图如图3-1所示。

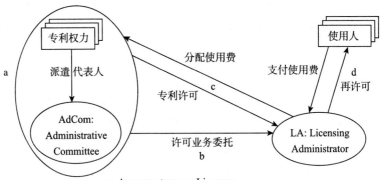

a. Agreement among Licensors

b. Licensing Administrator Agreement

c. License from Licensor to Licensing Administrator

d. MPEG-2 Patent Portfolio License

图3-1　合同的架构

68　　　集中MPEG-2关联必要专利的持有人中愿意加入专利池的权利人，向AdCom（Administrative Committee，专利管理委员会）派遣各权利人的代表。对于向专利池提供的必要专利清单和许可条件等，经AdCom确认、讨论，若达成合意，权利人之间即交换协议书（Agreement among Licensors）。AdCom向LA（Licensing Administrator，专利管理公司、许可管理机构）提交达成合意的必要专利清单和许可条件等。LA对许可条件进行确认，同时让中立第三人确认必要专利清单上的专利是确实必要的。AdCom/LA对条件等达成合意（Licensing Administrator Agreement）时，各许可人将附有再许可权的许可（License from Licensor to Licensing Administrator）授予LA，委托其进行许可业务。LA将进入专利池内的专利权（MPEG-2 Patent Portfolio）打包再许可（MPEG-2 Patent Portfolio License）给意向人（使用人）。使用人依照规定的方法、费率向LA支付许可费。LA从集中的许可费中扣除运营费用等后，按规定方法将余额分配给所有专利权人。[14]

（五）与独占禁止法的关系

一般说来，专利池具有如下促进竞争的效果：

1.互补性技术的整合；

2.专利权相互封闭状态的解除；

3.交易费用的减少；

4.对耗费人力、物力、财力的专利侵权诉讼的规避。

所以，专利池的形成并不会立即引起独占禁止法上的问题，但根据其运作方法的内容等的不同，有可能会引起独占禁止法上的问题，因此在专利池的形成和运作中，必须加以适当的注意。日本、美国、欧洲的独禁当局出示的《针对与技术标准相关的专利池在竞争政策上的基本原则》大致内容如下：[15]

1.仅将必要专利作为专利池对象。即，尽管池内专利是补充性的，因为池外有可能存在替代性技术，所以不论池内池外，有必要互相补充。

2.将企业之间的合作限定在池内专利清单中，不是针对与池内

14　尾崎英男=加藤恒「MPEG2パテントポートフォリオライセンス」知財管理48巻3号（1998年）329-337頁。

15　参见公平交易委员会·前注4。

专利权相关的产品价格进行合意，而是对池内所含技术的价格进行合意。

3.保证绕开专利池的自由（不使用专利池而直接向个别企业实施许可的可能性）。

4.开放许可（即使是许可后，新的必要专利权人可自由加入专利池；加入专利池的专利权原则上可以许可给任何人）。

另外，独占禁止法上的违法性考量要素一般有以下几点：

1.专利池形成的动机、意图。

2.对于加入了专利池的专利权，依其所制造产品的市场占有率。

3.第三人使用可能性。是否通过RAND（Reasonable And Non Discriminatory，合理且非歧视性的许可）[16]许可给实施意向人。

4.加入专利池的专利权等的性质及价值。其是竞争性的还是补充性的。

如上可知，技术标准化、专利池、竞争政策可以说是三足鼎立的关系。美国司法部于1995年4月6日公布的《关于知识产权许可的反垄断分析指南》，[17]其主要论点如下：

1.竞争政策上，将（作为无形财产的）知识产权与（作为有形财产的）其他财产权同等对待。财产权保证了排除权的行使，所以排除权的行使本身不会成为竞争政策上的问题。

2.知识产权的授予并不一定会产生市场支配力。不应仅根据存

16　也称为FRAND（Fair, Reasonable And Non Discriminatory；公平、合理且非歧视性的许可）。

17　Antitrust Guidelines for the Licensing of Intellectual Property: Issued by the U.S. DoJ and the FTC（http://www.usdoj.gov/atr/public/speeches/0167.htm）. FTC: Federal Trade Commission；美国联邦贸易委员会，竞争政策当局之一。

在市场支配力的事实，认定违反独占禁止法。

3.补充性的知识产权整合有利于促进竞争。

4.像专利池这样与知识产权相关的许可，不应适用当然违法的规则（per se illegal rule），而应通过合理规则（rule of reason）分析进行处理。

MPEG-LA等就"MPEG-2 Patent Portfolio License不包含独占禁止法上的问题"事宜向日美欧独禁当局进行了确认，并得到如下意见：

- 得到日本公平交易委员会的意见：1996年8月

- 得到美国司法部的认定（BRL: Business Review Letter，表达了美国司法部观点的事先批准书）：1997年6月26日

- 得到欧洲委员会（EU）的承认：1998年12月18日（向DG IV〔Directorate General 4；竞争政策负责总局〕确认了Negative clearance〔根据罗马条约第85条第3款项下的豁免证明〕）。

各独禁当局均给出了"没有问题"的意见，但其前提条件大致如下：[18]

（1）作为专利池对象的专利仅包含必要专利，周边专利[*]等不在其内。必要专利之间的关系是"补充性"的，可以说基本上不存在阻碍竞争的因素。但是，周边专利之间的关系是"替代性"的，如果将此放入专利池中，阻碍拥有替代性技术的同行竞争的可能性会变高。

18　参见前注3。

* 　相对于基本专利的概念，通过加入新要素、改进构成要素等方式，与基本专利相关的专利。——译者

必要专利的定义

71   有关必要专利的含义多种多样，大致有如下几种：

• 为实现标准功能及效用所必需的专利（JFTC: Japan Fair Trade Commission，公平交易委员会）。

• 在不侵害该工业产权的情况下，制造、销售或者使用符合标准的装置、机器、系统或软件从技术角度来说是不可能的〔ARIB: Association of Radio Industries and Business，（一般社团法人）电波产业会〕。

• 某专利没有现实替代物时，可以解释为该专利是必要的（DoJ: U.S. Department of Justice，美国司法部）。

• 在制造、使用标准化机器、方法等时，出于技术性原因，对该专利的采用是无法避免的（ETSI: European Telecommunications Standards Institute，欧洲电气通信标准化机构）。

• 为按标准使用，无法避免地侵害该专利权，或者即使在技术上有回避可能，但是从费用、性能等角度出发，选择回避实质上显然是不可行的。我们将后一种专利称之为"商业必要专利"。

在MPEG-2的专利池中，仅依据技术上的必要性进行判断。其理由为，这样更为客观，并且商业上是否必要，根据各公司的技术能力、开发能力等有所差异，因此难以成为判断标准。这并不局限于MPEG-2，几乎所有的标准化团体都采用这一标准。[19]

---

19 其他关于必要专利的定义，请参考：http://www.mpegla.com/m2/m2-essentiality.cfm。

（2）仅必要专利由中立第三人选定。

（3）包括专利权人在内，所有人适用相同条件进行许可。

（4）自由加入或者退出专利池。

（5）（对商品化不会造成太大妨碍的）低额许可费。

（六）专利许可机构

MPEG专利许可机构情况如下所记：

• 名称：MPEG-LA LLC

• 业务内容：为统一管理MPEG-2专利而成立的专利管理公司。MPEG-2关联专利为实现"一站式购买"（one-stop-shopping）理念而生。

• 所在地：美国科罗拉多州丹佛

• 成立日：1996年7月1日

• 许可开始日：1997年7月

• CEO（首席执行官）：Mr. Baryn S. Futa（バリン布田；三代日本血统、原CableLabs公司首席运营官）

• 注册资本：300万美元

• A级成员（出资人）：CableLabs公司、哥伦比亚大学、GI、Philips、Scientific Atlanta、Sony、富士通、松下电产、三菱电机（Sony、富士通、松下电产为美国子公司）

• B级成员：Mr. Baryn S. Futa

• 必要专利评价人所在国：美国、欧洲、日本、韩国

• 目标专利：799件（全球、截至2006年4月1日），如果有必要专利评价人（Kenneth Rubenstein）的推荐并得到既有许可人的同意，可以向专利池追加新的必要专利。[20]

20　MPEG-LA网站（http://www.mpegla.com/m2/m2-att1.pdf）上公开了必要专利清单，大约每3个月延续一次。

- 必要专利的覆盖率：据说有90%左右（截至2005年4月）。
- 许可人：23家公司和1所大学（截至2006年4月）。Alcatel、CIF Licensing, LLC、哥伦比亚大学、France Telecom R&D、GE（General Electric）Technology Development、GI、JVC（日本Victor）、KDDI、LG Electronics、NTT、Philips、Robert Bosch、Scientific Atlanta、Thomson Licensing、Canon、三星电子（Samsung）、三洋电机、Sharp、Sony、东芝、日立、富士通、松下电产、三菱电机
- 被许可人：1049家公司（截至2006年4月），主要为STB制造业者、DVD制造业者（Replicator）、PC制造业者。
- 主页：http://www.mpegla.com/

（七）作为对象的技术专利

对象技术是为适用以下标准而必要的装置、方法的专利。

- MPEG-2视频及系统（音频除外）

即分别对应以下国际标准：

- IS 13818-1（包括Annexes C、D、F、K、L）：System
- IS 13818-2（包括Annexes A、B、C、D，但scalable extensions除外）：Video
- IS 13818-4（仅限于确认IS 13818-2必要之时）：Conformance test（标准一致性测试）

（但是，IS 13818-3 Audio除外）

对象专利的收集条件如下：

- 仅将与MPEG-2有关必要专利作为许可对象。
- 由以下的中立第三人认定专利的必要性：

肯尼思·鲁本斯坦（Kenneth Rubenstein Esq.，美国专利律师。Proskauer Rose LLP.〔有限责任合伙〕）

尾崎英男（律师。City-Yuwa法律事务所）

托马斯·罗克斯（Thomas Rox，Cohausz & Florack）

在判断必要性时，由MPEG-LA指定的评审人对照标准书的内容和专利的权利要求，进行一次性判断。专利内至少有一个权利要求被视为是必要的，该专利才能被视为在某一标准下是必要的。等同解释虽然未被明确强调，但似乎已被尽可能地考虑了。根据各地区评审人的商议进行必要性判断，意见分歧时的最终判断由肯尼思·鲁本斯坦律师作出。这样的判断方法使得MPEG-LA自成立以来并未发生偏离判断基准的情况。

- 不讨论专利的有效性。
- 根据回授条款获取被许可人的专利许可。 74

（八）许可的期限

当时的许可合同期限为1994年6月1日（MPEG-2标准的实际确定日）至2000年1月1日。2000年1月以后，每5年可进行一次延续。同时，在每5年的延续期内，如果市场发生重大变化的，可调整后续的许可条件，但须保证适用的许可费上涨幅度不高于25%。

（九）专利许可费和分配

每个国家都存在专利等，其制造、销售量也不尽相同，因此有关许可费的分配，采用的是按国别计算（country-by-country）原则（参考图3-2）。

1.许可费数额

- MPEG-2 Encoder/Decoder（CATV、用以接收卫星广播的STB、DVD Player、Decode board/Decoding·Software等）： 75

$ 4.00/台（~2001.12.31）

$ 2.50/台（2002.1.1~）

• 消费品

可以录像或播放的DVD机、电脑等因为同时具备编码和解码功能，所以价格如下：

$ 6.00/台（~2001.12.31）

$ 2.50/台（2002.1.1~）

• 面向个人终端用户的MPEG-2成套媒体（DVD disc等），数额如下：

¢ 4.00/片（~2001.8）

¢ 3.50/片（2001.9~2003.2）

¢ 3.00/片（2003.3~）

• 租赁等、以商用目的销售的媒体价格为 ¢ 40.00/片。

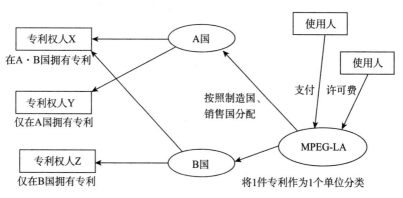

许可费分配中制造国、销售国的关系
制造国　销售国　分配
有专利　有专利　制造国50%、销售国50%
有专利　无专利　制造国100%
无专利　有专利　销售国100%
无专利　无专利　不适用

图3-2　许可费分配

2.许可费的支付

许可费每年支付2次，具体支付期限的划分由各公司单独规定。

划分支付期限的例子如下：

- 3月21日~9月20日：10月末支付
- 9月21日~3月20日：4月末支付

3.许可费的分配

MPEG-LA通过既定方式进行许可并征收许可费。许可收入的分配金额按照规定的计算公式计算，向提供必要专利的所有会员企业分配。届时，因为价值评估极其困难，不对每个必要专利的价值进行评估，而是依据加入专利池的经营者所持有的必要专利的件数进行分配。

（十）其他许可条件

76

- 专利池中的许可开始后，如果出现新的必要专利权人，可以自由加入专利池（所谓的开放许可）。

- 被许可人以许可人侵害其持有的MPEG-2关联专利为由诉诸法律的，该许可人可以就专利池内的自有必要专利，在与该被许可人相关的范围内解除合同（Yanking-Clause的适用）。

- 针对持有必要专利，但不加入专利池的被许可人，应以各许可人加入池内的专利份额所对应的许可费率相同的条件，回授被许可人的必要专利。

（十一）专利池成功的条件

想要获取专利池的成功，不仅需要独占禁止法的明确规定，还要达成以下条件：

- 权利人拥有使专利池成功的坚强意志。
- 在一定程度上提前把握必要的专利。
- 描绘商业模式。

- 能够覆盖半数以上的必要专利。
- 横向竞争者和立场不同者都能发挥领导力。

二、专利池与独占禁止法
——案例①弹珠游戏机

（一）概要

在日本，10家Pachinko弹珠游戏机制造业者（以下称"10家公司"）供应了几乎全日本所有的弹珠游戏机（约9成），它们拥有卓越的技术开发能力，持有与弹珠游戏机相关的众多发明专利权及实用新型权（以下称"专利权"）。10家公司中的9家共同设立了管理运营专利的日本游戏机专利运营联盟株式会社（以下称"联盟"），合计持有过半数股份。10家公司将各自持有的专利等的实施许可权授予联盟，委托联盟从事与许可有关的业务，集中了约100件专利权，形成专利池。若想不使用池内专利权等保护的技术，而直接制造符合法律规定标准的弹珠游戏机是极其困难的。10家公司通过使用池内专利权确保市场占有率，强化准入壁垒以排除新加入专利，规制价格竞争以妨碍自由竞争。基于这样的状况，公平交易委员会于1996年3月28日针对弹珠游戏机业界的专利池实施了现场调查。[21]

---

21 荒井登志夫「ぱちんこ機製造業者の私的独占事件」公正取引564号（1997年）63-70頁；杉田就「ぱちんこ機製造業者らに対する独禁法違反（勧告／審決）事件」（財）ソフトウェア情報センター『ソフトウェアと独占禁止法に関する調査研究報告書』（1998年）1-8頁；村上政博「パチンコ機パテント・プール事件勧告審決をめぐって（上）」公正取引569号（1998年）37-44頁。

（二）独占禁止法上的问题

独占禁止法第21条规定："本法规定不适用于被认定为是著作权法、专利法、实用新型法、外观设计法、商标法赋予的权利行使行为。"同时，公平交易委员会认为，即使从外观上或形式上看似是基于专利法等的权利行使行为，实则是以行使权利为借口进行不当交易限制或私人垄断的，则该行为违背了技术保护制度的奖励发明之目的，不能被评价为专利法等法律上的"行使权利的行为"，应适用独占禁止法。[22] 关于本案，公平交易委员会认为，"10家公司及联盟联合排除其他竞争者参入的方针之下，通过拒绝该等专利权的实施许可，排除有意向制造弹珠游戏机的其他公司的业务活动，违反了公共利益，实质上限制了竞争，不应认定为专利法或实用新型法所规定的权利行使行为，应属于独占禁止法第2条第5款规定的私人垄断，违反了独占禁止法第3条（前段的私人垄断）的规定"，并于1997年6月20日发出劝告[*]，在10家公司承诺后，于同年8月6日出具了劝告决定（当事人承诺）。[23]

1. 可能引发问题的行为示例

（1）联盟管理的专利选定由联盟和10家公司专利负责人组成的审查委员会进行。

（2）10家公司直接或间接持有联盟的过半数股份，占据了联盟相当多的董事席位，实质上也干预了对于是否实施专利权许可的判断。

22　参见公平交易委员会·前注6。

*　向对方传达某种事项，并劝告其采取适当措施以符合该事项，日本在进行行政指导等时常用，但无法律约束力。——译者

23　公正取引委员会「ぱちんこ機製造業者らに対する独禁法違反（勧告／審決）事件審決書」（平成9年8月6日）。

（3）联盟一直试图通过不向第三人授予其持有的专利权来阻止新专利的加入。

（4）专利实施许可合同中规定了：禁止进行低于原价（"原价"有原价和成本的意思，但是许可实施合同中应该不会有成本问题）的销售条款，以及强制贴附证明专利权等实施许可的标签并在发放该标签时提交联盟事先规定好的文件的条款；联盟还根据两者条款，分别实施以下行为：在联盟会议等中指导联盟成员不要进行低价销售、通过收取与销售相对方的买卖合同监督销售价格（在劝告审查决定的认定）。由此，联盟被推定在某种程度上实施了有意图的价格维持行为、数量限制行为。

2. 可能引发问题的专利池特征

（1）专利池不向第三人实施许可，在同业者之间具有封闭性且较强拘束力。专利池成员拥有产品市场以及技术市场的市场支配力，未获取实施许可的经营者无法在弹珠游戏机的制造销售市场上竞争。

（2）一直试图阻止新专利加入以维护10家公司等的利益。

（3）专利池成员的市场占有率极其高，合计接近100%。

79　　由此，被认定为违反独占禁止法（第3条前段：私人垄断）。

（三）改正措施

公平交易委员会要求的改正措施大致如下：

1.废除10家公司等排除新专利加入的方针。

2.撤销基于上述方针的、与专利的通常实施权许可相关的措施。

3.删除许可合同中的以下条款：被许可人变更企业构成、董事等时，应报送联盟并获得同意；若未获联盟同意的，联盟可以解除合同。

4. 向有加入意向者宣传贯彻上述措施。

（四）主要争议点

某一行为是否构成对独占禁止法的违反，不应以形式判断基准为依据，而应适用"合理原则"这一个案判断的规则，结合该行为产生的具体市场效果、促进竞争的可能性等各种因素进行判断。本案便是采用这一方法进行判断并采取了法律措施的案件，并且是日本第一件针对专利权行使行为适用独占禁止法的案件。

1. 与独占禁止法第21条的关系

独占禁止法第21条规定："本法规定不适用于被认定为是著作权法、专利法、实用新型法、外观设计法、商标法赋予的权利行使行为。"针对该条款的解释是，被认定为基于专利法等的权利行使行为本不构成对独占禁止法的违反，但脱离技术保护制度的初衷、实施非权利行使行为的，应适用独占禁止法。[24] 如上所述，"10家公司等违反了公共利益，实质上限制了弹珠游戏机制造领域的竞争，不应认定为属于基于专利法或实用新型法的权利行使"，本案劝告采纳上述意见，认定了适用独占禁止法的可能性。

2. 独占禁止法违法性考量要素

独占禁止法第21条规定基于专利法等的"权利行使行为"不适用独占禁止法，一般情况下，形成专利池本身并不会直接违反独占禁止法的禁止条款。也不能仅从许可费的高额设定判断其违法。一般而言，独占禁止法上的违法性考虑要素如下：

24　技術取引等研究会「技術取引と独占禁止法——技術取引等研究会中間報告書」昭和63年（1988）7月。

（1）形成专利池的动机和意图。

（2）使用池内专利制造的，或即将制造的产品的市场占有率。

（3）第三人的使用可能性，即是否以RAND条件许可专利的实施意向者。

（4）池内专利的性质和价值。其是竞争性专利还是补充性专利。

因此，如果有意限制或排除竞争，同时限制价格或者数量等，就可能产生独占禁止法上的问题。

本案的本质问题是专利权这一知识产权的行使与独占禁止法的关系。

• 本专利池被判断为不存在促进竞争的效果，但专利池本身并未被明确禁止。

• 属于专利池管理公司实施的私人垄断（适用独占禁止法第3条前段；本案实质上是共同私人垄断）案件。也有学者对此进行了批判，其认为，审查决定止步于撤销阻止新专利加入的方针，如果新专利加入者得不到许可将无法恢复竞争，所以应通过设置合理的许可费责令强制许可。[25]而公平交易委员会也强烈主张难以执行"规定合理使用费的强制交易"。[26]

81

25　村上政博「パチンコ機パテント・プール事件勧告審決をめぐって（下）」公正取引570号（1998年）59頁。

26　金子晃＝実方謙二＝根岸哲「座談会：最近の独占禁止法違反事件をめぐって」公正取引572号（1998年）6頁、8頁。

三、专利池与独占禁止法
——案例②自动赌博机

本案涉及将弹珠型自动赌博机（以下称"自动赌博机"）相关的专利权、实用新型权（以下称"专利权"）进行集中（为专利池）的案件。[27]

（一）专利池形成的过程

自动赌博机上使用了很多专利权，如何解决专利权侵害问题，是自动赌博机面市以来业界的一大难题。为此，早期诞生了致力于解决专利权纠纷的管理公司。此后，曾经一度出现3家专利权管理公司并存的局面。当时，Aruze公司、高砂电器产业等作为占据优势地位的专利权持有者，分别属于不同的管理公司，各自动赌博机制造业者在不侵害自己所属阵营以外的其他阵营专利权的前提下，制造或销售自动赌博机。这表明即使不实施全部该等专利，也可以制造或销售自动赌博机。以此为背景，3家公司上演了主导权争夺之战，最终未能妥善解决问题。

为解决上述状况，统一专利权的管理公司，1993年日本电动游戏机专利株式会社（以下称"日电株"）应运而生。日电株对自动赌博机制造业界中的自动赌博机相关专利，通过专利池方式进行管理，从专利权持有人处获得具有再许可权的许可，然后向同业界的

27　东京地判平成14・6・25判时1819号137页（平成12（ワ）3563「特許権に基づく損害賠償請求事件」）、东京高判平成15・6・4（平成14（ネ）4085「特許権に基づく損害賠償請求控訴事件」）。

制造业者进行有偿再许可，将收取的许可费支付给专利权人。日电株由自动赌博机制造业者团体日本电动游戏机工业协同组合（以下称"日电协"）的21家成员公司共同平均出资组成。这样就形成了以日电株为管理公司的自动赌博机专利池。

（二）专利池的概要

1.实施许可合同及许可费等

虽然持有多项专利权的主要成员为Aruze公司和高砂电器产业株式会社，但在所有成员中，像Sammy公司等没有专利权的公司是多数派。本专利池是日电株化解纠纷的方法，加入日电株的专利持有人至少提供一定数量的专利，并与日电株签订实施许可合同（本案实施合同），特别约定针对日电株的实施许可设定再许可权。本案实施合同附有两份目录，分别记载了专利权的序号、名称以及再许可对象。合同以书面形式签订，期限1年，从每年的4月1日至次年的3月31日，1994年至1996年，合同都进行了延续，并分别签订了合同，但此后，因为Aruze公司和日电株以及其他加入日电株的自动赌博机制造业者之间产生了矛盾，便未再签订合同。已加入日电株的自动赌博机制造业者就日电株通过前述合同从持有人处获取实施许可的专利权，从日电株获取再许可后进行实施（本案再实施合同）。1994年度合同中的再许可方有21家公司，1995年度合同以及1996年度合同中分别有20家公司。

1994年度至1996年度合同附件目录中除了专利池内包含的对象专利外，还包括申请中以及将来要登记的专利。附件目录中所载专利权的具体件数为，1994年度合同中5件，1995年度与1996年度合同中分别为11件，同时包含了对于自动赌博机的制造而言非必需的非必要专利。此外，未加入日电株的公司（如弹珠游戏机业界的大型企业三共、Sophia公司等）也持有很多与自动赌博机相关的专利权，并不是只有加入日电株的经营者独占。

日电株与作为再许可被许可方的自动赌博机制造业者之间不签订合同，而是由制造业者从日电株购买标签，通过将标签粘贴在目标自动赌博机上完成再许可。即，通过自动赌博机制造业者按照制造台数购买日电株发售的标签，将其粘贴于自动赌博机上，向获得再许可的经营者收取许可费。许可费为每台自动赌博机2000日元，其中1000日元作为日电株的管理费予以扣除，剩余的1000日元分配给专利权人。一般主要通过自动赌博机的制造业者的申报来确定其使用了哪些专利，日电株基于该申报，根据专利的实际使用情况，以上述1000日元为资金来源，决定对个别专利持有人的分配额。一直以来，自动赌博机制造业者认为只要从日电株购买标签并粘贴，专利权的问题就得到了暂时性解决。若提及分配额，Aruze公司在众多专利权人之中，算是提供了较多专利的权利人，其分配额为每台509日元（1996年度合同）。自动赌博机的价格约为30万日元，因此，约为0.2%的许可费率显得异常低了（Aruze公司在诉讼中的主张）。而且，当向专利池提供专利的经营者自己实施专利时，必须支付比自身获取的许可费更高的2000日元作为再许可对价。

关于上一年度向本专利池内专利持有人支付许可费事宜，每年在收到专利权的实施计划申报和自动赌博机制造业者的使用情况报告后，由日电株与代表人召开权利评估委员会，以申报与报告为基础，调整其中的出入，决定该年度的许可费支付金额。1996年度合同中从日电株获取再许可的自动赌博机制造业者有20家公司，这些公司当时都是日电协的成员。

专利池的形成期限，不仅包含日电株与专利持有人之间签订
84 实施许可合同的1994年度至1996年度，还甚至持续至今。此外，
Aruze公司收到前述公平交易委员会针对弹珠游戏机专利池的劝告
审查决定[28]后，担心自动赌博机专利池也可能存在违反独占禁止法
的情形，自1997年度以后便表明其意图退出该专利池，但是其未
得到其他成员同意的情形下提起了诉讼，最终败诉，理由是："并
不能断言该专利池违反了独占禁止法"、"Aruze公司是想从极低的
许可费构造中脱身"、"应认可现合同自动延续的有效性"。

2. 合同的主要条款

1996年度合同的主要条款如下：

• 第1条（实施许可）

（1）就附件目录所载工业产权，甲方（专利持有人）根据本合
同条款向乙方（日电株）许可通常实施权（本案实施权）。

（2）甲方在本合同签订后迅速向乙方报告其持有的、已公开
的、与电动游戏机领域相关的工业产权等，产生变更时（包括申请
手续中已登记的专利）亦向乙方报告。

• 第3条（再许可等）

（1）甲方同意乙方基于本合同实施权仅对另行规定的公司或个
人（以下称"再实施对象公司"）进行再许可。

（2）甲方在电动游戏机领域自行实施作为本实施权对象的工业
产权的，必须从乙方获得再许可。如甲方有要求，乙方应向甲方进
行再许可。

（3）甲乙双方同意，就第1款的再实施权人基于本合同实施权

28　参见公平交易委员会·前注23。

进行再再许可的，仅限于乙方经过董事会决议同意再再许可的公司（以下，获得再再许可的公司称为"再再实施权人"）。

（4）乙方不得向第三人转让本合同实施权。

• 第4条（第三人许可）　　　　　　　　　　　　　85

甲方不得对本合同实施权标的之工业产权进行转让、设定担保或其他处分，亦不得将独占或专用实施权授予他人。

• 第8条（合同的续展）

甲方没有第10条第1款规定的事由或其他难以继续履行合同的特殊事由的，不得拒绝续展该合同。

• 第10条（解除）

（1）乙方符合下列各项情形之一的，甲方可以立即解除本合同。

（i）怠于支付第5条规定的许可费达3个月；

（ii）故意伪造第6条第2款规定的标签数量；

（iii）开具空头支票、被其他银行停止交易；

（iv）被申请或主动申请破产、和解、企业整顿、重整、特别清算等；

（v）其他严重违反本合同条款的情形。

（2）本合同因解除而终止的，乙方丧失本合同项下对甲方一切债务的期限利益，并立即向甲方清偿所有债务。

• 第13条（诚信原则）

（1）甲乙双方基于诚实守信原则履行本合同。

（2）本合同未定事宜或存在疑义事项，除按照法律法规及其他商业习惯外，由甲乙双方协商决定。

（3）甲乙双方同意前款决定事项的，可以制作协议书或备忘录。

此外，1996年度合同中，添加了《目录》以及《基于实施许可合同第3条的再许可对象一览表》作为附件，前者载有包括本案专利权在内的合计11件专利权及实用新型专利权，后者载有包括Sammy株式会社等在内的合计20家自动赌博机制造业者。

86

（三）独占禁止法上的争议点

关于上述专利池，独占禁止法上的主要争议点如下：

1. 截至1997年3月31日有13家公司意图加入专利池，但都被拒绝再许可。这样的话，不就是针对新专利的准入壁垒吗？

2. 自1994年4月1日至1997年3月31日，本专利池成员的自动赌博机销售份额几乎为100%。这不就是存在新专利准入壁垒的证据吗？

3. 日电株通知各弹珠游戏厅不要从非本专利池成员的厂家购入自动赌博机。没有游戏厅胆敢违背日电株的意向，结果非成员几乎无法销售自动赌博机。这不就表示本专利池成员存在排除行为了吗？

（四）对独占禁止法上争议点的司法判断

就上述独占禁止法上的争议点等，东京地裁和其上诉审东京高裁作出了判决，[29]高裁大体上认可了原审判断。

判断要点如下：

1. 形成专利池本身并没有违反独占禁止法。

2. 要根据专利池的运营方针来判断是否构成对独占禁止法的违反。如果没有无正当理由即拒绝有加入意向者的方针，很大程度可以避免违反独占禁止法的情况。

---

29 「特許実施料返還等請求事件」第一审：东京地判平成12·10·31［平成12（ワ）3701］。上诉审：东京高判平成13·7·19［平成13（ネ）5707］。

3. 日电株不存在向非成员经营者限制标签销售数量、控制销售价格的行为事实，也未违反独占禁止法排除新专利的加入。这一点和公平交易委员会在弹珠游戏机业界的审查决定中认定的事实情况完全不同。

要点的详细论述如下：

87

本案专利池中，持有专利权的5家制造业公司将其持有的专利权委托给日电株管理，由日电株向日电协的20家（1995年度以及1996年度合同；1994年度合同为21家公司，但不管哪一年都包含了国内几乎所有的自动赌博机制造业者）公司成员实施许可。日电株成立前的3家专利管理公司并存的那段时期，也有自动赌博机制造公司不属于任何一家专利管理公司。自1994年4月1日至1997年3月31日本案专利池存续期间，本案专利池成员（日电协成员）的自动赌博机销售份额几乎为100%。截至1997年3月31日，自动赌博机业界曾有13家公司向日电株申请新专利加入，但是几乎都没能获得日电株的再许可。自1994年度合同至1996年度合同的3年合同期间内，只有1家外国自动赌博机制造公司和2家日本公司从日电株获得了新的再许可。

本案专利池并未特别设定限制竞争的措施。不论是日电协，还是日电株，都未就成员生产、销售产品的数量与型号加以限制。此外，虽然自动赌博机业界也存在新专利加入困难的情况，但是日电株、日电协并没有防止新专利加入的方针，也没有确认实施这样的方针。再者，本案专利池中的目标专利应该不是作为成员的专利持有人所拥有的全部专利权。专利持有人并非必须让加入日电株的自动赌博机制造业者使用所持有的全部专利，而是可以自由选择向日电株许可的专利，所以日电株并未管理着自动赌博机制造中所有的必要专利。而且，日电株设立之前的3家专利管理公司并存期间，也有自动赌博机制造公司不属于任何一家专利管理公司，这个状况在1997年也没有什么特殊变化，因此，不能说日电株管理的专利是自动赌博机制造中不可缺少的专利。

因此，1996年度合同项下的专利池与弹珠游戏机业界的专利池有很多不同之处。也就是说，日电株不存在限制竞争的内部机制，而且其所管理的专利谈不上囊括了自动赌博机制造中不可缺少的专利，专利持有人也未提供全部权利。总体来看，本合同专利池约束程度不高，不可认定为独占禁止法第3条规定的私人垄断，或不正当交易限制以及第19条规定的不公平交易方式。

顺便值得一提的是，虽然公平交易委员会准则[30]是在1996年度合同期限届满后出台的，但即使依据这一准则，日电株的运营方式也并未与其相抵触。

四、专利平台
——以3G案例为中心

（一）3G的概要

3G（3rd Generation）是第三代移动通信方式（手机），是一种

30　参见公平交易委员会・前注6。

数字蜂窝网络的国际规格。其目的为"构建一种通用系统，使得凭借一台手机即能实现世界范围通话"。各代通信方式概要如下：

- 第一代：模拟通信方式。

- 第二代：现代手机主流的数字通信方式。具有代表性的有日本的 PDC（Personal Digital Cellular phone）、欧洲的 GSM（Global System Mobilephone）、北美和日本部分地区使用的 cdmaOne 等。

- 第三代：2001 年 5 月日本领先于全世界带头引进的数字通信方式。具有代表性的通信方式有 W-CDMA（Wideband-Code Division Multiple Access）[31]、cdma2000[32] 等，服务品牌有 NTT DoCoMo 的 FOMA（Freedom Of Mobile multimedia Access）等。

1.标准化动向

相关的标准化团体有 ITU、ARIB、ANSI（American National Standards Institute；美国国家标准协会）、ETSI，标准化参数有 IMT-2000（International Mobile Telecommunications-2000）、W-CDMA、cdma2000、PDC、GSM。[33]

2.关联专利

有人指出，3G 与相当多的专利有关。例如，从世界范围来看，据说 2002 年 6 月已经有 700 件关联专利，仅从日本范围来看，2005 年 2 月就有 50 家公司向 ARIB 申请 1000 件关联专利，其中有 20% 是必要专利。

31　宽带码分多址标准。CDMA：码分多址。正式名称为 IMT-DS: IMT-Direct Spread。IMT: International Mobile Telecommunications。

32　正式名称为 IMT-MC: IMT-Multi Carrier。

33　鶴原稔也「技術標準とパテントプール」技術と社会·論理研究会 (SITE) 報告（2006 年 2 月 23 日）。

（二）最初的专利平台

1.概要

专利平台（以下称"平台"）是集中许可系统，是"专利权人与被许可人之间签订合同的中介机构"。MPEG-2专利池虽然实现了一站式购物的理念，有很多优点，但是同样也存在着"许可条件欠缺灵活性"的问题。例如，拥有同等专利能力的专利权人或者拥有交叉许可的人，一旦作为被许可人须向专利池公司支付许可费，就会导致向LA支付过多的手续费，同时也会引起多余纳税的问题，这样的实际问题会让人感觉相当不便。因此，为解决这一问题，平台作为专利池的一种变形，使更灵活的许可方式及协商成为可能。3G专利平台的要点如下：[34]

（1）对象专利仅为3G关联标准相关的必要专利。

（2）已申请专利的必要性判断是委托IPEC（International Patent Evaluation Consortium；国际专利评估联合）进行的，而IPEC是由律师、专利代理人组成，中立且独立于专利权人以及LA。

（3）许可合同由加入平台的许可人和被许可人直接签订。这与管理公司作为当事人的专利池方式有很大的不同。

（4）保证必要专利的许可。

（5）设置了适当的许可费上限。

（6）尽可能减轻许可协商负担的同时，也给予了有意向的当事人单独协商的余地。

34　加藤恒「第三世代移動体通信のためのパテントプラットフォームライセンス」知財管理51巻4号（2001年）559-569頁。有关3G专利平台的概念等，请参见http://www.3glicensing.com/。

2.平台设立的过程

为探讨如何处理既有的数量极多的关联专利，1998年2月UMTS IPR WG（UMTS: Universal Mobile Telecommunications System；欧洲版新一代手机系统）成立。1998年2月至9月期间，ETSI IPR Policy、Patent Pool、Patent Forum三个方案作为应对策略备选被探讨。1998年9月至12月，听取了业界的意见，最终以平台作为折中议案。紧接着的1999年1月至6月进行了关于平台的详细探讨，作为关联成员的26家公司（Alcatel、Ericsson、Nokia、充电器、Sony、NTT DoCoMo、日本电气、富士通等）设立了UIPA（UMTS Intellectual Property Association；非营利法国法人）。1997年之后进行了专利管理公司和专利评估机构的竞标工作、日美欧3个地区独禁当局的批准获取工作、UIPA的继任组织3G3P（3rd Generation Patent Platform Partnership）的设立准备工作，并决定平台的管理公司名称为"The 3G Patents Limited"。此外，有39家公司参加了平台的探讨工作，16家公司加入了平台（欧盟5家、日本6家、韩国5家）（2001年1月）。

3.许可费的计算

（1）产品分类

产品分为以下4类，每一类均适用SRR（Standard Royalty Rate；标准许可费率）和MCR（Maximum Cumulative Royalty Rate；最大累计许可费率）。

- 基础设施（基站、中转站）
- 终端装置
- 测试设备
- 其他产品和服务

（2）许可专利的地域性

专利从属地主义的原则出发，应由关联各国进行评估、计算，但是由于专利的数量和关联国的数量可能非常多，因此实施许可地主要分为3个地域（美国、欧洲、日本）（参见表3-1）。

表3-1　许可专利的地域性

3个地区（美国、欧洲、日本）分别实施许可

地区	地区1	地区2	地区3	许可费征收的适用
专利的发行状态	发行	申请中/无	申请中/无	仅地区1
	发行	发行	无	地区1及2
	发行	发行	申请中	地区1及地区2地区3在发行后溯及征收

92　　（3）许可费率的计算

在标准许可条件中，每件池内专利的SRR为0.1%，针对各被许可人支付的许可费合计数额，按照使用专利的产品分类决定MCR（这种情形下为5%）。

N=池内对象专利的数量

CRR（Cumulative Royalty Rate）=累计许可费率

此时，如果SRR×N≦MCR,则CRR=SRR×N。

但是，当N变大，CRR=SRR×N>MCR时，就会压缩为SRR=MCR÷N，此时，CRR=SRR×N=MCR/N×N=MCR，累计许可费率降到最大值（MCR）以下。

例如，当N=30时，SRR=0.1%，CRR=0.1×30=3%。

当N=70时，SRR=0.071%，CRR=0.071%×70=5%（参照图3-3）。

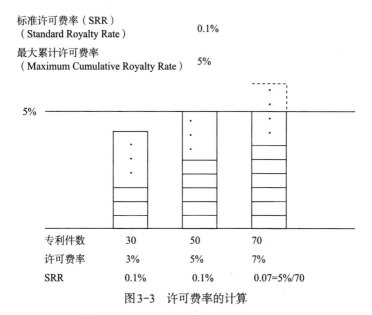

图3-3　许可费率的计算

（三）新专利平台及PlatformWCDMA

1.概要

IMT-2000是第三代移动通信方式应满足的基本要求参数的总称，一直以来在ITU进行探讨。无线部分的接口，拥有5种标准（W-CDMA、cdma2000、TD-CDMA、[35]UWC-136、[36]DECT[37]）。因此

93

35　TD-CDMA: Time Division-Code Division Multiple Access。TDMA/CDMA hybrid方式。正式名称为IMT-TC: IMT-Time Code。TDMA: Time Division Multiple Access；时分多址。

36　UWC-136: Universal Wireless Communication-136。IMT-SC方式。正式名称为IMT-SC: IMT-Single Carrier，又名TDMA-EDGE。EDGE: Enhanced Data rates for Global Evolution UWC-136。GPRS（General Packet Radio Services；通用分组无线服务）的加强版。

37　DECT: Digital Enhanced Cordless Telecommunications。欧洲通用的数字无线电话标准。正式名称为IMT-FT: IMT-Frequency Time。

各种标准可以分别设定LA（平台公司、5家公司），但实际上作为平台公司成立的只有与W-CDMA相关的PlatformWCDMA公司（截至2006年5月），以下为该组织的概要：

• 业务内容、组织特征：负责W-CDMA关联许可运作的英国公司。

• 成立日期：2003年9月

• 创立成员（Founding Member）:Siemens AG、ETRI(Electronics and Telecommunications Research Institute；韩国电子通信研究所）、KPN（KPN Royal Dutch Telecom）、NEC（日本电气）、NTT DoCoMo、三菱电机。

• 许可人（截至2006年4月）：ETRI、KPN、NEC、NTT DoCoMo、三菱电机、富士通、Sharp。

• 许可业务的委托单位：3G Licensing Ltd.（http://www.3glicensing.com/）

• 专利的评估/审查：为实现专利评估目的，由中立第三方（各国的专利律师、专利代理人）组成的IPEC，作为专利评估机构，接受业务委托，针对已提出的专利实施3G标准的必要性进行评估、判断。虽然由IPEC评估、判断已提出的专利实施3G标准的必要性，但是"由中立第三方进行必要性判断"也是独占禁止法对策上非常重要的要素。存在必要专利的国家有中国、日本、韩国、澳大利亚、法国、德国、意大利、英国、美国（截至2006年4月）。

如前所述，在设定许可费率的上限、一定程度上控制许可费上，平台取得了成功，但是各被许可人有必要与各许可人分别签订许可合同。与所谓的实现一站式购物的专利池方式相比，这被认为存在耗时耗力的问题。一方面，专利池方式存在前述的"许可条

94

件欠缺灵活性"问题。而PlatformWCDMA为解决这些问题，平台大致维持着SLA（Standard License Agreement；标准许可合同）以及以任意合同为形式的个别许可的框架，与此同时，也设定了以手机终端（以下称"终端"）为对象的JLA（Joint Licensing Agreement for Terminals；共同许可合同），将多个许可人的必要专利统一起来实施许可，即在所有许可人与个别被许可人之间签订合同。如此一来，各被许可人可以选择①与各许可人单独签订合同、②签订JLA。[38]

2. 合同的构成和种类

（1）框架合同（FA: Framework Agreement）

是为加入PlatformWCDMA而由PlatformWCDMA公司与许可人签订的合同，其中有关于组织运作的约定，在专利池决定的价格条件下实施许可。虽然合同没有有效期限，但是如若毁约，应自毁约时起1年内履行签订FA时的同等义务。

（2）标准许可合同（SLA）

约定了许可人与被许可人之间可互换的综合许可条件等。截至必要专利期满，合同有效。

（3）意向确认书（SoI: Statement of Intent）　　　　　95

在同意了专利池内共同许可的基础上，约定了许可费的分配条件以及LA职责等的具体条件。首次合同的期限至2006年12月止，并在之后设定了2年的合同续展期。

（4）许可业务合同（LAA: License Administrator Agreement）

约定了许可人与3G Licensing之间可交换的、LA的业务条件等。

38　清水克則「パテントプールの硬直性を克服した新しい集合ライセンス・システム」知財管理55巻12号（2005年）1721-1731頁。

首次合同的期限至2008年12月止，并在之后设定了2年的合同续展期。

（5）成员书（Membership Form）

规定了成为PlatformWCDMA成员的条件、组织运作相关的信息等。

（6）共同许可合同（JLA）

参照下述内容。

3.共同许可合同

PlatformWCDMA于2004年10月21日发布，[39]运行公司为3G Licensing，[40]于2005年开始正式运行。共同许可合同具体规定了许可人针对被许可人在终端上使用的许可条件，首次合同的期限至2006年12月止，之后设定了2年的合同续展期，并且以后在没有通知时，合同每2年自动延续。对象标准为WCDMA FDD（Frequency Division Duplex），许可的对象专利为：①经IPEC认定，对于制造符合W-CDMA标准的终端所必需的必要认定专利；②外国对应专利。

JLA中将①和②合称为"Patent Family"，许可费根据Patent Family数量规定如下：

Patent Family 数量	每台终端的许可费
1~50	US$2.00
51~100	US$3.00
101~	US$4.00

39　http://www.3glicensing.com/articles/2004188a.pdf。

40　http://www.3glicensing.com/Index.asp。

2006年1月为US$3.00/台，个别被许可人的具体金额会根据该被许可人的合同情况有所不同，所以这些数字只能理解为大致目标。

JLA中并没有约定占销售价格一定比例的许可费率，而是约定了每台终端的固定额，其理由可能是为了"终端的多功能化"，避免因相机、音乐播放功能等与3G标准无关的功能而产生的许可费的征收。另外，为了避免向本人持有的专利以及现有的交叉许可对象专利支付许可费，许可人与被许可人合意后，可以不用向该专利权人支付事先分配的许可费。加入JLA的许可人有NTT DoCoMo、三菱电机、NEC、KPN、ETRI、Sharp、富士通7家公司，该7家公司所持对象专利数（非Patent Family）总计119件，国别分布为（截至2006年4月）：日本70件、欧洲（EP）23件、美国16件、韩国6件、中国2件、英国2件。

伴随着这些策略的引入，可以说JLA是在追求一站式购物便利性的同时，谋求解决专利池方式下许可条件欠缺灵活性问题的全新集中许可系统。[41]

（四）与独占禁止法的关系

上文对知识产权和独占禁止法之间关系的要点已有所述，因此下文对三方独禁当局的判断概要进行简述。

1.日本　公平交易委员会：2000年2月提交事先商谈申请书，2000年12月收到了"没有问题"的答复。[42]此后，虽然最初计划的是包含5种标准的平台，但是随着最终变成每种标准拥有独立的

---

[41]　木島誠＝武田壮司「3Gパテントプラットフォームの現状」NTT DoCoMo テクニカル・ジャーナル11巻1号（2003年）95-100頁。

[42]　公正取引委員会「特許・ノウハウライセンス契約に関する事前相談制度に基づく相談の回答について」平成12年（2000）12月14日。

平台，尽管再次进行了事先商谈，还是于2002年6月28日收到了"不存在独禁法上的问题"的答复。[43]

2. 美国　司法部：2002年11月12日受理BRL，并予批准。[44]

3. 欧洲　欧洲委员会DG IV（负责竞争政策）：2000年7月提交Notification。

于美国司法部受理BRL的同日2002年11月12日，3G专利平台被认定不适用EC条约禁止的限制竞争条款，获得实质批准。[45]

（五）课题

世界上移动通信领域主要的企业，如Nokia、Ericsson、Qualcomm、Motorola等并未参与其中。其理由虽然多种多样，但归根结底应该是"知识产权的行使以及许可费方针/见解上的分歧"。虽然较之于专利池，专利平台更具备合同灵活性，但是仅此似乎并不能解决本质问题。

五、小结

98　　　现代社会生活中，为避免徒劳、构建富足社会，不可避免地要设定适当的技术标准。例如，提及标准化，应想到以下例子：

43　公正取引委員会「第3世代移動体通信システムに係る特許ライセンスシステムの設立について」平成14年6月28日（http://www.jftc.co.jp/jizen/jirei/ji020628.pdf）。

44　http://www.usdoj.gov/atr/public/busreview/200455.htm。

45　"Antitrust Clearance for licensing of patents for third generation mobile services", EU Institutions press releases on 12 November, 2002.

● 道路交通中的左右通行规则（日本、英国、澳大利亚为左侧通行，其他多数国家为右侧通行）。

● 铁道的轨道宽度（宽轨、窄轨）。

● 日本电力的频率（东日本为50赫兹，西日本为60赫兹）。

此外，应参考最近的一些例子，如VTR（Beta或者VHS）、DVD（特别是写入型的不统一问题）、新一代光盘（HD DVD或者Blu-ray）等。当然也存在技术多样性问题、参加标准制定的企业利害关系对立或竞争的问题，也有必要进行"标准间的竞争"，因此并不是要求在任何情况下都使用一个技术标准，而是应该从经济合理性的角度出发，设定一个或者极少数的技术标准。这种情形被认为是"标准内的竞争"。在网络外部性较强的标准中，多数相关人员赞成某一标准会胜出，结果却有可能是特定标准的个别胜利［从众（Bandwagon）效应］，但不可否认的事实是，这需要标准制定者的极大努力。

除了统一标准的困难性，近年来，以涉及标准的专利为中心的IPR问题突然显露出来。也可以说是标准的公益性和作为私权的IPR不相容的问题。生物、药品领域暂且不提，特别是信息通信技术（ICT）领域，事态更加严重。这一问题的背景是，与特定产品、技术相关的专利数量众多，以及近年来的技术标准以技术合成为多数，结果导致关联IPR的数量也增多。例如，有报告显示，在MPEG-2的必要专利中，美国专利（92件）的国际专利分类分布于38个小组中。[46]以此为背景，"对于带有公益

46　塚田尚稔「MPEG2標準の必須特許とパテント・プール」長岡ほか・前注（注4）177頁以下。

特征的标准，其关联IPR相当于必要设施，应认可对其强制实施"，这一意见在标准制定关系人中反响强烈，但考虑到近年来的技术标准所必需的国际性，不得不说相当难以实现。解决这一问题的单一方法是不存在的，也许可以就如下方法作出组合选择：

1.变更标准规格以避开IPR的使用。

2.落实专利池及专利平台。

3.对于独占禁止法等竞争法与IPR独占性之间的牵制关系，保持两者之间的平衡。

虽然不管哪种方法都有"知之非难，行之不易"的感觉，但如本文所述，"专利池及平台专利"有其实效性，且在实施中，应期待它们的进一步发展。在此附上"知识产权推进计划2005"（2005年6月10日，知识产权战略本部），如下记述，以资参考。

第3章

一、战略性活用知识产权

3.支援国际标准化活动

（2）完善技术标准关联知识产权的使用规则

2）改善与专利池相关的环境

i）为高效、顺利发挥专利池的功能，2005年度就许可费降低、必要专利鉴定与价值评估等方法进行了检讨，并得出结论。特别在必要专利鉴定与价值评估中，就活用多元化纠纷解决（ADR）及从加入专利池的企业中挑选中立专家（律师、专利代理人等）等，明确具体方案。

ii）针对专利池形成与运作中有可能产生独占禁止法上的问题，2005年度整理了独占禁止法的方针准则。

山地克郎
财团法人软件信息中心常务理事

第四章　专利实施许可合同

三村量一

专利权人可以独占实施专利发明（专利法第68条），除此以外，还可以为他人设定实施权，让其实施专利发明。专利法上规定的实施权有专用实施权（第77条）和通常实施权（第78条）。本章将介绍专用实施权与通常实施权的法律性质，同时就实施权相关法律问题，例如，专利权人破产时实施权人的保护、实施权限制与交易安全的协调、独占性通常实施权的保护程度等，引用最新判例进行探讨。

一、引言

专利权人可以独占实施专利发明（专利法第68条），除此以外，还可以为他人设定实施权，让其实施专利发明。

专利法上规定的实施权有专用实施权（第77条）和通常实施权（第78条）。

专用实施权是在设定行为的范围内独占实施专利发明的权利依据（同法第77条第2款），从某种意义上来说是和接受专利权权利移转相同的权利（参见第68条但书）。

另一方面，在专利法的规定以及设定行为所确定的范围内，通常实施权是实施专利发明的权利依据（第78条第2款），但一般认为其性质上属于限制专利权人（许可专用实施权的，为专用实施权人）行使差止请求权以及损害赔偿请求权的不作为请求权。[1]

专利实施权依合同设定产生。

与此相对，通常实施权是除因许可合同而产生之外，在专利权人不实施专利发明时，为使发明得以实施以及为公共利益而必要时，依据专利局局长或经济产业大臣的裁定而产生的（被称为"强制实施权"或"裁定实施权"，第83条、第92条、第93条）。除此

---

[1] 中山信弘『工業所有権法（上）特許法』（弘文堂、第2版増補版、2000年）443頁。此为通说。

以外，存在一定事实关系的情况下，通常实施权在法律上当然产生（被称为"法定实施权"，第35条第1款、第79—82条），即专利发明属于职务发明、专利申请时已存在实施专利发明等的第三人等。

因本书主旨，本文中的通常实施权仅以依许可合同而产生的，即所谓的约定实施权为对象展开论述。

同样的实施权（涉及商标权的为使用权）规定还包括实用新型权（实用新型权法第18条、第19条）、外观设计权（外观设计法第27条、第28条）、商标权（商标法第30条、第31条），本文关于专利权的实施权论述仅在必要时涉及其他权利的实施权（或使用权）。 103

二、专用实施权

（一）专用实施权的性质等

1.专用实施权的性质

专用实施权是在设定合同所定范围内独占实施专利发明的权利依据（专利法第77条第2款）。一旦设定专用实施权，专利权人在相应范围内即丧失自己实施该专利发明或者许可第三人实施的权利（第68条但书）。另一方面，专用实施权人在差止请求权（第100条）、损害赔偿请求权（第102条）等的权利行使上，和专利权人一样。由此看来，可以认为专用实施权的设定与专利权的权能移转具有同样效果。[2]

2.专用实施权的成立和消灭

专用实施权是依据设定合同而产生的（专利法第77条第1款），也可根据遗嘱以遗赠方式设定。当专利发明为职务发明时，也可依据执业守则而产生（第35条第2款）。共有专利权的，未经其他共有人同意，不得设定专用实施权（第73条第3款）。

因为专用实施权以专利权为基础，若专利权因存续期间届满、无效宣告的确认等而消灭的，专用实施权随之消灭（附随性）。此外，因设定合同的终止（期限届满、解除）等特定的消灭事由，专用实施权亦消灭。因权利移转导致专利权和专用实施权归属于同一人的，专用实施权因混同而消灭（民法第179条第2款）。

104

3.专利登记簿上的登记

专用实施权的设定未经专利登记簿登记，不发生效力（专利法第98条第1款第2项）。专用实施权设定登记时，专用实施权的范围、对价数额、支付方式、支付时间也属于登记事项（专利注册令第44条第1款）。

权利移转（除继承等一般承继）、变更、消灭（除因混同或专利权消灭的）、处分限制以及质权设定亦是如此，未经登记不发生效力（专利法第98条第1款第2项、第3款）。

---

2 因为专用实施权属于强有力的权利，实务中，大部分的专用实施权都是针对与专利权人有密切关系的人设定的。例如，发明者针对自我经营的公司设定，或者企业集团中，负责管理专利权等的公司针对负责制造销售部门的公司设定等情形。

（二）专用实施权设定合同

1.专用实施权的范围

专用实施权既可以设定专利权的全部，也可以在一定范围内设定（专利法第77条第2款）。所谓在一定范围内设定是指场所限定、时间限定以及内容限定。如前所述，专用实施权的生效要件为向专利登记簿进行登记，限定范围的也同样需要登记（专利注册令第44条第1款第1项）。若不对范围进行登记，将被视为设定了无限制的专用实施权，即不限定实施对象等、至专利权存续期间届满在日本全国范围内独占实施专利发明的实施权。专用实施权人超出登记范围实施发明专利的，构成专利权侵害。[3·4]

场所限定是指将发明专利的产品制造或销售限定在一定区域内，而时间限定是指以专利存续期间中的一段时间为实施权设定对象。但是，该等限定依其内容会妨碍交易安全，因而其对第三人的　105

3　即使在专用实施权设定合同中约定了限定范围，若该限定未进行登记，那么，即使专用实施权人超越权限实施专利发明，也不会构成专利权侵害。不过，作为当事人之间的合同违反行为，有可能承担债务不履行的责任（参见中山·前注1第436页）。实务中，专用实施权设定合同中有很多关于原材料购买商、产品规格、销路等的特别约定，但其大部分仅仅是当事人之间关于债权合同内容的约定，而不应理解为是对专利法上的专用实施权范围的限定（参见中山·前注1第436页）。

4　有关专利发明实施产品的销售，若限定了销售地区并进行了登记，有可能产生该限定的效力等问题（参见后注5），但不管如何，被限定的仅为专用实施权人最初的销售行为，对于之后受让人或转卖人的再转让行为，因权利用尽不得行使专利权人的权利［参见中山·前注1第436页；高林龍『標準特許法』（有斐閣、第2版、2005年）170頁］。

效力可能会存在问题。[5]此外，内容限定是指当专利权包含多个权利要求的，将专用实施权的对象限定于其中一部分权利要求，或者将发明专利的产品限定在一定种类的产品上，等等。但是，将发明专利的产品制造或销售限定于一定数量的此类限制，当然会妨碍交易安全，如若允许，则有可能多次设定内容相同的专用实施权，这就违反了专用实施权制度的根本宗旨，所以这样的限定是无效的，

106

5　将专利发明的实施产品的制造或销售限定于一定的地区或场所，被认为是有效的（参见中山·前注1第435页；高林·前注4第170页等）；时间限制上，除非期限极短，也被认为是有效的（参见中山·前注1第435页）。但是，如今日本已形成全国一体市场，商品流通状况下，针对制造或销售产品的受让人或转卖人在设定合同限定地区以外的场所进行的使用行为或再转让行为，如果允许专利权人以专利权受到侵害为由行使差止请求权、损害赔偿请求权，将会显著侵害交易安全。即使制造地或销售地的限定作为专用实施权的范围进行了登记的，个案中也有地区限定不能对抗第三人的情况。至少在限定范围内制造或销售的产品与违反限定制造或销售的产品在外观上无法区分，而在同一市场共同流通的情况下，应理解为限定不能对抗第三人，换言之，就违反限定的产品，专利权人不得针对第三人滥用其权利。此外，这类情况中，专利法第103条的过失推定亦不应延及（存在推翻推定的事由）受让人或者转卖人等（因此，这种情况下，若是受让人或转卖人不知其为违反限定的产品而实施了使用或转卖等行为，不能要求损害赔偿）。时间限定上亦是如此，因商品流通期限的关系，过于短暂的期限限定即使登记了，也有可能无法对抗第三人。至少在期限经过前后制造或销售的产品在外观上不能区分，而在同一市场共同流通的情况下，应理解为限定不能对抗第三人，或属于专利权人针对第三人滥用其权利。而且这类情况中，过失推定亦不应延及受让人或者转卖人等。此外，在一些案例中，尽管从外观上看很明显专用实施权人超出实施权范围实施了专利发明，但专利权人未解除实施权设定合同，而是受领了与该实施相对应的许可费，于是便追加了默示的通常实施权许可，这一许可被承认的情况很多，但即使追加了通常实施权的默示许可得不到承认，根据类推适用关于通谋虚伪表示的民法第94条第2项，应理解为专利权人不得以实施权范围限定对抗善意第三人。

不应准许其登记。[6]

2.专用实施权的登记

如前所述，专用实施权的设定未经专利登记簿登记，不发生效力（专利法第98条第1款第2项）。所以，专用实施权设定合同当然以专利权人履行专用实施权设定登记手续的义务为内容，即使设定合同中没有明确约定该义务的条款，接受专用实施权设定的人也可以请求专利权人办理登记手续。[7,8]

（三）专用实施权人的权利义务

1.专用实施权人在专利法上的请求权

专用实施权人在设定合同约定的范围内，享有与专利权人同等的权利（专利法第77条第2款）。

即，专用实施权人可基于自身权利（专用实施权）行使差止请求权（第100条）、损害赔偿请求权等专利法上的请求权。法律明文规定，除间接侵权（第101条）、侵权额推定（第102条）、过失推定（第103条）等规定外，与侵权诉讼中诉讼程序相关的规定（第104条之二以下）也适用于专用实施权不法行为。107

6　参见中山·前注1第436页；高林·前注4第170页。

7　专利登记簿上的登记手续，可以由双方当事人共同办理，也可以附在作为登记义务人的专利权人承诺书之上，由作为登记权利人的接受专用实施权设定的人单独办理（同法第19条），实务中大部分采用后者。

8　专利登记簿上的登记是专用实施权的生效要件，若未登记，则与专利权人之间，仅在许可完全独占性通常实施权的合同限度内产生效力（判例，通说；参见中山·前注1第434页）。因此，在合同对象范围内，合同当事人可以不接受专利权人的差止请求权等而实施专利发明，专利权人自行实施专利发明，或者许可第三人实施权的，属于违反合同，要承担债务不履行的责任。

2.通常实施权的许可、质权的设定

专用实施权人可以许可通常实施权，但是需要专利权人的同意（专利法第77条第4款）。[9]

专用实施权人设定以专用实施权为对象的质权的，也需要专利权人的同意（同款）。

3.专用实施权的转让

专用实施权人可以将自己的专用实施权转让，但需要专利权人的同意。但是，转让涉及该发明专利实施的业务以及继承等一般承继的情况下，无需专利权人的同意（专利法第77条第3款）。[10]

9　专用实施权人许可的通常实施权是以专用实施权为基础的，当专用实施权消灭，其也随之消灭。

10　在针对专用实施权的强制执行中，当进行转让命令、出售命令等伴随专用实施权移转的变卖时，需要专利权人的同意（中山·前注1第442页）。因此，在申请上述变卖时，查封债权人必须向执行裁判所提交证明专利权人同意的资料。这种因强制执行的变卖手续而导致的专用实施权转移至买受人需要专利权人的同意，但查封本身并不被禁止，以管理命令（民事执行法第167条第1款、第161条第1款）的方式进行的变卖无需专利权人的同意。与此相对，将经专利权人的同意设定的质权进行变卖的手续中，应理解为将专用实施权移转至买受人无需专利权人的同意。因为专利权人既然同意以专用实施权为对象的质权设定，同时也同意了在实现质权时专用实施权移转至第三人。专用实施权上登记了经同意而设定的质权，因强制执行该专用实施权进行变卖手续的，该质权也适用消除主义，同样，应理解为向买受人的权利移转无需专利权人的同意（参见后注14）。此外，关于共有份额（参见专利法第73条第1项）的移转，裁判例与学说认为因强制执行中的变卖手续导致的移转需要其他共有人的同意［中山信弘编著『注解特許法（上）』（青林書院、第3版、2000年）803頁（中山信弘）］；另一方面，关于相同规定（著作权法第65条第1款）下的著作权共有份额，强制执行中的变卖无需其他共有人的同意［加戸守行『著作権法逐条講義』（著作権情報センター、5訂新版、2006年）394頁］。

4.与共有相关的专用实施权的特别规则

专用实施权由多人共有的，各共有人除合同另行约定外，未经其他共有人的同意可以实施专利发明。但是，未经其他共有人同意的，不得转让共有份额、设定以共有份额为对象的质权、许可通常实施权（专利法第77条第5款、第73条）。即，为转让专用实施权的共有份额等，除专利权人同意外，还需得到其他共有人的同意。

5.与专利权人之间的权利义务

在合同约定的范围内，授予独占实施发明专利的权利，这是专用实施权设定合同的内容，因此专利权人有义务保证专用实施权人独占实施发明专利是可能的。

因此，专利权人不可重复设定同一内容的专用实施权，也不可许可通常实施权。[11]但是，在专用实施权设定之前已经登记的通常实施权，可以对抗专用实施权人（专利法第99条第1款）。[12]法定实施权即使不登记也可对抗专用实施权人（同条第2款）。[13]此外，在

11　专利权人和多人签订同一内容的专用实施权设定合同的，只有在先申请登记的专用实施权可以登记，其他专用实施权无法登记，也将致使专利权人无法履行专用实施权设定的义务。这种情况下，专利权人向未登记的合同相对方承担债务不履行的责任。

12　专用实施权设定以前，许可的通常实施权未登记的，通常实施权不得对抗此后登记的专用实施权。因此，专利权人不会对专用实施权人构成债务不履行，但是要向在先许可的通常实施权人承担债务不履行的责任。

13　以不存在法定实施权为前提签订专用实施权设定合同的，若此后发现存在法定实施权，专用实施权设定合同就可能产生错误无效（民法第95条）、瑕疵担保（同法第566条的类推适用）的问题（关于瑕疵担保责任，参见中山·前注1第438页）。

专用实施权设定之前，设定以专利权为对象的质权并登记的，如实现该质权，则专用实施权消灭。[14]

专利权人为使专利权存续至存续期间届满，必须缴纳专利费，妥当应对第三人的无效宣告请求。专利权人放弃专利权，或请求订正裁定的，必须取得专用实施权人的同意（第97条第1款、第127条）。

109　　专用实施权设定后，专利权因无效宣告而确认无效的，原则上专利权人不承担债务不履行责任或担保责任，但是专用实施权人可以通过解除合同来解除此后的合同关系。[15]这种情况下，专用实施权人至专利被认定无效期间，事实上独占实施专利发明，并因此而获利，对于其间相应的许可费，专利权人无返还义务。[16]此外，专利发明存在技术瑕疵而无法实施的，专用实施权设定合同因自始实

14　针对登记有质权的专利权强制执行变卖手续的，适用所谓的消除主义，因变卖质权消灭，参见：民事执行规则第149条之二、第148条；香川保一监修『注释民事执行法7』（金融财政事情研究会、1989年）61页（三村量一）。所以，若是专用实施权设定之前便存在登记的质权，在对专利权强制执行变卖手续时，质权设定登记之后的专用实施权随着质权的消灭而消灭。这种情况下，专用实施权人与设定人原专利权人之间的关系类推适用民法第567条。

15　专用实施权设定合同之前，专利权人明知存在公知技术、抢注事实等无效宣告理由的，专利权人有可能承担债务不履行责任或担保责任。

16　许可费以定额补助费的方式支付时（全额预付时），应返还因解除合同致使合同关系消灭的期间所对应的金额。约定专用实施权按时支付一定金额作为首付款，之后按照实施产品的销售数量支付许可费的，就部分首付款可能会产生返还上的问题。但是，不能认为，不返还已受领的许可费的特别约定是违反公序良俗的，所以当存在此类特别约定时，将不会产生返还许可费的义务。东京地判昭和57・11・29判时1070号94页中认为，不能认定不返还的约定在签订合同时存在意思表示错误。

施不能而无效，专利权人有义务返还许可费，[17]另外承担因缔约过失而产生的损害赔偿责任。

6.不质疑义务

不质疑义务，即不质疑专利有效性的义务。对于专用实施权人及通常实施权人是否负有这一义务的问题，见解不一。问题是实施权人以专利有效为前提实施专利发明，在享受利益的同时，质疑专利有效性不违反诚实守信原则吗？有认可不质疑义务的学说，[18]也有否定不质疑义务的有力理由。[19]判例上一般也认可实施权人不质疑

110

17　雨宮正彦「実施契約」牧野利秋編『裁判実務大系Ⅰ工業所有権訴訟法』（青林書院、1985年）393頁、石村智「実施契約」牧野利秋＝飯村敏明編『新・裁判実務大系4知的財産関係訴訟法』（青林書院、2001年）369頁。专利发明的实施不能，作为要素错误，可能会导致实施权设定合同的无效，参见：満田重昭「実施契約における不能と要素の錯誤」鴻常夫＝紋谷暢男＝中山信弘『特許判例百選別冊』（ジュリスト86号、第2版、1985年）147頁。

18　实施权人基于诚实守信原则，负有不质疑实施权的对象专利的效力、不使第三人质疑，或不帮助第三人进行质疑的根本义务，参见：野口良光「実施契約特許実施契約」原増司判事退官記念『工業所有権の基本的課題（下）』（有斐閣、1972年）1043頁。

19　合同签订后发现无效事由的情形下，即使继续支付许可费过于严苛、签订合同时对专利的有效性抱有疑问，想要一开始就不签订实施权设定合同、请求专利无效宣告，这在时间上和金钱上都存在诸多困难，其结果也不确定，因此仅仅是签订实施权设定合同并不能说默认了专利的有效性。参见：中山・前注1第438頁；茶園成樹「通常実施権による意匠登録の無効審判の請求」山上和則先生還暦記念『判例ライセンス法』（発明協会、2000年）425頁。此外，即使没有支付许可费的义务，若有期限或范围限制的，在有可能超越获得许可的期限或范围这一点上，拥有请求专利无效裁定的权益。参见：竹田稔「通常実施権者の無効審判請求」中山信弘＝相澤英孝＝大渕哲也『特許判例百選』（別冊ジュリスト170号、第3版、2004年）91頁。

义务的无效裁定请求。[20]

此外，判例[21]基于否定不质疑义务的理由，认为只要未特别约
111 定不质疑专利的有效性等，实施权人可以不对专利权人承诺请求判
决专利修改等（专利权人会以消除无效事由为目的请求专利修改或
请求判决专利修改）。

（四）专利权人的权利义务

1.专利权人在专利法上的请求权行使

已设定专用实施权的，在其范围内，专利权人自身将无法实施
专利发明（专利法第68条但书），这种情况下，是否允许专利权人
对第三人行使专利法上的请求权是个问题。

（1）差止请求权

专利权人是否能在专用实施权设定后行使差止请求权，学说及

---

20 东京高判昭和60·7·30无体裁集17卷2号344页中，裁判所认为，从外
观设计权的专用实施权人处获得许可的通常实施权人，就登记的外观设计请求宣告
登记无效并作出无效宣告的，外观设计权人的无效宣告请求违反诚实守信原则，应
驳回其请求，在请求撤销宣告的诉讼中，"从专用实施权人处获取通常实施权设定
的人，对于获取实施许可的已登记外观设计，若无法请求无效宣告，在实施被判断
为包含无效事由的登记外观设计时，也要面对不得不支付许可费的不利益，没有
使其必须甘愿承受这种不利益的理由，所以即使是通常实施权人，在请求前述无效
宣告时，没有特殊情形，并不违反诚实信用原则"，驳回了外观设计权人的撤销
请求。

21 东京地判平成16·4·28判时1866号134页。为对抗第三者的无效宣告，
专利权人主张请求更正宣告时，通常实施权人拒绝承诺，便违反了实施权设定合同
上的协助条款，或违反诚实信用原则，或属于权利滥用，案例中，专利权人以通常
实施权设定合同解除为理由请求办理通常实施权设定登记注销手续，裁判所未接受
专利权人的合同解除的主张，驳回了请求。

判例虽有分歧[22]，但是在有的判例[23]中，法院认为，"将专利法第100条第1款的规定理解为设定了专用实施权的专利权人对差止请求权的行使是受限的，这是没有根据的。另外，从实质来看，在专用实施权的设定合同中规定基于专用实施权的销售额确定许可费金额的情况下，从确保许可费收入的观点出发，很明显专利权人享有专利权不受侵害这一现实利益。一般来说，若放任专利权的侵害行为，一旦专用实施权因某些理由而消灭，专利权人自身想要实施专利权时就可能遭受不利益，因此有必要认可专利权人行使差止请求权。"因此专利权人即使在专用实施权设定之后也不丧失差止请求权。　　112

（2）损害赔偿请求权

在设定专用实施权的范围内，专利权人自身不能实施专利发明，因此即使在此范围内有实施专利发明的第三人，专利权人自身也不会产生因专利权被侵害而造成的损失。因而，不能理解为专利权人可以基于专利权行使损害赔偿请求权。

专用实施权设定合同中规定基于专用实施权人的销售额确定许可费金额的，因第三人的专利权侵害行为而使得专用实施权人基于

22　否定差止请求权的学说有：染野启子「実施契約関係訴訟」鈴木忠一＝三ヶ月章監修『実務民事訴訟講座5　会社訴訟・特許訴訟』（日本評論社、1969年）251頁；判例有东京地判平成14・4・16〔平成12（ワ）第8456号〕最高裁HP、东京地判平成15・2・6判时1870号107頁。另一方面，肯定禁止请求权的学说有：中山・前注10第666頁〔中山信弘〕等；判例有山口地判昭和38・2・28下民集14卷2号331頁，东京地判昭和39・3・18判时377号63頁等。

23　最判平成17・6・17民集59卷5号1074頁，该判决的评议参见：宮坂昌利・L&T29号64頁、茶園茂樹・平成17年度重要判例解説（ジュリスト1313号）280頁、小山泰史・L&T31号56頁、佐藤義彦「専用実施権を設定している特許権者の法的地位についての覚書──差止請求権の有無をめぐって」紋谷暢男教授古稀記念論文集刊行会編『知的財産権法と競争法の現代的展開』（発明協会、2006年）313頁。

专利发明所实施产品的销售额减少，结果可能导致专利权人的许可费收入减少。但是，在这样的情况下，专利权人遭受的是基于专用实施权设定合同的许可费请求权这一债权的侵害。民法上，成立债权侵害需要几个要件，虽然实际上认可债权侵害的情况很少，但在认可专用实施权侵害的情况下，应将因侵害行为所造成的该专用实施权人减少的销售数量（专利法第102条第1款）相对应的许可费损失（在该数量上乘以专用实施权设定合同中规定的许可费率后得到的数额）作为债权侵害的损害赔偿。

2.实施权的设定等

设定专用实施权的专利权人不能重复设定同一内容的专用实施权或许可通常实施权。专利权人必须缴纳专利费，妥善应对第三人的专利无效请求。专利权人放弃专利权，或请求判决专利修改的，需要获得专用实施权人的同意（专利法第97条第1款、第127条）。对于这些，前文已述。

3.专利权的转让等

即使是设定专用实施权后，专利权人也可以自由转让专利权。因为专用实施权的设定、移转等以登记为生效要件（专利法第98条第1款第2项），所以专用实施权人始终可以对抗专利权的受让人。此时，受让人取得负有专用实施权的专利权，相当于同时承继了专利权和专用实施权设定人的地位。[24]只要先于专用实施权设

————————

24　中山·前注1第441页等。设定范围、许可费及其支付期限等作为专用实施权的内容登记了的事项，由新专利权人承继，设定合同上规定的但未登记的事项、技术信息提供义务、技术援助义务等无法登记的事项不能承继至新专利权人（中山·前注1第441页）。专用实施权人从专利权人处购买原材料的义务等，不属于登记事项的专用实施权人合同义务也不应承继至新专利权人处。此外，一般承继的情形下，继承人（新专利权人）当然承继包括未登记事项在内的一切合同权利义务。

定的质权未登记的，即使是因强制执行而进行专利权移转，也是如此。

专用实施权设定后，专利权人也能以专利权为对象设定质权。为实现在专用实施权设定之后登记的质权而履行变卖手续的，只要先于专用实施权设定的其他质权未登记的，买受人同样承继专用实施权的负担。

三、通常实施权

（一）通常实施权的性质等

1.通常实施权的性质及种类

如前所述，通常实施权（专利法第78条）的法律性质是，使专利权人（或专用实施权人）不行使差止请求权以及损害赔偿请求权的不作为请求权。

此外，通常实施权除基于许可合同产生（约定实施权）之外，还有强制实施权（裁定实施权）以及法定实施权，以下就约定实施权进行论述。

如上，通常实施权明确属于不作为请求权，专利权人可以就一个专利权向多个相对人许可同一内容的通常实施权。但是，实务中，许可合同中会特别约定专利权人仅对该合同的相对人许可通常实施权，将不向他人许可通常实施权。这种通常实施权被称为"独占的通常实施权"。其中经双方合意，专利权人自身也不能实施专利发明的被称为"完全独占的通常实施权"。

114

下文首先将针对独占的通常实施权以外的通常实施权进行说明，接下来说明独占的通常实施权中特有的问题（后文"四"）。

2.通常实施权的成立和消灭

通常实施权基于与专利权人或专用实施权人之间的许可合同成立（专利法第78条第1款、第77条第4款；专用实施权人许可通常实施权的，必须取得专利权人的同意），共有专利权或专用实施权的，未经其他共有人同意，不得许可通常实施权（第73条第3款、第77条第5款）。

因为通常实施权以专利权为基础，所以当存续期间届满、无效宣告予以确认等导致专利权消灭的，通常实施权随之消灭（附随性）。由专用实施权人许可的通常实施权，也随着作为其基础的专用实施权的消灭而消灭。

通常实施权亦因许可合同的终止（期间届满、解约）等固有的消灭事由而消灭。因权利移转，专利权或专用实施权和通常实施权归属于同一人时，通常实施权因混同而消灭（民法第179条第2款）。

关于通常实施权人能否在自己的权利范围内进一步许可第三人通常实施权（再许可，或称"Sub-license"），通说认为，在专利权人同意的情形下（通常实施权人从专用实施权人处获得许可的情形下，须获得专利权人与专用实施权人双方同意），对此予以认可。[25]这种情况下，如作为基础的通常实施权消灭时，与再许可相关的通常实施权同样消灭。此外，下文未作特别说明的，通常实施权指的是由专利权人许可的通常实施权。

---

25 中山·前注1第447页等。

3.专利登记簿上的登记　　　　　　　　　　　　　　115

通常实施权未经专利登记簿登记，不得对抗第三人（专利法第99条第1款）。通常实施权基于当事人之间的合同（合意）成立，登记不是生效要件，而是对抗要件。未经登记的通常实施权在其后专利权转让时，不得对受让人（新专利权人）主张基于通常实施权的权利。对于为了强制执行或者实现质权而进行专利权变卖时的买受人（新专利权人）、专利权人破产时的破产管理人，也是如此。不过，通常实施权即使进行了登记，当通常实施权的基础专利权或专用实施权上存在在先登记的质权，为实现质权而进行变卖或为了强制执行而履行变卖手续时，通常实施权人不得对抗买受人。

通常实施权登记时，通常实施权的范围、对价数额、支付方式、支付期限也属于登记事项（专利注册令第45条第1款）。

权利的移转（除继承等一般承继）、变更、消灭（除因混同或专利权消灭而消灭的）、限制处分以及设定质权，未经专利登记簿登记不得对抗第三人（专利法第99条第3款）。

（二）通常实施权许可合同

1.通常实施权的范围

通常实施权的范围，由当事人之间的合同（许可合同）进行约定，其范围既可以是专利权的全部，也可以限定于部分专利权（专利法第78条第2款）。限定于部分专利权的情形包括场所限定、时间限定以及内容限定。如前所述，通常实施权登记于专利登记簿是对抗要件，当对通常实施权进行登记时，需要同时对范围的限定进行登记（专利注册令第45条第1款第1项）。

通常实施权人超出通常实施权的范围实施的专利发明，属于专利权侵害，但是场所限定、时间限定的内容损害交易安全进而产生效力问题时，与专用实施权部分中的叙述相同。[26·27·28]这意味着，将发明专利的产品制造或销售限定于一定数量，这样的行为因损害交易安全而不得对抗第三人，或者意味着不允许专利权人就违反限定范围生产的产品对第三人滥用权利。

116

2.通常实施权的登记

如前所述，通常实施权未经专利登记簿登记，不得对抗第三人。

获得许可的通常实施权人是否可以向专利权人请求办理通常实

26　尤其是在通常实施权中，若未经登记，很有必要将其范围的限定效力限制在与第三人的关系内。关于不涉及过失推定（专利法第103条）的情形，或类推适用民法第94条第2项的可能性，也与专用实施权中叙述的相同（参见前注5）。

27　实务中，通常实施权许可合同中会存在各种特别约定，规定原材料的购入方、产品规格、销路等，其中大部分属于当事人之间有关债权合同的内容，不应理解为属于专利法上的通常实施权的范围限定。大阪地判平成14·12·26［平成13（ワ）第9922号］最高裁HP及其上诉审大阪高判平成15·5·27［平成15（ネ）第320号］最高裁HP认为，在许可通常实施权时，特别约定由专利权人出借专利发明的实施产品（育苗壶的分离器具），仅将其使用于向专利权人购买的产品（育苗壶）上，不得使用于其他公司的产品上；即使接受出借的人将实施产品使用于其他公司的产品中，只是违反了合同（债务不履行），并不构成专利权侵害。可以理解这其中的含义。此外，有关这一问题的详细论述有：平嶋竜太「特許ライセンス契約違反と特許権侵害の調整法理に関する一考察」相澤英孝＝大渕哲也＝小泉直樹＝田村善之編『知的財産法の理論と現代的課題——中山信弘先生還暦記念論文集』（弘文堂、2005年）233頁以下。

28　已对专利发明实施品的销售限定区域进行登记的，所限定的仅为通常实施权人最初的销售，针对受让人或转买人之后的再转让，因权利用尽不再允许专利权人的权利行使，这与专用实施权中的叙述相同。

施权登记手续，学说虽对此意见不一，[29]但判例给出了否定意见。[30] 不过，在许可合同中特别约定登记通常实施权的，通常实施权人可 以基于特别约定请求专利权人办理登记手续。

在2004年全面修订后的破产法中，有关破产管理人针对双方 未履行的双务合同的解除权（破产法第53条第1款，对应原破产 法第59条第1款），规定了"租赁权及其他以使用、收益为目的的 权利设定合同中，破产人的相对方具备登记该权利或满足其他可 对抗第三人的要件的，破产管理人不适用解除权"（破产法第56 条第1款）。通常实施权相当于此处的"以使用、收益为目的的权 利"，所以通常实施权已登记的，即使专利权人破产，破产管理人 也不能解除许可合同。因此，为使通常实施权人不受专利权人的 经济状况影响，稳定实施专利发明，进行通常实施权的登记就尤 为重要，但如上所述，判例上也有不认可通常实施权人登记请求 权的情形，许可实践中登记的通常实施权也很少。[31]因此，考虑到 通常实施权登记几乎未被落实，有学者提倡通过破产法解释对破

117

29　肯定登记请求权的有：豊崎光衛『工業所有権法』（有斐閣、新版・増補、 1980年）310頁、本間崇「実施権」田倉整編『実務法律大系10　特許・商標・著 作権』（青林書院新社、1972年）445頁；只要没有特别约定即否定登记请求权的有： 染野義信「特許実施契約」契約法大系刊行委員会編『契約法大系6　特殊の契約 (2)』（有斐閣、1963年）380頁。此外，当合理解释当事人意思之后就可以认定存 在登记合意时，便认可登记请求权的有：中山・前注1第451頁等。

30　最判昭和48・4・20民集27巻3号580頁。

31　不进行通常实施权登记的理由在于，企业通常不喜欢将通常实施权人的名 称、许可费率等事项以及将通常实施权许可给他人的事实本身公之于众，此外，将 未来在特定领域取得的对象权利全体，而非具体特定的权利进行许可的概括交叉许 可合同，这种从一开始就未考虑登记本身的许可合同并不少见。参见：松田俊治 「ライセンス契約の安定強化に向けて」知財管理56巻5号（2006年）708頁。

产管理人的解除权行使进行一定限制，[32]或通过重新立法创设简易的对抗要件制度。[33]

（三）通常实施权人的权利义务

1.通常实施权人对专利法上请求权的行使

如前述，通常实施权的法律性质是使专利权人不行使差止请求权以及损害赔偿请求权的不作为请求权，不过是合同当事人之间（专利权人与通常实施权人之间）的债权请求权，所以即使第三人行使专利权侵害行为，通常实施权人既无差止请求权，也无损害赔偿请求权。[34]

32　片山英二＝服部誠「倒産時におけるライセンス契約の保護」NBL798号（2004年）53頁、中田裕康「知的財産権のライセンシー立場」NBL801号（2005年）22頁、松田・前注31第701頁等。这些文献指出，最判平成12・2・29民集54卷2号553頁中的裁判要旨法理也应适用于未登记的通常实施权。但在高尔夫俱乐部会员破产的案例中，规定了年会费的预存款会员制，该判决认为解除会导致显著不公平的状况发生，因而否定了破产管理人对会员合同的解除。通常实施权合同解除的，专利权人（破产人）在剩余的许可期限内将免于遵守权利不行使的约定，另一方面，通常实施权人也免于支付剩余期限对应的许可费，所以不能当即断言其缺乏均衡性，此外，尽管通常实施权人登记了实施权就可以避免破产管理人的解除行为，但是也不能硬说因为没有登记，正是破产管理人的解除行为才致使显著不公平的状况发生吧。如此考虑的话，就很难理解：因为最高裁作出上述判决，所以即使是未登记的通常实施权，也同样可以限制破产管理人解除权的行使。

33　小宮義則「ライセンス契約の保護に関する現状と問題点」NBL787号（2004年）13頁。

34　通常实施权人不得代位专利权人行使差止请求权、损害赔偿请求权。此外，第三人的行为属于民法上债权侵害的，可以请求损害赔偿，但是一般债权侵害是指使得债权消灭等针对债权归属的侵害行为、对实现债权目的之给付的妨害行为、债务不履行的胁从行为，就与通常实施权人之间的关系而言，不能认为第三人的专利发明实施行为满足了债权侵害的要件。

但是，有观点认为独占的通常实施权人享有差止请求权以及损害赔偿请求权。后文会予以详述（参见"四"）。

2.通常实施权的许可及质权的设定

如前述，经专利权人同意，通常实施权人可以进一步许可通常实施权（再许可）。

通常实施权人以通常实施权为对象设定质权的，需要经专利权人同意（专利法第94条第2款）。

3.通常实施权的转让

通常实施权人可以转让自己的通常实施权，但要获得专利权人的同意。不过，与该专利发明实施相关的业务一起进行转让以及继承等一般承继时，无需专利权人的同意（专利法第94条第1款）。 119

4.通常实施权共有情形下的特别规定

通常实施权由多人共有的，准用共有专利权的规定（专利法第94条第6款、第73条第1款）。

5.与专利权人之间的权利义务关系

通常实施权的法律性质是使专利权人不行使差止请求权以及损害赔偿请求权的不作为请求权，专利权人可以就一个专利权向多人重复许可同一内容的通常实施权。

通常实施权已登记的，即使专利权人在通常实施权许可后转让专利权，或者设定专用实施权的，通常实施权可以对抗受让人（新专利权人）或专用实施权人。但是，若通常实施权未登记的，则不得对抗上述人员，所以专利权人在通常实施权许可后转让专利权或设定专用实施权的，要向通常实施权人承担债务不履行的责任。因实现质权、强制执行而专利权移转的亦是如此。

专利权人放弃专利权，或请求判决修改的，必须得到通常实施权人的同意（专利法第97条第1款、第127条）。

专利权在通常实施权许可后因无效判决而无效，或专利发明因存在技术瑕疵而实施不能的，应准用于专用实施权部分。

6.不质疑义务

关于通常实施权中的不质疑义务，在前文专用实施权中已一并阐述。

120

（四）专利权人的权利义务

1.专利权人在专利法上请求权的行使

即使许可了通常实施权，专利权人也可以独自实施专利发明，针对第三人的专利权侵害，行使差止请求权以及损害赔偿请求权。

但是，若专利权人自身实施专利发明的同时还向通常实施权人实施许可的，同款但书规定，属于"专利权人或专用实施权人存在无法销售情形的"，基于专利法第102条第1款的损害赔偿，应从损害额计算中扣除侵权人销售数量中通常实施权人销售数量对应的部分。[35·36]许可合同中约定基于通常实施权人的销售数量确定许可费金额的，将通常实施权人的销售数量对应的部分乘以许可合同中规定的许可费率得出的金额作为债权侵权的损害，也算合理。[37]

35　例如，市场中专利权人销售数量为6万个，通常实施权人为4万个，而侵权人销售了5000个侵权产品的情况下，其中侵权人销售的2000个产品，专利权人存在无法销售情形的，要从损害额计算中予以扣除。另外，就与专利法第102条第2项的损害额之间的关系而言，通常实施权人实施的专利发明是否能成为推翻损害额推定的情形尚待探讨。

36　实施产品的人基于法定实施权、强制实施权（裁定实施权）销售专利发明的，也做同样处理。

37　在前注35的例子中，2000个乘以约定的许可费率得出的金额作为债权侵权的数额。

2.实施权的设定及专利权的转让等

即使已经许可了通常实施权，专利权人也可以重复许可通常实施权。而且，也可以设定专用实施权、转让专利权或以专利权为对象设定质权。

通常实施权经登记具备对抗要件的，在登记后设定的专用实施权人或专利权的受让人取得附带负担的通常实施权，承继不向通常实施权人行使禁止请求权以及损害赔偿请求权的义务。[38]先于通常实施权登记设定的质权未登记的，在因强制执行而移转专利权的情形中也是一样。只要其他先于通常实施权设定的质权未登记的，则为实现在通常实施权登记之后登记的质权而办理变卖手续中的买受人同样要承继通常实施权上的负担。

四、独占的通常实施权

（一）独占的通常实施权的性质等

如前述，专利权人可以就一个专利权向多个相对人许可同一内容的通常实施权。但在许可合同中，如果特别约定专利权人仅向该合同的相对人许可通常实施权，不得向他人许可通常实施权的，此种通常实施权被称为"独占的通常实施权"。在此基础上，通过合意还约定专利权人自身也不实施专利发明的被称为"完全独占的通

---

38 通常实施权的范围、许可费及其支付期限等作为通常实施权的内容登记事项由新的专利权人承继，许可合同中规定的但未登记的事项、技术信息提供义务、技术援助义务等无法登记的事项无法由新专利权人承继。

常实施权"。

即使通常实施权已被登记，但由于这样的特别约定不属于登记事项，"独占的"这一属性无法登记，也就不能对抗第三人。

（二）独占的通常实施权人在专利法上请求权的行使

1.问题点

专利法上对独占的通常实施权保护问题有两点需要讨论：①独占的通常实施权人是否可以行使差止请求权（将差止请求权作为其固有权利行使，或代为专利权人行使）；②独占的通常实施权人是否可以行使损害赔偿请求权（将损害赔偿请求权作为其固有权利行使，或代为专利权人行使）。

2.学说及判例的概况

对上述问题点的看法，学说或判例多有分歧，至今无法达成一致。[39]

首先，关于独占的通常实施权人是否可以行使差止请求权的问题，虽然有学说认可实施权人享有固有的禁止请求权，但多数学说以及判例不予认可。[40]关于是否可以代位行使专利权人差止请求权的问题，学说上持肯定见解和否定见解的数量不相上下，但判例中

39　学说或判例状况以及各种见解的内容参见中山·前注10第830页以下〔中山信弘〕。

40　肯定固有差止请求权的有：盛冈一夫「通常实施権に基づく訴権」鸿常夫=紋谷畅男=中山信弘编·前注17第171页。否定学说有：中山·前注1第449页，渋谷達紀『知的財産法講義I』（有斐閣、2004年）269页，高林·前注4第177页，田村善之『知的財産法』（有斐閣、第4版、2006年）317頁；判例有：大阪高判昭和61·6·20无体裁集18卷2号210页等。

以否定说为多数。[41]

其次，对于独占的通常实施权人是否可以行使固有的损害赔偿请求权的问题，学说多数及判例对此予以了肯定。[42]

另外，在注册商标专用使用权案件中，在商标权人对他人也许可使用的情况下，独占使用权人的损害赔偿请求权未得到认可。[43]

3.评价

123

如上，关于独占的通常实施权人是否可以行使禁止请求权、损害赔偿请求权的问题，学说或判例上见解不一，私以为只要完全独占的通常实施权人通过履行许可合同，事实上实现了独占地位的，可以认可其对专利权人的禁止请求权的代位行使以及固有损害赔偿请求权的行使。

即，通常实施权人只对专利权人（专用实施权人进行许可的，

---

41 肯定此的学说有：中山·前注1第450页，田村·前注40第316页，高林·前注4第178页（但是仅限于在许可合同中特别约定专利权人针对第三人的权利侵害行为行使禁止请求权的情形）等；判例有：东京地判昭和40·8·31判夕185号209页（一般是肯定的，但在该案中请求被驳回了）。否定此的学说有：渋谷·前注40第269页等；判例有：大阪地判昭和59·12·20无体裁集16卷3号803页，大阪高判昭和61·6·20无体裁集18卷2号210页。

42 肯定此的学说有：中山·前注（注1）448页，渋谷·前注（注40）269页；判例有：大阪高判昭和55·1·30无体裁集12卷1号33页，大阪地判昭和59·12·20无体裁集16卷3号803页，大阪高判昭和61·6·20无体裁集18卷2号210页，东京地判平成10·5·29判时1663号129页（这些判例都认可损害额推定规定的类推适用）。

43 东京地判平成15·6·27判时1840号92页。该判决认可在未向他人实施许可使用情形下，独占的通常实施权人享有固有损害赔偿请求权，也适用过失的推定规定（商标法第39条），但不能类推适用损害额的相关规定（同法第38条第1—3款）。此外，该判决的案例中，独占的通常实施权人未提出差止请求。

也指专用实施权人。下同）享有合同项下的债权请求权，但是专利法却保障了专利权人对专利发明的专用权。当存在完全独占的通常实施权人时，专利权人有义务确保，在实施权人与第三人之间，唯有实施权人可实施专利发明。因此完全独占的通常实施权人享有独占性的地位，独占实施专利发明并享有在市场上独占销售通过实施制造出的产品的利益。也就是说，完全独占的通常实施权人应通过合同获得与专用实施权人一样的地位。而且，只要专利权人履行该合同上的义务，完全独占的通常实施权人的市场独占地位在事实上就得到了实现，在履行合同的限度内也可以向第三人进行事实上的公示。所以，在履行了合同的情况下，通过类推适用过失的推定（专利法第103条）以及损害赔偿的计算（第102条各款）规定，也可以得出这样的结论：完全独占的通常实施权人可以被许可代位行使专利权人享有的差止请求权，也可以行使固有的损害赔偿请求权。[44]一方面，即使签订了完全独占的通常实施权的许可合同，专利权人违反合同自身实施专利发明，或者向第三人许可通常实施权的，因为欠缺履行合同这一前提，差止请求权的代位行使或固有的

124

44　通常实施权通常被比拟成不动产用益权进行说明，从不动产租赁权排他性利用的角度而言，首先是具备占有的事实状态（占有诉权），其次是依登记或特别法具备对抗要件，然后根据判例，发展成针对第三人的妨害排除请求权的法律构成。参照此点，对于独占的通常实施权人行使权利，在本文所载的基础上，还可以追加一定程度的理论说明。此外，围绕独占的通常实施权的争论，与其说是法学理论之争论，不如说是政策性观点，其指出基于独占的通常实施权代替专用实施权更是已经成为事实（高林·前注4第178页）。不能否认，在认可基于独占的通常实施权的权利主张这一前提下，上述观点才能成立。

损害赔偿请求权的行使将不会被认可。[45]

三村量一

知识产权高等裁判所法官

45　在以往的争论中，主张独占的通常实施权人有行使差止请求权（包括代位行使）或损害赔偿请求权的观点认为，仅仅是许可合同中存在"独占的"文字，即使专利权人与多人签订"独占的"通常实施权许可合同，是否肯定此多人的请求权行使，也是不明确的。但是，如果予以肯定，则该实施权实质上和非独占的通常实施权并没有什么区别，但却超出了必要的保护范围，这是难以获得认同的。

第五章　日美拜杜制度和大学发明的专利化及许可

中山一郎

在日本，来自大学的专利技术移转愈加呈现活跃态势，其制度 125
模板是美国的拜杜法案。该法案，使得由政府资金投入而产生的发
明相关权利归属于接受政府资金资助者成为可能，并且促进了大学
发明的专利化以及向民间企业的许可。本章将比较探讨日美拜杜法
案以及其他技术移转相关法律制度，同时，通过考察实施拜杜法案
已1/4个世纪的美国国内的研究，探索对日本的借鉴意义。

一、引言

一直以来，大学被赋予了教育与研究的传统使命。但是现如今，将研究成果回馈于社会渐渐成为了大学继教育与研究之外的"第三使命"。专利的实际应用作为实现这一使命的方式之一，引起了人们的注意。换句话说，就大学的发明，由大学取得专利权，并通过将相关的（专有）实施权许可给有意将该发明投入实际应用的民间企业等，实现大学独创技术向产业界移转并得以有效应用的构想。

最早进行大学向产业界移转技术的是美国。美国在1980年制定了所谓的拜杜法案，构建了来自大学的技术移转相关制度框架。并且此后随着技术移转活动逐渐成熟，如今围绕着拜杜法案，各种各样的讨论也时常可见。

与此相对的，日本是在20世纪90年代末采取了与美国相同的措施。话虽如此，即使被称作拜杜法案，正如下文所述，日美拜杜法案的含义是不同的；然而，若仅仅就通过专利权（专有）许可来实现由大学向产业界的技术移转这一点而言，日美所展望的方向是一致的。

本章的目的在于，立足于日美通过大学推动技术移转这一现状，在比较探讨日美拜杜法案及其他与技术移转相关的法律框架的同时，围绕技术移转活动已经成熟的美国拜杜法案的相关讨论，探索对日本的借鉴意义。

二、日美法律框架的比较

（一）美国拜杜法案

拜杜法案，最初是针对由联邦政府资金投入而产生的发明，为了商定其权利归属的规则而制定的[1]，原先在拜杜法案制定之前，并不存在有关权利归属的政府通用方针。因此，各政府机关就发明的处理有很广泛的裁量权，有将权利归属于政府的情况，也有政府机关在确保自身实施权的同时、认可将权利归属于政府资金受领人的情况，等等。正是由于政府机关之间，或者个别案件之间的处理方式有所不同，应当怎样处理才是最优便成为长期以来争论的焦点。[2]对由政府资金投入而产生的发明如何进行统一处理，虽然1980年通过的拜杜法案明确了这一长时间以来被讨论的问题并提供了处理规则，但不可忽视存在着推动立法的因素与背景：持有着广泛裁量权的政府机关间各自进行不同的适用或者对规则进行变更，以及因

127

1　Bayh-Dole Act（Pub. L. No. 96-517）35 U.S.C.§200-§212.虽然在一连串的规定中，不仅仅有政府以外的机构（大学等）保有权利的情况，也存在政府本身保有权利的相关规定（例如§209），本章的讨论对象为大学的技术移转，故不会特别举出。

2　Rebecca S.Eisenberg（1996）.Public Research and Development: Patents and Technology Transfer in Government-sponsored Research. *Virginia Law Review*, Vol.82,1663-1727. 根据第1677页，能源部或美国国家航空航天局（NASA）的话（发明）会被归属于政府；与此相对，国防部或美国国家科学基金会（NSF）的话（发明）会被归属于发明人。

判断个案所需的时间长、手续烦琐而困扰，大学多会产生不满，等等。[3]与此同时，拜杜法案的通过体现出美国国会承认大学可以取得专利权及提供许可活动，也有看法认为，拜杜法案的通过反映出，在20世纪70年代末期美国国会及政府部门对于"国际竞争力"低下的担心和为了恢复国际竞争力而对知识产权保护进行强化的意识。[4]

以下大致介绍一些代表性条款。

1. 目的及适用对象

35 U.S.C.§202（a）指出拜杜法案以下7点目的：

（1）促进由联邦政府支援的研究开发而产生发明的实际应用；

（2）最大限度地奖励中小企业参与由联邦政府支援的研究开发；

（3）推进产业界与大学等非营利机构之间的合作；

128

（4）非营利机构与中小企业的发明能够得到实际应用，促进自由竞争及创业而不是不当地阻碍后期的研究；

（5）促进在美国产生的发明通过美国的产业与就业得以实际应用以及被公众使用；

（6）为了防止发明无人实施或者被不合理使用进而保护公众利益，对于由联邦政府的支援而产生的发明，政府在满足自身需求的同时确保必要的相关权利；

（7）意在削减为实施本项政策而产生的开销。

如上述，拜杜法案的目的并不仅仅在于，有效使用接受了联邦

3　艾森伯格（Eisenberg）·前注2第1691—1693页。David C. Mowery , Richard R. Nelson, Bhaven N. Sampat, and Arvids A. Ziedonies（2004）. *Ivory Tower and Industrial Innovation*. Stanford University Press, 85-98.

4　莫厄里（Mowery）等·前注3第85—98页。

政府财政支援而由大学等非营利机构创造出的发明、推进产学结合以及对中小企业予以支援，其目的还在于促进竞争、推动美国国内的产业或就业以及确保公众利益。

此外，拜杜法案还明确规定了该法案的适用主体仅为中小企业以及包含大学在内的非营利机构。这是因为在1980年拜杜法案制定之时有诸多考虑因素：中小企业及大学有实际应用发明的强大动力，即使认可它们持有由联邦政府资金产生的发明相关的专利权，其市场支配力也不足以产生反托拉斯法上的问题；另外，如与在拜杜法案通过之前一样，对发明相关权利归属进行个别审查，对于中小企业与大学而言负担沉重；中小企业与大学的创新力更足，在与大型企业竞争上专利权也更为有效，因此很有必要将权利归属于中小企业与大学。[5]因此，在拜杜法案制定之初，对于接受了联邦政府资助的大企业创造出的发明进行的处理，主要是延续过去的做法，委托给各政府机关进行裁量。但是，1983年作出的总统备忘录，承认了大型企业与联邦政府之间的资助合同也适用拜杜法案。[6]1984年修正的拜杜法案，也追认了这一总统备忘录的效力（35 U.S.C.§210）。需要留意的是，各项条文的规定虽然使用了非营利机构及中小企业这样的用语，但在现如今，除非是非营利机构的特殊细则这样的例外规定，大型企业同样适用拜杜法案的各项规定。

2.权利的归属

拜杜法案的核心在于，就接受了联邦政府的补助所产生的发明，明确了权利归属。根据35 U.S.C.§202（a），只要不属于联邦

5　艾森伯格·前注2第1695—1696页。

6　Memorandum to the Heads of Executive Departments and Agencies: Government Patent Policy（February 18,1983）.

政府的出资合同中约定的特殊情况，非营利机构及中小企业可以在一定的期限内选择保有该发明相关的权利。所谓特殊情况是指：①非营利机构及中小企业在美国没有其实体［§202（a）（i）］；②经政府判定，只有对发明相关权利的保有不予认可或加以限制，才能够进一步促进实现拜杜法案的目的，即例外状况［§202（a）（ii）］；③为了间谍活动所必要的场合［§202（a）（iii）］；④与原子驱动装置或者兵器有关的项目［§202（a）（iv）］。这些情形下，联邦政府有可能决定不认可非营利机构及中小企业对权利的保有。

另外，为了使得非营利机构及中小企业的权利保有被承认，除了由政府提供资金，缔结的合同必须包含以下条款［§202（c）］：

（1）非营利机构及中小企业必须在一定期限内[7]向联邦政府机关对作为标的的发明进行开示*。如果不开示，则权利有可能会由联邦政府承继［§202（c）（1）］。

（2）非营利机构及中小企业必须在一定期限内（原则上为2年）[8]选择是否保有发明相关的权利。如非营利机构及中小企业选择不保有权利，或者在一定期限内不进行选择，则可能由联邦政府自行承继权利，也可能通过与非营利机构及中小企业签订协议，由发明人保有权利［§202（c）（2）与§202（d）］。

（3）选择了权利保有的非营利机构及中小企业，必须就标的发

7　根据联邦规则制定的合同模板，"一定期限"指发明人向非营利机构及中小企业的专利业务负责职员开示之后的两个月内［37 C.F.R.§401.14（a）（c）（1）］。

*　即进行宣布或宣告等，将事物的内容予以明示。——译者

8　若是存在35 U.S.C.§102（b）中的法定阻却事由（statutory bar）情形，如果1年的法定期限正在进行中，缩短至法定期限终了前60日某一日［35 U.S.C.§202（c）（2）］。

明在美国以及其他意向国提出专利申请。在非营利机构及中小企业未提出申请的国家，联邦政府有可能获得发明相关的权利。

（4）即使是在非营利机构及中小企业选择了保有权利的情况下，为了或代表合众国，联邦政府也享有非独占地、不可移转地、不可撤回地且无偿地进行实施或者许可实施的权利。另外，非营利机构及中小企业必须在专利说明书里明确记载联邦政府享有的权利［§202（c）（4）与§202（c）（6）］。

（5）联邦政府可以要求非营利机构及中小企业提交有关发明使用状况的定期报告。

从上述内容来看，在选择是否保有发明相关的权利时，选择权人的优先顺位依次为非营利机构及中小企业、联邦政府机构、发明人［如果是大学的话则为教员。但是，大学或政府机构成为权利人的前提为，大学承继了从作为发明人的教员处接受专利的权利。参照后文的"（三）2"］。如后文所述，虽然日本向来以大学发明的相关权利归教员个人所有为原则，但在美国，只要是作为拜杜法案适用对象的相关发明，权利若要归属于作为发明人的教员，则必须是在大学及联邦政府都没有选择保有权利的情况才会产生。实际上，将权利归属于发明人困难重重。[9]

另外，联邦政府能够阻止非营利机构及中小企业保有权利的情况也被限制在"例外状况"中，政府能介入的余地是受限的。有关 131 这一点曾有提案认为应当扩大联邦政府的权限，后文会有详述［参

---

9 ロバート・ケネラー（矢崎敬人＝首藤佐智子訳）「産学連携制度の日米比較」后藤晃＝長岡貞男編『知的財産権とイノベーション』（東京大学出版会、2003年）54頁。指出根据国立卫生研究院（NIH）的经验，将权利归属于发明人的手续难称顺畅，会产生困难。

照"三（二）"]。

在权利归属于非营利机构及中小企业的情况下，联邦政府享有实施权，除联邦政府自身实施的情况外，如果是"为了或代表合众国"（for or on behalf of the United States）的话，也有让第三人实施的情况。第三人实施的情况下，第三人包含合同当事人（contractor），虽然这一点并不存在异议，但第三人是否包含研究资助的受益人则还未定论。国立卫生研究院倾向于认为研究资助的受益人不包含其中。[10]此外，此处的政府实施权，为何不像后文提及的政府介入权那样，属于在拜杜法案中有直接根源的法定实施权，而是根据联邦政府支付资金时订立的合同而产生的约定实施权呢？这也没有定论。

3.非营利机构（大学）的特别规定

大学等非营利机构，在前项2的基本规则之上，还设置有如下的特别规定［35 U.S.C.§202（c）（7）］。

（1）除了将权利让渡给TLO等专利管理机构的情形，非营利机构不得在未经政府认可的情况下让渡权利［§202（c）（7）（A）］；

（2）非营利机构必须将从专利许可中得到的许可费收入分配给发明人［§202（c）（7）（B）］；

（3）非营利机构在扣除必要的经费后，必须将许可费收入用于研究或教育［§202（c）（7）（C）］；

---

10 Report of the National Institutes of Health（NIH）Working Group on Research Tools（June 4,1998）Appendix D（http://www.nig.gov/news/researchtools/index.htm）. 该报告认为，联邦政府直接得到的便利（direct Federal benefit），与通过研究补助产生的广泛的公共目的的便利（broader "public purpose" benefit）不同，联邦政府所拥有的实施权不至于以后者的情况为对象。

（4）除非在经过合理调查后无法实行，非营利机构必须要将标的专利权许可给中小企业［§202（c）（7）（D）］。

关于（1）中禁止权利让渡的原则虽然是法律上的一项要求，但作为大学，比起权利的让渡，似乎更倾向于许可合同。这是因为，许可合同中可约定努力落实发明实用化的尽职调查（due diligence）条款，还可通过设置一定期间作为基准点，约定一旦被许可人违约即可解除合同，从而通过这些约定切实推进实用化。[11]

关于（4）中的许可对象的要件，实际上大学进行的许可之中大约2/3是面向中小企业及新兴企业的（参照表5-1）。然而，相关状况是否是因为拜杜法案的要求，这一点并不明确。也有可能是相对于目前研究能力匮乏的中小企业及新兴企业而言，大学对技术更关心所导致的。[12]

表5-1　大学许可件数

	独占的	非独占的	总计
新兴企业*	558	60	618
中小企业	887	1245	2132
大型企业	415	757	1172
总计	1860	2062	3922

*新兴企业仅限于基于大学的技术而创业的情况。

来源：AUTM Licensing Survey；FY2004 Survey Summary，Table US-14 157所大学的统计

11　ロバート・ケネラー（正林真之訳）「米国の大学における技術移転業務の現行とこれからの課題」パテント51巻11号（1998年）34頁。

12　同上注35頁，认为中小企业对大学技术的需求更大。

4.政府介入权

即使在非营利机构及中小企业保有发明相关的权利的情况下，如果满足一定的条件，联邦政府也能够行使以合理的条件将实施权许可给第三人的权利（政府介入权或March-in rights，35 U.S.C.§203）。以下情形，可以行使政府介入权：

133　　（1）权利人等在合理期限内未采取实现发明实用化的有效措施，或者在合理期限内无法期待其会采取措施的［§203（1）（a）］；

（2）对权利人等而言并不充分合理，但为了满足生命或安全上的需求［§203（1）（b）］；

（3）对权利人等而言并不充分合理，但为了满足联邦规则中特别规定的公共目的使用的要求［§203（1）（c）］；

（4）违反国内制造要件（参见下述"5"）的情况［§203（1）（d）］。

虽然政府介入权相当于日本专利法中的裁定实施权，但其适用的条件则不尽相同。虽然（1）的类型大体上与日本不实施情况下的裁定实施权（专利法第83条）对应，但是并未设置有"3年以上"不实施这种不实施期限的相关要件。另外，（2）和（3）的类型实际上是在判断是否符合"公共利益"，这与日本专利法中为了公共利益的裁定实施权相对应。此外，（4）是美国拜杜法案中所特有的类型，具体化了该法的目的之一，即对美国产业及就业的倾斜保护。

此外，关于（3）中的公共使用，与前述§202（c）（4）规定的联邦政府实施权（包含合同当事人）不同，是可以针对任意第三人设置的。

在联邦政府决定行使政府介入权、发动政府介入的情况下，

遭受不利的权利人或者独占实施权人若不服，可向联邦诉讼法院
（Court of Federal Claims）申诉，针对联邦诉讼法院的判决，仍能够
向联邦巡回上诉法院进行上诉。并且，在申诉期间，基于（1）及
（3）为理由发动政府介入将不会被认可。

目前为止似乎尚未有发动政府介入的案例。若在（独占）许可
合同中预先约定了尽职调查条款或基准点及"里程碑"，在政府介
入发动之前，（1）中的不实施问题可能就已经被视为违约问题进行
处理了。

即使最终并没有发动政府介入，希望获得许可的第三人，以
（2）中的生命、安全上的需求为由，向NIH申请启动政府介入，这
样的案例是存在的。虽然有人主张这样的三个案例可以一并归入
（1）中的不实施情形，但NIH还是认为这并不满足（1）或（2）的
要件，因此并未发动（政府介入）。[13]

5.国内制造要件

拜杜法案特别照顾美国产业及就业，国内制造要件（35

134

13　National Institutes of Health, Office of the Director（1977）. Determination in
the Case of Petition of CellPro, INC.（http://www.nih.gov/news/pr/aug97/nihb-01.htm）.
National Institutes of Health, Office of the Director（2004）. In the Case of NORVIR®
Manufactured by ABBOTT LABORATORISE, INC.（http://ott.od.nih.gov/policy/march-
in-norvir.pdf）. National Institutes of Health, Office of the Director（2004）. In the Case
of Xalatan® Manufactured by PFIZER, INC.（http://ott.od.nih.gov/policy/march-in-
xalatan.pdf）. 森岡一「バイオ・医療分野における『公共の利益』についての米国
の考え方——特にBayh-Dole法March-in条項（介入権）についてのNIHの判断」
AIPPI 50巻3号（2005年）2頁；森岡一「『公共の利益』のため強制実施権に対
する米国の考え方——特にバイオ・医療関連問題への対応」AIPPI 51巻2号（2006
年）14頁。

U.S.C.§204）便是这一宗旨的体现。适用拜杜法案的专利权，其独占实施权只能许可给在美国国内进行实质制造的人。但是，如为了许可实施，已对美国国内满足实质制造条件的潜在被许可人进行了合理的努力，最终仍未成功的，或能够从商业角度证明国内制造不可能实现的，可以不适用国内制造要件。实际上，这一要件似乎也并非严格运用。[14]在一个与日本企业相关的事例中，斯坦福大学发明的电子合成器技术由日本企业雅马哈获得独占许可。其最初是希望寻求美国企业作为许可对象，最终却许可给了日本企业。[15]

（二）日本的拜杜制度

1.沿革与制度目的

所谓日本版的拜杜条款是指1999年产业活力再生特别措施法的第30条，其立法目的在于，促进研究活动的活跃化及其成果在民间企业活动中得到有效率的实际应用。与美国的拜杜法案的13个条款相比，日本版的拜杜条款仅仅只有一条。这种极其简单的条文构造，暗示着各省厅在适用上有着很大的自由裁量余地。虽然也不是不能说根据这一条款，可以结合具体状况、进行"柔软"地应对，但另一方面，不统一适用或者说适用不透明意味着较低的可预测性，这一情况就像美国在制定拜杜法案之前那般，招致了很多批评。

2.权利的归属与适用对象

在受托人接受了来自政府的相关技术研究委托的情形下，产

14　ケネラー・前注11第55—56页。

15　渡部俊也＝隅藏康一『TLOとライセンス・アソシエイト』（BKC、2002年）92-93頁。

业活力再生特别措施法认可研究成果的相关专利权及其他权利由受托人保有（第30条第1款）。这就是日本版"拜杜"条款得名的原因。但是，与美国的拜杜法案相比较，有关适用对象有以下两点不同。

第一，美国拜杜法案仅仅以发明相关的权利作为权利对象，即获得专利的权利。与此相对，产业活力再生特别措施法第30条不仅以获得专利的权利或专利权为权利对象，实用新型权、外观设计权、软件著作权与数据库著作权、电路图设计使用权、育成者权等广义上的知识产权均为其权利对象。[16]

第二，美国拜杜法案，无论政府资金的性质如何，均适用联邦政府资金的受领人；与之相对，产业活力再生特别措施法的适用对象受限于委托。

一般来说，所谓国家支出的委托费用，是指将本该由国家自行开展的事业，委托给国家以外的主体来开展，在此情况下支付的费用；与此同时国家还应当接受与之相当的反向给付，即委托事业的履行。这意味着不适用有关合理执行补助金等相关预算的法律（以下称补助金等合理化法）。[17]从委托的性质来看，一般来说，委托合

136

16　由于在美国，专利权包含Design Patents（外观设计专利），私认为在日本，与外观设计权相对应的权利也是美国拜杜法案的适用对象，这样想似乎并无不妥。另外，日本的产业活力再生特别措施法的对象权利列举在该法实施令的第5条中，除本文中记入的权利之外，实用新型接受授权的权利、外观设计接受授权的权利、电路图设计使用权接受设定登记的权利都包含其中。

17　小滝敏之『新版補助金適正化法解説』（全国会計職員解説、1999年）28頁；香川俊介編『補助金適正化法講義』（大蔵財務協会、2004年）31頁。

同的成果物都是全部归属于作为委托人的国家。[18]如果采纳这种处

18　一般来说，行政事务的外部委托被理解为承揽合同（民法第632条）或者准委任合同（民法第656条），参见：石井昇『行政法と私法』（ぎょうせい、1998年）224頁；分権型社会に対応した地方行政組織運営の刷新に関する研究会『分権型に対応した自治体経営の刷新——新しい公共空間の形成を目指して』（平成17年4月5日）32頁。另一方面，不仅仅是行政事务的外部委托，现如今由于可以被称作是承揽合同或（准）委任合同的增加，有人指出承揽还是（准）委任已经没有那么严密的区分，倒不如应该将其统一视为"服务提供合同"，参见：山本敬三『民法抗議Ⅳ—1』（有斐閣、2005年）643-644頁、710頁。最初，无论如何理解委托合同在法律上的性质，根本上来说并不能决定因委托合同产生的接受专利权利的归属，而是主要由合同中作出委托。另外，当委托合同的成果是著作权作品时，如果认为，即使是委任合同或者是承揽合同，由于存在指挥监督关系等条件因此认可成立职务作品，将著作权原原本本地归属于委托人也是有可能的。参见：半田正夫『著作権法概説』（法学书院、第12版、2005年）65頁、作花文雄『詳解著作権法』（ぎょうせい、第3版、2004年）197-201頁，以及著作权法第15条第1项。但是，由于该项为任意规定，结果又回到了委托合同如何决定权利的归属这一问题上来。那么在产业活力再生特别措施法第30条成立之前，行政厅的合同实务究竟是怎样的呢？虽然关于这一点在所谓的内容产业的拜杜制度（参照本章"二（二）8"）中有过相关的解释，有文献描述道，国家向来习惯于让渡由委托合同产生的知识产权。参见：野田太一「コンテンツの創作、保護及び活用の促進に関するについて」コピライト2004年11月号（2004年）28頁。另外，在文部科学省的资料中，本来规定有"根据国家实行委托合同的本意，该事务或事业中产生的成果，原则上应全部归属于委托人（甲方）"，然而根据产业活力再生特别措施法第30条，能看到在存在着科学技术振兴调整费的情况下，权利归受托人的规定。参见：文部科学省科学技术·学術政策局「科学技術振興調整費の委任経理事務について」（平成17年12月5日-9日），http://www.mext.go.jp/b_menu/houdou/17/11/05112403/002.pdf。原来，关于这一点的文献并没有那么多，本文中关于在委托合同中产生的发明等知识产权相关权利的归属方式以及后文"3.规定的性质"相关的陈述，是笔者作为政府职员的经验。另外，关于产业活力再生特别措施法第30条的主旨及运用等，经济产业省产业技术环境局产业技术政策课的铃木贵雄课长助理（当时在任）和糀屋刚氏（当时在任）也提供了一些有用的信息。在此感谢。但是，本章中的记述若存在误解或不完备的地方，那也全是笔者的责任。

理方式，委托研究产生的发明等知识产权的相关权利也应当归属于国家。但是这种情形又涉及了财政法第9条第1款的规定，即若无法律依据与合理对价，国有财产不得转让。[19]也就是说，委托研究所产生的发明在原本应当归属于国家的情况下，如果不被归属于国家，而是归属于受托人的话，则必须有法律依据，产业活力再生特别措施法第30条，就被认为是财政法第9条上所谓的法律依据。就该项条款的性质也可能会有不同的理解，后文会有论述（参照下述"3"）。

与之相对，补助金等合理化法上所谓的补助金，包括补助金（第2条第1款第1项）、分担金（同款第2项）、利息补给金（同款第3项）以及"根据政令*中规定、不接受相对应的反向给付的给付金"（同款第4项，并且在补助金等合理化法的相关施行令中的第2条指定了74个种类）。这些广义的补助金，是国家在不接受反向给付时、交付给那些国家以外主体的给付金。其具有三种特性：①国家不接受反向给付的单方义务性；②对方获得利益的收益性；③给付金具有特定用途的特定性。根据①中的单方义务性，就能明白这是把补助项目的成果归属于接受补助金的一方。[20]于是，发明等知识产权相关的权利，遵循着补助金的性质，也直接归属于接受补助金的一方，因而，无需法律上的特别规定，这些相关权利被排除出《产业活力再生特别措施法》第30条的适用对 137

19　财政法第9条第1款规定："国家的财政，除法律规定的情况外，不得将其交换用作其他的支付手段，或者在没有合适对价的情况下，不得让渡或借贷。"

*　即为了实施宪法或者法律，由内阁作出的命令。——译者

20　小滝·前注17第26—27页；香川·前注17第30—33页。

象之列。[21]

138 就国立大学来说，在大学法人化之前曾是国家的机关，因此并不存在接受来自政府的研究委托这种情况。另外，在法人化之后由国家交付的运营费交付金和向独立行政法人交付的运营费交付金同样，都是无需反向给付，从这一点而言，和补助金有相同的性质，与委托费则有区别。[22]若是私立大学，由国家交付的是私立大学等经常费补助金，就是字面意义上的补助金，并非委托费。因此，不论国立还是私立大学，除去来自国家的委托研究外，大学内半数以上的研究不适用产业活力再生特别措施法第30条。也就是说，虽然产业活力再生特别措施法第30条被通称为日本版的拜杜条款，但美国拜杜法案主要是根据大学的判断，将接受了联邦政府资金支援而产生的发明相关的权利归属于大学，日本版的性质则是与之大相径庭。

3.规定的性质

产业活力再生特别措施法第30条第1款规定，国家就委托研究成果的专利权，"可以不接受受托人的转让"。这与联邦政府资金受

21　虽然有所谓的内容产业的拜杜制度（参照下述"二（二）8"）相关的描述，在野田的前述论文（注18）第28页中陈述道：国家对于在补助金交付事业中产生的知识产权，当然应将其归属于作为补助对象主体的民间机构。

22　针对独立行政法人的运营费交付金，参见：独立行政法人通则法第46条；「中央省庁等改革の推進に関する方針Ⅲ独立行政法人制度関連21財源措置（3）運営費交付金」（1999年4月27日中央省庁等改革推進本部決定）。国立大学法人法第35条第1项准用独立行政法人通则法第46条。并且，虽然运营费交付金在不要求反向给付这一点上与补助金性质相同，但无特定的用途即可交付，使用是否合适也遵循事后评价，这与补助金不尽相同，并不适用补助金的合理化法。宫胁淳＝梶川幹夫『独立行政法人とは何か』（PHP研究所、2001年）156頁。

领人能够选择保有权利的美国拜杜法案不同，产业活力再生特别措施法实际上认可了国家对决定是否承继权利拥有广泛的裁量权。

这一款将对象限定为委托研究，理由在于：委托研究产生的知识产权，一般是将其归属于作为委托人的国家；若想将权利归属于受托人，就必须考虑财政法第9条第1款，其中规定了国有财产的处理原则，即必须有法律的依据。以此为前提，可以理解为产业活力再生特别措施法第30条第1款，针对委托研究的权利归属原则，创设了例外的规定。[23]

但是，仅仅凭借国家"可以不接受受托人的转让"这句话，就将委托研究产生的权利归属于委托人，这并非法律原义，国家也可能有意将权利归属于受托人。还可能是考虑到一直以来的合同习惯都是将权利归属于国家，因而立法想让公众知晓权利亦可归属于受托人，这也并非不可能。并且，一旦将知识产权归属于受托人，作为标的的知识产权将自始不属于国有财产，因此也将不再适用财政法第9条第1款。基于相关的解释，产业活力再生特别措施法第30条第1款被理解为一种确认规定。

那么，将通过国家委托研究产生的知识产权归属于作为委托人的国家，究竟是不是基于法律原义呢？确实，根据前述的国家委托费的性质，交付了委托费的国家必须获得相应的反向给付。但是，委托研究后，国家所获得反向给付，是否不仅仅指通过该项研究所得到的知识，连研究成果相关的知识产权也必须要被包含进去呢？尽管也有人认为知识产权是委托研究产生的所谓"派生物"，不应

139

23　前述注18中提及的，来自文部科学省的有关科学技术振兴调整费的说明资料中有所记载，应以这样的理解作为前提。

当被包含到国家应当获得的反向给付中，这种解释也是成立的，但目前还没有定论。

虽然存在国家非委托人而是受托人的情况，如法人化前的国立大学接受了民间等外部委托进行受托研究，但是此时原则上禁止将研究结果产生的知识产权转让给民间的委托人，只会认可将权利归属于受托人。[24]这样一来，国家作为受托人时，将权利归属于国家是被认可的；那么相对的，国家作为委托人时，如果不认可将权利归属于受托人的话，便有失平衡，这样的观点貌似也就成立了。但是，关于这一点需要说明的是，在民间等的受托研究中即使产生了知识产权，不能将其简单地视为仅仅在一次受托研究中产生的，而是由过去的研究成果累积起来，进行了受托研究后偶然产生的发明，综合来看国家所投入的资金反而是更大的一部分。[25]因此，有关国家是委托人或是受托人这两种情况的平衡论未考虑这一前提。

将产业活力再生特别措施法第30条第1款理解为确认性规定，这样做的现实意义在于，即使是在该款规定的情形之外，也是有将权利归属于受托人的余地的。例如，虽然该款规定为了将权利归属于受托人，受托人必须承诺接受该款下的各项条件，但若将其视作确认性规定的话，即使受托人不承诺接受那些条件，权利也可能归属于他们。目前，对于该款规定是一个创设规定还是一个确认规

---

24 《关于受托研究的处理》（文部科学省研究振兴局局长、会计处处长通知12文科振第292号平成13年3月30日）认为法人化后，各国立大学虽然能根据各自的校内规章制定处理受托研究，有很多案例沿袭了从前的处理方式，将受托研究中产生的知识产权不归属于委托人而归属于受托人大学。

25 国立大学等外部資金取扱事務研究会『大学と産業界との研究協力事務必携』（ぎょうせい、第4次改訂版、2001年）24-25頁。

定，尚无定论，但政府似乎将其理解为一个创设性规定。[26]

无论如何认定，既然这一款认可了国家对权利归属做出的裁量，那么通过适用这一条款，国家也有可能承继这一权利。但是，所谓日本版的拜杜条款，顾名思义，是在效仿美国的拜杜法案，其也存在着尝试将经国家资助研究产生的知识产权归属于民间受托人的立法过程，现状是，权利归属于受托人的约占委托经费九成以上。[27]

该款中"可以不接受受托人的转让"这一规定还有另一个效果，就是在将权利归属于受托人的时候（即国家不接受权利的转让），可以附加该款规定下事项以外的其他条件。正如下文所述，在违反了国内制造要件或合同条件的情况下，想要由国家承继权利，实际上需要满足同美国拜杜法案类似的条件。这些条件，在将权利归属于受托人的情况下更是必须符合。因此，纵使将该款规定视作，对于经国家资助研究产生的知识产权应让渡给国家这一原则制定了例外的创设性规定，但是这种例外的范围是被限制的。另外，若将该款视为一个确认性规定，由于国家原本就拥有是否认可将权利归属于受托人的裁量权，在该款规定的条件之上追加其他条件也当然是可以的。

26　《知识产权推进计划2006》（2006年6月8日知识产权战略本部决定）第37页将在承揽合同中开发的软件知识产权归属于承揽人定位为立法课题。这里的承揽并不对应产业活力再生特别措施法第30条第1款的"委托"，另外，商业软件不适用内容产业的拜杜制度条款，以这样的认知为前提，普遍认为无论是委托还是承揽，为了将国家投资开发成果的知识产权归属于获得资金交付的那一方，有必要采取立法措施。并且，参见本章"二（二）8"。

27　「知的財産戦略の進捗状況　知的財産推進計画2006　参考資料」（2006年6月8日知的財産戦略本部）6頁。

4. 报告义务

由于承认了将知识产权归属于受托人，所以必须约束受托人，促使其毫不拖延地针对受国家委托产生的研究成果进行报告（产业活力再生特别措施法第30条第1款第1项）。虽然在美国，若在发明产生之后没有在一定期限内进行开示，联邦政府可以承继发明相关的权利，但日本没有这样的规定。但是在实务中进行适用时，在委托研究合同中会约定在申请专利授权等情形下的报告义务，还会约定未报告且无正当理由时由委托人承继该申请相关的权利。[28]

5. 政府的实施权

另外，在为了公共利益必须获得许可，由国家明确说明了具体

28　文部科学省《科学技术及学术政策局委托业务事务处理要领》（2006年4月，http://www.jst.go.jo/shincho/18nendoyouryou/all.pdf）规定了科学技术振兴调整费等预算执行的事务处理规则，作为模式1，制定了委托合同书的模板（以下称"文部科学省委托合同模板"）。据此，虽然就委托产生的知识产权，应归属于受托人，因其遵守了符合产业活力再生特别措施法第30条第1款各项条件（同法第21条第1款），但是必须将申请等事实（软件等著作权相关则为开发完成）在一定期限内向委托人报告（第23条）。如委托人未收到报告，并且也没有正当理由的时候，受托人必须将权利让渡给委托人（同法第23条第3款）。另外，新能源·产业技术综合开发机构（NEDO）的业务委托合同标准合同书（以下称"NEDO委托合同模板"，http://www.nedo.go.jp/itaku-gyomu/h18_4yakkan/gyoumu/keiyaku.pdf）是接受国家委托的一方再委托（产业活力再生特别措施法第30条第1款，根据同条第2款的规定在再委托的情况下也可适用）合同模板之一，同文部科学省委托合同模板相同，虽然由业务委托产生的知识产权归受托人（第31条第1项），受托人必须尽快在进行申请的同时（第31条第2项），将申请事实（软件等著作权相关则为开发完成）毫不延迟地向委托人报告。如委托人未收到报告，并且就此也没有正当理由的时候，受托人必须将权利让渡给委托人（第31条第4项）。虽然产业活力再生特别措施法第30条第1款第1项已经规定了无延迟报告的义务，文部科学省委托合同模板以及NEDO委托合同模板两者也规定，在进行申请等手续时，报告其主要内容，因著作权属自动产生，故须提交作品。

原因并提出请求的情况下，受托人必须承诺无偿将该专利发明等的实施权许可给国家（第30条第1款第2项）。

根据美国拜杜法案，在联邦政府交付资金的合同中，政府并不会预先了解目的为何，而是统统将实施权予以保留。然而在日本，必须满足为了公共利益、十分有必要这样的条件，并且国家必须在每个案件中都明确说明具体原因，以此来请求实施权。然而，如果将30条第1款理解为容许对国家附加条件，实际操作时就会出现像美国那样预先将实施权规定在委托研究合同中，这便也无法否定了。在实际操作中，就能看到许多例子，例如"为了达到委托的目的而必须"等情形下，国家或者由国家指定的第三人拥有无偿实施权。[29] 由于美国拜杜法案规定的是"为了或代表合众国"[35 U.S.C.§202（c）（4）]，政府实施发明的目的范围理应较为广泛。但是在这种情况下，所谓可以实施发明的政府以外第三人，不论是否与国家有合同关系，只要是国家指定的第三人即可；而在美国拜杜法案中，即使合同当事人认可实施权，也仅仅是针对研究补助（グラント）受领人实施权的认可，这样的规定显得更为消极［参照上述"（一）2"］。如此，便与上述的"理应"相反，在日本，第三人对象倒是可能显得更为广泛。[30]

6.政府介入权

在受托人无正当理由、在一定期限内没有将权利投入实施的情况下，由国家明确说明必须获得许可的原因并提出请求时，受托人应当将实施权许可给第三人（第30条第1款第3项）。虽然美国拜

29　前述注28文部科学省委托合同模板第22条。

30　虽然是称作国家指定的第三人，但是由于存在必须达成国家的委托目的这样一个限制，通常认为国家与其指定的第三人之间存在某种关联。

杜法案在政府介入权中规定了①不实施、②生命及安全上的需求、③公共使用、④违反国内制造要件这四种情况，但日本仅仅规定了美国拜杜法案中的①不实施的情形。这样规定的理由虽然尚不确定，但有可能是假想：在②生命及安全上的需求这样的情形下，可以适用专利法第93条的公共利益裁定实施权；在③公共使用的需求这样的情形下，可以同样适用专利法第93条的公共利益裁定实施权，以及适用专利法第69条中为了试验、研究而对专利权效力进行限制的规定。[31]表面上看，美国在条文上预想了很多防御措施、规定了很多情形，但也有必要考虑这些情形是否可以适用专利法的其他规定。并且，在实际适用时，可能还是要根据个案中的委托研究合同来决定是否适用与美国的防御措施相同的那些规定吧。

7. 对中小企业及国内产业的倾斜保护

日本并不存在像美国拜杜法案那样的对中小企业及国内产业倾斜保护的相关规定。但是，在实际适用时，可能会在委托研究合同中设定与美国规定相类似的条款。这种通过约定纳入美国规定的做法在其他部分中也一样可能会出现。尤其是在对国内产业的倾斜保护方面，日本也模仿了美国拜杜法案的国内制造要件，在2002年的《知识财产战略大纲》里规定了，对于在海外生产的第三人进行独占性的许可时，必要时政府须引入可以进行审查的机构。[32]在实

---

31 根据专利法第69条第1项，不仅仅是对公共研究机构所有的试验及研究予以容许。通常来说，试验及研究，无论是否为营利，因是以技术的进步为目的，仅在某些情况下承认对第69条第1项的适用，因此即使是非营利公共机构的试验及研究，也可能会涉及专利权的效力。参见：拙作「日米比較から見た特許権と『実験の自由』の関係について——『試験・研究の例外』の変遷と課題」AIPPI 48巻6号（2003年）2頁。

32 《知识产权战略大纲》（2002年7月3日知识产权战略会议决定）。

际适用时，将在日本国内设定独占实施权作为原则，同时考虑到国家承认的问题，通过国内生产进行义务免除的方式，保证了国内制造要件。[33]但是，如前所述，即使在美国，国内制造要件也并非执行得那么严格，因此也存在着美国的这一制度究竟是否有必要这样的疑问。[34]

144

8.内容产业的拜杜制度

如前文所述，产业活力再生特别措施法第30条是以与技术相关的委托研究成果为对象的，但是2004年制定的，关于促进内容产业的创造、保护以及应用的法律（以下简称"内容产业法"），立足于促进内容产业的有效应用，创设了有关内容产业的所谓拜杜条款（以下称"内容产业的拜杜条款"）。

具体是在内容产业法第25条中规定了，通过委托或者承揽所制作出的与内容产业相关的知识产权，可以由受托人或承揽人而非国家取得。如此立法的原因在于，在由政府的委托或承揽合同产生的内容产业制作中，向来习惯于当然地将作为标的的内容产业复制品所有权以及与内容产业相关的知识产权让渡给国家，因此设置了与产业活力再生特别措施法第30条相同的规定。[35]于是，涉及向国

33　参见前述文部科学省委托合同模板第25条第2项（注28）及前述NEDO委托合同模板第31条第7项（注28）。

34　ケネラー・前注9第88—89页批判了国内制造的要件将科学技术重商主义化了。

35　野田・前注18第28页。并且，也如注18所述的，若认为，即使是委托或承揽合同只要满足具有指挥监督关系等一定的要件，也认可成立职务作品，那么根据著作权法第15条第1项，该著作权归属于国家也是可能的。但是，由于该项是一个任意性规定，著作权一般都是让渡给国家，暗示了实际上可能在委托、承揽合同中已经商定了将（著作权）让渡给国家。

169

家进行无延迟的报告、政府实施权或所谓政府介入权等的适用条件，也与产业活力再生特别措施法第30条相同。不过，产业活力再生特别措施法第30条仅仅以委托作为对象，与此相对，内容产业法第25条将委托及承揽均作为适用对象，这一点属于差异之处。另外，内容产业法中的内容产业被限制在"属于教育或娱乐领域"（第2条第1款），商业软件则被解释为不属于"教育或娱乐领域"。[36]

145 因此，承揽合同中政府大部分的系统供应并不适用产业活力再生特别措施法第30条以及内容产业法第25条。所以，如何将拜杜条款的适用扩大到根据承揽合同开发的商业软件之上，便是接下来的立法课题之一。[37]但是，这一点的预设在于，承揽合同与委托合同是不同的合同。对此，若将一般的委托合同视为承揽合同或（准）委托合同作为前提，[38]假设认为委托也包含了承揽，那么在内容产业拜杜制度条款中就无需再明确记载承揽了。进一步的，即使是不符合内容产业定义的软件，通过承揽而被开发，也属于"与委托相关的技术研究成果"，则可以适用产业活力再生特别措施法第30条；于是，便可以将知识产权归属于作为承揽人的民间企业而不是国家。另外，无论是承揽还是委托，如果认为根据立法原意，由国家投资产生的知识产权不应归属于国家，那么基于承揽合同开发出的商业软件的知识产权，无需等待立法，便可以根据合同中的约定归属于承揽人。

（三）日美拜杜制度比较

上文简要介绍了所谓的日美拜杜制度，接下来则是梳理了两种

36　野田・前注18第27页。

37　前述《知识产权推进计划2006》（注26）第37页。

38　参见注18。

制度的不同之处。

1. 日美拜杜制度的具体差异点

（1）作为适用对象的政府资金的性质

在美国，无论政府资金的性质如何，接受了政府资金援助而创造的发明即适用拜杜法案。与此相对，在日本，适用则是有限制的，即：若是与技术相关的研究成果，必须是基于委托合同产生；若是内容产业，则必须是基于委托合同或者承揽合同所进行的开发。146

（2）作为适用对象的权利

在美国，与发明相关的权利（日本的外观设计权也包含于相对应的权利中）才是适用对象；在日本，不仅是发明，其他知识产权相关权利的广泛适用也是被认可的。

（3）报告义务

美国规定了在产生发明时有向国家进行开示的义务，并且会在国家交付资金的合同中预先约定；若未进行开示，则国家可以承继该发明的相关权利。在日本也是同样的，委托合同中会载入产生发明时向国家报告的义务；但是若没有报告，是否要承担转让权利的义务，这只会在个别的合同中进行约定。

（4）政府的实施权

在美国，在国家交付资金的合同中预先约定，国家拥有无偿的、概括性的非独占实施权。与之相对的，在日本，原则上政府实施权的条件是为了公共利益必须获得许可，由国家明确说明了具体原因并提出请求，但是会根据个案的不同，在合同中约定是否预先保留实施权。

（5）政府介入权

在美国，存在四种可以发动政府介入的情形；而在日本则仅仅限于其中一种，即不实施的情形。然而，也有必要注意可能是适用裁定实施权或实验研究的例外规定。此外，在个别合同中也有可能通过事先约定留有发动政府介入的余地。

（6）对中小企业及国内产业的倾斜保护

在美国，作为获得许可的中小企业及国内产业享有优先权利（中小企业优先原则是大学等非营利机构的特别规定）。另一方面，在日本法上没有对中小企业及国内产业进行特殊照顾的规定；但是在国内制造要件的情形下，实际操作上可能会在个别合同中约定与美国相同的条款。

由此观之，在日本，就条文规定而言，国家保有的权利相对于美国受到了更多的限制；另一方面规定了国家"可以不接受转让"，而且考虑到承认了在相关规定适用上的国家裁量权，因此在个别合同中设置与美国规定相类似的条款也是可能的。

2.日美拜杜制度基本性质上的差异

除了上文所述各个方面的差异点之外，日美拜杜法案还存在根本属性上的差异。

美国拜杜法案的重要目的之一，就是使得由政府资金援助而产生发明的大学成为专利权人，通过将该专利权许可到产业界，来促进产学之间的技术移转。但是，为了使适用拜杜法案的大学成为权利人，前提是先让大学从各教员处承继发明相关的权利。拜杜法案本身是用于调整提供资金的政府和受领资金的大学之间的关系，而非直接规范大学与教员之间的关系。但是，联邦规则提供了大学同联邦政府之间的合同模板，其中不仅包括由大学向联邦政府机构开示的义务［参照上述"（一）2（1）"］及专利申请的准备等条款，

147

也约定了大学及时向从业者开示发明的义务。[39]这个联邦规则提供的合同模板，虽然并没有明确将发明相关的权利转让给大学，但既然拜杜法案将大学设定为专利权人，那么在大学与从业者之间，不仅约定发明的开示义务，再考虑约定一些权利转让的义务也未尝不可。另外，不依靠联邦政府资助的研究产生的发明，虽然不属于拜杜法案的适用对象，但在实务上也可能类推适用拜杜法案，根据拜杜法案进行相同处理。拜杜法案的成立，大大推动了大学从教员处承继发明相关的权利，现如今大部分的大学都会基于合同从发明人处承继权利。[40]而且在美国，一方面对于从业者发明的相关权利的预先承继，大多承认其有效性，适用较为宽松；另一方面，在没有合同约定的情况下，想要将权利归属于雇主，雇主必须证明是为了发明才雇佣从业者的，因此一般来说雇主会根据雇佣时的合同承继

39　37 C.F.R.§401.14（a）（f）（2）.

40　ケネラー・前注9第53—54页。例如，根据加利福尼亚大学的专利政策（http://www.ucop.edu/ott/genresources/pat-pol.html），除去因未曾使用大学设施的咨询活动产生的发明外，作为从业者的教员原则上有义务同意将发明相关的权利让渡给大学（Statement of Policy A）。实际上根据笔者入手的加利福尼亚大学的合同示例看，其中准备了《专利协议》（Patent Agreement）作为要求署名的文件之一，规定了将发明让渡给大学的手续等。另外，斯坦福大学规定了，在履行大学的职务过程中产生的发明，或是使用了超过极其微小程度的（more than incidental use）大学资源所产生的发明，应当开示，以及无论资金来源如何，权利应当被让渡给大学；以此为基本方针的同时（"Inventions, Patents and Licensing"，1.A.1, http://www.stanford.edu/dept/DoR/rph/5-1.html），规定了教员在上任时通常应当在规定了这几点的《斯坦福大学全体人员专利和版权协议》（Patent and Copyright Agreement for Personnel at Stanford, http://www.stanford,edu/dept/DoR/rph/su18.html）上面署名（"Inventions, Patents and Licensing"，1.C.）。并且，所谓的"使用了超过极其细微程度的大学资源"，虽然包含了使用大学所准备的专门研究相关设施、机器等，以及耗费相当程度的工作时间的情况，但是并不包含不频繁地使用电脑等办公器械以及从校外获得可能资源的情况（"Inventions, Patents and Licensing"，1.D.2.）。

148　发明相关的权利，[41]大学作为这里的雇主也不例外。[42]联邦巡回上诉法院的相关判决也认为，如果大学有文件规定应当将在大学完成的发明转让给大学，并且大学将其作为雇佣条件，而作为研究人员的雇员接受了这一点，那么雇员则负有向大学转让发明的义务。[43]因

41　美国专利法中，不存在与日本的专利法第35条第2项相对应的规定，至于联邦法的层面，则并未限制通过合同能够预先承继的发明范围。但是，虽然有八个州的法律是限制了可以预先承继的发明范围，但是加利福尼亚州的法律中，判断预先承继有效的余地相对日本来说更为广泛。参见：井関涼子「米国における従業者発明」田村善之＝山本敬三『職務発明』（有斐閣、2005年）266頁。另一方面，若是不签订合同，若非为了发明而雇佣，则权利归属于从业者，使用者仅止步于获得实施权（shopright）。而且认可为了发明而雇佣的范围，相对于日本专利法第35条职务发明的成立范围更为狭窄（前述论文第265页）。基于上述的情况，实际上大部分企业会根据雇佣时的合同接受来自从业者对于发明相关权利的让渡。R. P. Merges, P. S. Menell, and M. A. Lemley（2003）. *Intellectual Property in the new Technological Age Third Edition.* Aspen Publishers,78-79. D.S.Chisum. Chisum on patents, Matthew Bender, Vol.8 Ch 22§22.03.

42　参见注40的加利福尼亚大学及斯坦福大学。

43　Chou v.University of Chicago, 254 F. 3d 1347, 59 USPQ 2d 1257（Fed Cir 2001）. 在这一案件中，芝加哥大学的研究助手们将是否负有向大学让渡发明的义务作为前提问题进行了争论。联邦巡回上诉法院确认了，根据芝加哥大学的规章，因大学的活动或者使用了大学的设施或资金所产生的发明应让渡给大学；若确定了雇佣条件的委任状中记载了遵从该规章的条款，研究助手在接受该委任状时，在伊利诺伊州的法律下，判断了研究助手有义务将发明让渡给大学。另外，在"Univ. of W. Va. v. Van. Voorhies"［278 F.3d 1258,61 USPQ 2d 1449（Fed. Cir. 2002）］一案中，就大学研究生发明相关权利归属引发了争论，联邦巡回上诉法院认为，规定大学职员的发明相关权利应当归属于大学的规章也适用于大学研究生，作为发明人的大学研究生在认识到这一点的情形下，应当负有将其发明相关权利让渡给大学的义务。进一步的，在"Regents of the Univ. of N. M. v. Knight"［321 F. 3d 1111, 66 USPQ 2d 1001（Fed. Cir. 2003）］一案中，联邦巡回上诉法院也认可了，就有关大学教员和研究员工的发明，若是大学教员、以确定归属于大学的内容已经记载在雇佣合同中为由，若是研究员工、则以在州法上、书面的人事政策构成了默示的雇佣合同内容为由，负有将发明相关权利归属于大学的义务。

此，通过这样的方式向大学转让权利，一般来说应被理解为有效（但各州法律有限制的另当别论）。

与此相对的，所谓日本版拜杜条款（产业活力再生特别措施法第30条）是作为委托研究中的权利归属规则而被制定的。在立法之时，国立大学还是国家机构，因此不适用该条款；其被法人化后，运营费交付金也不属于委托费。并且针对私立大学的补助金也不属于委托费。因此，日本半数以上大学的研究都不适用日本版拜杜条款。也就是说，日本版的拜杜条款虽然被冠以"拜杜"之名，却与美国的拜杜法案不同，并不能促使大学成为专利权人。因此，如下所述，有必要讨论在日本，大学教员发明的相关权利是如何处理的。

（四）日本大学教员发明的权利归属

1.归属于教员个人

日本经历了漫长的国立大学法人化历程，曾一直规定，大学教员发明的相关权利原则上归属于教员个人。这主要是受1977年的学术审议会报告[44]以及接纳了前述报告的1978年文部省通知[45]的影响所致。

学术审议会报告认为，除去例外的情况，原则上大学教员的发明相关权利不由国家所承继，并举出了以下两点理由。

第一个理由在于，学术审议会报告明确了将大学教员与民间企业等研究者一视同仁，在职务发明规定的适用上，是存在界限的。也就是说，职务发明的成立要件中包括雇主的"业务范围"，对此

44　「大学教員等の発明に係る特許等の取扱いについて」（昭和52年6月17日、学術審議会答申）。

45　「国立大学等の教官等の発明に係る特許等の取扱いについて」（昭和53年3月25日、文学術第117号文部省学術国際局長・大臣官房会計課長通知）。

进行认定时，如果将大学的"业务范围"认定为包含所有的教育研究则范围过大；[46]并且，认定另一要件从业者的"职务"时，根据研究课题及研究方式上的选择自主性等要素，将发明解释为教员的本职，这是有问题的。

学术审议会报告的第二个理由，则是指出了国家专利管理能力的问题。假设教员发明的相关权利由作为雇主的国家来承继，那么根据当时国家的专利管理能力，这些专利能否被有效投入应用也是存疑的。

1978年的文部省通知接受了学术审议会报告，并向国立大学等进行通报，指出针对大学教员完成的发明接受专利授予的权利，除去特殊情况，[47]归属于教员个人。自此，这种处理方式便成为一种惯例。截至1999年，国立大学大约80%的案例中，权利归属了发明人个人。[48]

---

46 虽然学校教育法第52条规定了"大学作为学术的中心，目的在于，在教授广泛的知识的同时，深度地教授研究学问技艺，并拓展智育、德育以及应用能力"，通过这个规定就将所有领域相关的教育研究都包含了进去。参见前述学术审议会报告（注44）。

47 根据前述文部省通知（注45），国家承继大学教员发明相关权利的情况为以下两种。①以应用开发为目的的特定研究课题下，为了开展该发明而特别接受了国家设置的研究经费（除了民间等共同研究及受托研究等的经费外，包含科学研究补助金、教员应累计校费、奖学金这样的一般研究经费也应被排除）而作为研究成果产生的发明；②以应用开发为目的的特定研究课题下，使用原子炉、核聚变设备、加速器等国家为特殊研究目的而置办的特殊大型研究设备（电子计算机等广泛使用的设备除外）进行的研究结果中产生的发明。

48 「『知の時代』にふさわしい技術移転システムの在り方について（審議の概要）」（平成12年12月27日今後の産学連携の在り方に関する調査研究協力者会議）4頁。

2. 归属于单位

151

在美国拜杜法案成立后，美国大学开始热心投入到专利的申请、授权以及许可之中，随后美国的这种大学技术移转活动，也作为一种典范引起了国际上的瞩目。

日本也不例外，首先在1998年制定了大学等技术移转促进法（也就是所谓的TLO法）。虽然该法的目的在于通过向技术移转机构（TLO：Technology Licensing Organization）提供支援措施以促进TLO的发展，但是在1998年国立大学尚未法人化。因此，适用该法并设立的TLO仅仅是国立大学的外部组织；原本想着，对于教员个人或大学的专利权或接受专利授权的权利，由作为外部组织的TLO接受转让并许可实施。

但是，TLO的发展过程中产生一个问题，与其将发明相关的权利归属于教员个人并委托教员个人管理专利，不如将权利直接承继给专门进行专利权申请授权与管理的组织，委托其进行管理。即使是TLO，也必须与教员个人签订一个个的转让合同，因此手续过于烦琐。此后，国立大学被法人化，国立大学能够成为权利主体得到明确，在政府的审议会等之上，也相继有人提议将法人化后的国立大学作为权利归属单位。[49]

在这种状况下，2002年的科学技术与学术审议会技术与研究基础分会产学官联合推进委员会知识产权工作小组（以下称"知产

49　除前述注48的报告书之外，另参见：「新時代の産学官連携の構築に向けて（中間取りまとめ）」(2001年科学技術・学術審議会技術・研究基盤部会産学官連携推進委員会);《知识产权战略大纲》(注32)；第2期科学技術基本計画（平成14年3月30日）。

WG"）的报告书[50]中，讨论了大学教员的职务发明认定问题，对于发明相关权利的处理方式，一改之前的做法。

知产WG首先讨论了如何认定大学教员完成的发明是否符合职务发明的要件，对大学的"业务范围"及大学教员的"职务"的理解，与1977年的学术审议会报告所作的论述并无不同。但是，在现如今除了教育与研究外，对社会的贡献成为大学的第三大使命，成果如何在社会上得以实际应用成为一个愈加迫切的话题；此外，纳税人对于教员研究成果能否理解，这也不得不予以考虑。于是知产WG提出了应当将权利归属于单位的原则，前提是大学具备管理知识产权能力。此后，还梳理出职务发明的符合性要件，即"使用了由大学或者公共机构提供的研究经费并在大学开展的研究，或者使用了大学的设施开展的研究而产生的发明成果"视为职务发明。[51]

与1977年的学术审议会报告相比，知产WG报告书对大学的"业务范围"及大学教员的"职务"的理解并无变化。然而从结论上来说，在是否符合职务发明这一问题上则改变了1977年的立场，使用了大学的资金或设施所创造的发明基本可以属于职务发明。但是，在不改变对"业务范围"及"职务"理解的情况下，对职务发

---

50 科学技術・学術審議会技術・研究基盤部会産学官連携推進委員会知的財産ワーキング・グループ報告書（平成14年11月1日）。

51 前述知产WG报告书（注50）注14。另外，所谓一部分研究经费，解释为"指国家及地方自治组织等针对大学特别设置的研究经费、伴随共同研究及受托研究大学基于合同收取的研究经费、捐款、大学通常的研究经费等，大学以某种形式支付给教员的经费及科学研究费补助金等"，但不限于此。前述知产WG报告书（注50）注13。

明符合性问题，从消极立场转向积极立场，这是否有可能呢？

如前所述，1977年学术审议会报告对大学教员的职务发明认定提出疑问的缘由之一在于，大学教员在研究方面的自主性。但是，在那之后的判例认为，即使从业者自发找到了研究课题并完成发明，考虑到职务内容以及与雇主的关系，为完成发明付出努力一般是可预期的，并且雇主为了帮助发明创造完成而提供了便利条件，这种情况也属于职务发明。[52]学术界也基本上并未对这一观点表示异议。[53]也就是说，缺乏研究的自主性并不会妨碍职务发明的成立。对完成发明的预见和期待以及来自雇主提供的便利这两点，被认为是"职务"符合性要件的认定标准。然而对此，知产WG报告书认为，应当仅仅将使用了大学等的资金或设施等雇主提供的便利作为认定标准，[54]是否预见或期待发明的完成这一点不应予以考虑。实际上，也有学说认为不能预见或期待大学教员完成发明。[55]另一方面，知产WG也在报告书中写道："在大学里，虽然在研究的筹划、实施阶段并非一定有这样的期待，但是一旦完成了研究成果，便会被期待将那些作为研究成果并可能在社会上得以实际应用的技术返还给社会。"[56]相关的表述直接指的是对大学的期待。但是如果把大

52　大阪地判平成6·4·28判时1542号115页。

53　涉谷达纪『知的财产法讲义Ｉ』（有斐阁、第2版、2006年）144页；高林龍『標準特許法』（有斐阁、第2版、2005年）75页。另参见：中山信弘『工業所有権法（上）特許法』（弘文堂、第2版增補版、2000年）71-72页。作者认为，对于职务的判断应该根据相应的从业者的地位及使用者的贡献等进行综合考察，即使是自发设置的研究课题也可能成为职务发明。笔者支持这一判断。

54　前述知产WG报告书（注50）注14。

55　涉谷·前注53第145页；高林·前注53第76页。

56　前述知产WG报告书（注50）II2.（1）④。

学教员当做对象，即使具体在个别的研究中并未对发明的完成抱有预期或期待，一旦发明完成，也会对发明的实际应用（权利化并许可）抱有预期或期待。因此，以往暂且不表，在如今，一般来说对大学教员能够完成可在社会上实际应用的发明抱有期待也不是不可能的。[57]

以上几点对有关大学"业务范围"的理解也产生了影响。虽然1977年的学术审议会报告及有关学说[58]对大学的"业务范围"提出了疑问，但是知产WG报告书认为，将大学的研究成果实际应用于社会是大学的第三使命。[59]另外，国立大学法人法第22条第5款第4项规定了"普及该国立大学的研究成果，并促进其实际应用"是国立大学法人的业务之一。这样一来，由于研究成果在社会上的实际应用成为大学的业务，因此可能在社会上被实际应用的发明在其性质上就可以被归结为大学的"业务范围"了。[60]

57　虽说如此，不能否认，与以往的判例或学说中预想的发明完成相比，对于大学教员完成的、可以在社会上实际应用的发明，这样的期待更为抽象。

58　涉谷·前注53第145页。竹田和彦『特許の知識』（ダイヤモンド社、第8版、2006年）338–340頁。

59　前述知产WG报告书（注50）II2.（1）④。

60　如果像这样将能在社会上得以实际运用的发明理解为属于大学的"业务范围"，那么结果是绝大多数教员的发明都会属于大学的"业务范围"，就会使得"业务范围"这一要件丧失了限定职务发明范围这一功能，因此引来了批判声。但是，若是在教员所隶属的部局的研究领域之外完全不同的研究领域中完成了发明，应当不会被认为是属于职务发明的。国家或地方公共团体等的情形下，将国家的所有业务全部归于"业务范围"也过于广义了，因此完成了发明的公务员所属单位的业务范围应当被解释为使用者的"业务范围"（中山信弘编著『特許解釈法（上）』青森書院、第3版、2000年、338–339頁〔中山信弘〕），大学教员的情况下也应作同样解释。

无论如何，如果采纳知产WG报告书中的结论，不得不认为有关大学的"业务范围"和教员"职务"的理解，与1977年的学术审议会报告相比是有了改变的。

然而学说提出的反对性的观点，不仅仅在于认为不能预见或期待大学教员完成发明以及对大学业务范围提出的怀疑，也有学说认为，若将教员的发明拓宽解释为职务发明，则有可能会过分限制教员的"学术自由"。[61]"学术自由"确实包含了在学术上研究的自由以及发表研究结果的自由，[62]因此的确不得不反思，若将大学教员的发明作为职务发明，由大学（单方面地）承继权利，则可能制约发表研究成果的自由。但是，大学中"学术自由"主要还是着眼于大学能够排除国家权力的干涉而自治这一点上，[63]另外学术自由还意味着大学教员的研究活动不受作为雇主的大学的指挥监督，[64]但是没有具体的业务指令并不会成为阻碍职务发明成立的理由。[65]进一步来

155

61　横山久芳「2. 大学における研究成果の帰属の問題について」知識財産研究所編『大学における知的財産の創造、保護及び活用に関する諸問題についての調査研究報告書』（2005年）85-88頁。

62　在《学问的自由》中，学术研究的自由以及发表研究结果的自由之外，至少在大学里还包含着教育的自由。最判昭38·5·22刑集17卷4号370頁。

63　芦部信喜『憲法』（岩波書店、第3版、2003年）156-161頁；长谷部恭男『憲法』（新世社、第3版、2004年）232-237頁。

64　芦部信喜編『憲法Ⅱ人権（1）』（有斐閣、1978年）383頁〔種谷春洋〕；佐藤幸治『憲法』（青森書院、第3版、1995年）509頁。

65　参照注52的判决及注53的文献。其他的例如最判昭和43·12·13民集22卷13号第2972頁认可了即使没有具体的命令或是指示，将由公司技术部门完成的设计作为任务之一，也成立职务设计。另外，东京地中间判平成14·9·19判时1802号第30頁，认可了即使是从业者违了公司领导人中止研究的业务命令并完成发明的情况，该从业者是在工作时间中在公司的设施内并使用公司的设备和协助者的劳动来完成发明的话，从根源上成立职务发明。

说，在准备申请专利时，论文发表受到了制约，但是这也不代表禁止了发表论文本身这一点。相对地，即使大学教员并不希望公开发表论文，而大学作为申请人提出了专利申请而导致被公开的，大学教员仍然可以自己决定是否以论文形式发表自己的研究成果。考虑到这一点，可以认为，即使是将大学教员使用了大学的资金或设施创造的并且对社会有用处的发明归属于职务发明，也不能直接说这是对"学术自由"的过度制约。但是，在大学的技术移转中倾斜保护"学术自由"是很重要的，从这一点来看对论文发表的制约应当尽量减小。[66]

对职务发明符合性要件提出反对的，不仅仅是在学说上。在实务上，2004年国立大学法人化开始实施，整个2004年度，占国立大学等94个单位90%以上的87家单位，以及占672家国公、私立大学等单位30%以上的232家单位，已经采用了单位归属原则。[67]大多数采用了单位归属原则的大学，将教员的发明视为职务发明，通过制定规则等方式规定对被授予专利的权利的承继。[68]但是如果

66　相关的观点中，横山在前述论文（注61）第87页注14认可了大学教员的发明可以属于职务发明，另一方面模仿了德国从业员发明法，通知大学后两个月教员可以发表研究成果，以及相反的不希望发表，也可以不进行权利的移转，日本也一样，如果将大学教员的发明理解成职务发明，那么也望有相同的法律或基准。不论是否将大学教员的发明理解为职务发明，确实是有这样的希望吧。

67　文部科学省「平成16年度大学等における産学連携等実施状況について」（平成17年6月22日）。

68　例如，东京大学在其就业规则（http://www.u-tokyo.ac.jp/gen01/reiki_int_honbun/au07407231.html）中另外规定了教员发明的处理方式（第52条），虽然另外设定了东京大学发明处理规则，该项规则（http://www.u-tokyo.ac.jp/gen01/reiki_int_honbun/au07407981.html）将"基于公共资金或者大学法人的资金或其他援助进行的研究等，或者使用大学法人所管理的设施进行的研究，教职员等作出的发明"定义为职务关联发明［第3条（7）］，规定了大学可以承继接受职务关联发明的专利等授权的权利（第4条第1款）。

不符合职务发明要件，单方面的继承就将不被认可（专利法第35条第2款），因此这种影响是很大的。但是实际上这种事情发生的可能性并不是那么高。因为在教员自身认识到这种承继权利的规则、与此同时决定向大学报告发明已完成并实际进行了报告的情况下，即使该件发明并非职务发明，在发明完成后一般也会默许将相关的专利权利转让给大学。但是，由于大学希望减少法律上的风险，很可能在教员报告发明完成之时重新缔结转让合同。

156

三、美国拜杜法案的相关争议

（一）质疑性观点

以日本为首，各国开始相继模仿美国拜杜法案，但是即使在美国，也存在质疑性的观点。其中具有代表性的就是莫厄里派，他们认为"拜杜法案既不重要，也不具有决定性"。[69]莫厄里派[70]主张，在加利福尼亚大学及斯坦福大学等大学中，拜杜法案出台之前专利取得及许可就很活跃，因此即使没有拜杜法案，技术移转也应该会进步。并且促使大学技术移转十分活跃的主要因素，与其说是在于拜杜法案，不如说以生物技术为代表的科学技术的进步（所谓"技

---

[69]　David C. Mowery, Richard R. Nelson, Bhaven N Sampat, and Arvids A. Ziedonis（2001）, The Growth of Patenting and Licensing by U.S. Universities: An Accessment of the Effects of Bayh-Dole Act of 1980, *Research Policy*, Vol.30, pp.99, 116-117.

[70]　莫厄里等在前述论文（注69）中接着论述，莫厄里等的前述书籍中（注3）也有同样的基本认识。

术机会"的增加)以及认可了人工微生物的专利保护适格性的查克

157 拉巴蒂判决[71]等因素的影响更大。另一方面，莫厄里派也认可拜杜
法案加速了大学发明的市场化。[72]虽说如此，但是在传统上，美国
大学有必要获得研究资金，也有热情探寻解决学习之外的实际问
题，除了专利权的许可以外，也有效灵活运用了其他多样的手段
（论文公开发表、在学会进行发表、产学间的人员交流等）以促成
产学间技术或知识的移转。因此倒不如说对运用了专利权的技术进
行有效移转仅仅限于一部分的案例，尽管如此，不得不警惕有过分
夸大拜杜法案的倾向。[73]

（二）问题所在及美国拜杜制度的话题

立足于这些质疑，下文将重新梳理拜杜法案的利害得失，明确
问题的所在并明确美国拜杜法案的相关话题。

拜杜法案的优点首先是，对于经联邦政府资助产生的发明，由
大学取得相关的专利权，并且基于该专利权进行独占性的许可，原
则上只要根据大学的判断决定就可以。如前所述，在拜杜法案制定
以前，根据提供资金的政府判断决定，大学取得专利权以及基于该
专利权的独占许可也是可能的；但是从大学的角度看，存在两个问
题，即每个个案导致手续负担过重以及政府机构的判断对大学而言
可预测性低。通过制定拜杜法案，只要没有例外的情况，大学可以
选择是否保有发明相关的权利。并且大学若是取得专利权，虽然有
一定的条件制约，但也可以根据自身的判断决定进行独占性的许
可。至于为什么期望多多进行排他性的许可，那是因为，大学的发

71　Diamond v. Chakrabarty,447 U.S. 303,206 USPQ 193（1980）.

72　莫厄里等·前注69第116页。

73　莫厄里等·前注3。

明处于萌芽阶段，[74] 由于"任何人能自由使用的发明中一定不存在可以实用化的手段"，[75] 大学进行独占的许可，并以发明实用化为由吸引更多投资，从而促进大学发明的实用化。这也是符合纳税人的利益的。[76]

第二个优点在于，拜杜法案的制定使得大学的技术移转活动得到了重视，并提供了更多的资源投入机会。即使是质疑性的观点，如前所述，也认可了在拜杜法案制定之后，大学研究成果的市场化得到了强化。这一点的影响在于，能够涉及更加广阔的范围。除了前述的先进大学，不少的大学认可了拜杜法案的制定，设立了TLO那样的技术移转机构，并开始从事技术移转活动。[77] 于是导致拜杜法案的适用对象不再限于由联邦资金资助产生的发明，而扩展到了大学的发明以及发明以外的知识产权或Know-how等，并且不仅是对已完成的发明进行许可实施，也存在共同研究或受托研究等的情况。也就是说，以拜杜法案的制定为契机，可以预见到将来大学将不再止步于狭义的技术移转活动，还会开始热衷于开展广义的产学连接活动。

但是，有观点质疑上文所述，特别是第一点，即独占许可可以

74　Richard Jensen and Marie Thursdy（1998），Proofs and Prototypes for Sales: the Tale of University Licensing, NBER Working Paper No.6698.根据詹森和瑟斯迪的说法，被许可的技术3/4经概念验证为试验品（prototype）等级。

75　艾森伯格·前注2第1669页介绍了在将通过公共资金产生的发明专利化被正当化时，使用的论据是："Inventions that are freely available to all may never their way into commercial development"。

76　莫厄里·前注3第92页。

77　AUTM, Licensing Survey, FY 2004 Survey Summary, Figure US-1.从80年代中期到90年代末，开始进行技术移转的大学占了相当大的一部分。

吸引对萌芽期的大学发明进行实用化的投资，因而是必要。即使大学发明处于萌芽期，为了应用发明也不是必须要更多的投资，因为如果大学发明可以在原来的投资下投入应用的话，产业界会立即开始使用，那么似乎也无需取得专利权并进行独占许可了。[78]有一个案例作为例证，即科恩的基因组交换技术一案，其被视为进行一般性技术移转的"成功案例"。产业界一认识到该项技术的用处便开始了使用，那么就没有必要为了技术移转而取得专利权了。并且，这种质疑观点也指出在这种情况下如果大学取得了专利权，即使是进行非排他性的许可，对产业界而言专利方法不再是一种激励，而是成为了征收名为许可费实为"税金"的工具了。[79]

如此一来，根据认同不对大学发明进行追加投资也可以投入应用（的情况较多），还是相反的，认同为了大学发明的实用化有必要进行追加投资因此有必要进行专利权许可（的情况较多），对拜杜法案的评价分成了两派。

但是，在没有追加投资的情况下大学发明是否能被产业界使用，并不是简单的是否问题，而应该是根据个案的不同而不同。倒

78　Jeannete Colyvas, Michael Crow, Annetine Gelijins, Roberto Mazzoleni, Richard R. Nelson, Nathan Rosenberg and Bhaven N. Sampat（2002）, How Do University Inventions Get into Practice? *Management Science*, Vol. 48, p.61. リチャード・R・ネルソン「技術革新における米国の研究大学の貢献」原山优子編著『産学連携「革新力」を高める制度設計に向けて』（東洋経済新報社、2003年）9頁。

79　艾森伯格・前注2第1712页。另外，MIT的TLO的丽塔・纳尔逊（Lita Nelson）认为来自大学最为成功的许可为关于科恩的许可，但是也表示，该专利的非独占许可"并非设置动力，而是针对技术利用，以许可费的形式课以小额的税金"。National Research Council（1997）, Intellectual Property Rights and the Dissemination of Research Tools in Molecular Biology, pp.41-42.

不如说，对拜杜法案的批判性看法所指出的，仅仅是究竟能不能取得大学发明的专利权这样的问题，而这本来就没有必要讨论。

换而言之，即使是批判者也认可在有些情形下，为了促进大学的技术移转而将专利投入应用是合理的。[80]问题在于，在个案中，很难"鉴别"将发明投入实际应用或者实用化，究竟是通过取得大学发明相关的专利权才得以实现，还是通过赋予国民以市场自由。

这种"鉴别"能力涉及大学发明应该由谁管理。然而近年来，有提案提出应当根据这样的观点重新审视一下拜杜法案。[81]该提案主张，对于发明究竟作为专利提出申请还是置于公有领域，对其作出判断的主体，相比于大学而言，NIH之类的政府机关更为合适。也就是说，根据拜杜法案的立法原义，就应当判断，将研究成果专利化以及提供独占许可，能否进一步吸引投资。但是大学并非不关注这一点，而是倾向于基于经济上的理由来取得专利权并实施独占

160

80　主张独占许可对大学发明实用化是有效的，基于这一观点对有关专利权功能的理解，与对专利权功能的传统理解，也就是专利权是对创造的激励或者是对公开发明的补偿，是有所不同的。因为大学教员即使不将自己的发明专利化，也应当会发表自己的论文。大学发明的专利化，即使不是对大学教员创造的激励，也不是为了公开其成果，则是刺激了想要利用发明的民间企业。关于这样的专利的功能，参见：拙作「大学からの技術移転における特許の役割について」季刊企業と法創造1卷2号（2004年）161頁;『プロパテント』と『アンチコモンズ』——特許とイノベーションに関する研究が示唆する『プロパテント』の意義・効果・課題」経済産業研究所ディスカッションペーパー02－J－019（2002年、http://www.rieti.go.jp/jp/publications/summary/02110002.html）。

81　Arti K. Rai and Rebecca S. Eisenberg（2002），Byh-Dole Reform and the Progress of Biomedicine, *Law and Contemporary Problems*, Vol. 66, No.1, available at http://papers.ssrn.com/so13/papers.cfm?abstract_id=348343.

许可。因此有必要重新审视拜杜法案，在大学选择是否保有由联邦政府资助产生发明的相关权利时，使NIH这类联邦政府机关可以介入，并扩大不认可大学保有权利的适用情形。

如上文所述，大学进行的许可中半数为非独占许可（参照前表5-1）。[82] 如此说来，可以认为独占性的许可并不是很多。但是即使是非独占性的许可，如果其中包含着原本没有必要取得专利权的案例，从重新审视的提案之立场来看，确实还是应当正视的问题。关于重新审视的提案是否妥当，有进一步讨论的必要，由于篇幅原因只能另找机会讨论。本篇仅仅是想指出，美国拜杜法案作为各国典范，如何才能更为合理地适用，这一话题正在逐渐被讨论。

四、总结及对日本的启示

1980年，美国成为各国的先驱制定了拜杜法案，使得大学能够更容易地判断决定，对于经联邦政府资助并在大学中完成的发明，是否取得相关的专利权以及实施（独占）许可。拜杜法案成为

82　根据表5-1，仅看总数约为3900件的许可，独占的许可与非独占的许可大约各一半，但是从被许可人来看，其比例则大不相同。仅看新兴企业的话，独占的许可大约占了90%以上，除新兴企业以外的中小企业或大型企业，都是非独占的许可高于独占的许可。不许可给已经存在的企业，而是大学投资设企并对大学发明进行实用化的情况下，该企业不持有其他资源，被认为是确保专利权专有可能性的重要手段。预计其独占许可的比重应该相当高。有关新加入者与作为确保专有可能性手段的专利有效性之间的关系，请参照拙作，前述论文（注80）第14—15页。

了新的模范，在国内外展示了，对于由公共资金资助产生的发明，以谋求发明的实用化来使专利投入实际应用。但拜杜法案不仅是鼓励了大学的专利化以及许可，也为了调整其他的政策作了各种各样的规定。另外，所谓的"鉴别力"问题是拜杜法案适用上的一个话题，即在个案中判断，究竟是为了吸引实用化投资，必须通过把大学研究成果专利权进行实施许可来实现成果移转，抑或是公共市场本身就可以实现充分的技术移转，取得专利权反而可能会制约对研究成果的应用。近年来关于这种"鉴别力"，有看法指出相比于大学，如NIH那样的政府机关可能可以更好地判断。

对此，日本版拜杜条款参考了美国的拜杜法案，设计了民间 162
使用国有资金进行委托研究时的权利归属规则。法律规定上，相比美国拜杜法案极其简洁，因此在适用上国家裁量的余地也更大。另外，由于日本版拜杜条款的适用对象限制在委托费交付的情形，而日本大学研究中的大部分是由国家交付运营费交付金及补助金，这无法得到适用。但是，日本也参考美国拜杜法案，实现能够活用专利的大学到产业界之间的技术移转，特别是以国立大学法人化为契机，暂且不论法解释论，实务上大学教员发明的相关权利也都逐渐归属于大学了。

国家管理能力欠缺曾经是将权利归属于教员个人的理由之一，这样的状况如今也渐渐改善了。以1998年的所谓TLO法立法作为契机，TLO得到了完善，其数量也达到了42个机构，[83]同时，在大学里设置了43个知识产权本部。[84]据此，大学的专利管理体制也得

83　截至2006年7月，http://www.mext.go.jp/a-menu/sinkou/sangaku/sangakub/sangakub5.htm。

84　http://www.mext.go.jp/b_menu/houdou/15/07/03071501.htm。

到了完善。

　随着将被授予专利的权利归属于大学，如果要完善大学的专利管理体制，剩下的问题就是大学对个案中的发明该如何处理。

　在美国，大学往往基于经济动机申请了不必要的专利以及提供独占性的许可，为此而广受批评，并有提案建议增加NIH这类联邦政府机关介入的情形，但是很遗憾，很难期待日本的政府机关能够像NIH那样。如此而言，在日本，大学中的技术移转相关组织（大学知识产权本部或TLO）获得的期待高于美国。

　日本大学的技术移转活动还仅仅处于开端。拜杜法案已经制定了1/4个世纪，拜杜法案的意义和相关话题也逐渐变得明晰，美国对此的讨论也逐渐成熟化，这值得日本参考。

中山一郎

信州大学大学院法曹法务研究科副教授

第六章　权利用尽和默示许可

高林龙

　　本章将基于对"权利用尽"的基本理解，说明下列情形是否构
成对专利权的侵犯：专利产品的购买者对产品的一部分进行加工的
情形，以及对于专利权人已经投入流通的专利发明、购买者买入对
其实施来说不可或缺的一部分材料、制造专利产品的情形等。"默
示许可"向来被当作权利用尽的依据之一，在上述说明过程中，本
章还会论及对"默示许可"理论定位的讨论，尝试对权利用尽和默
示许可进行理论性的整理。

一、引言——本章的目的

在专利权人将专利发明的实施产品投入流通的情况下，购买者使用该产品或进行再转让时，不必再一一获得专利权人的许可，这向来被认为是理所当然的事情。这便是专利权的用尽，虽然在法律中并没有明确的规定，但是"BBS案"（最3小判平成9·7·1民集51卷6号2299页，以下称"BSS案最3判"）对平行进口，即是否采用国际用尽论进行了判决，并顺便指出了国内权利的用尽也是被认可的以及其理由，[1]因此普遍认为，理论上对权利用尽的讨论被画上了句号。

但是，若是权利人在决定将专利发明的实施产品投入流通时，限定实施产品的使用方式并禁止限定之外的使用方式，那么购买者以限定外的方式继续使用产品是否构成对权利的侵害？或者购买了专利发明的实施产品的买方对其一部分进行加工或替换，这是否构成侵权？考察这些基本问题也能明白，发明专利的实施产品在被权利人投入流通之后，是不能一律都认为权利已用尽的。

对此，"墨盒案"（知财高判平成18·1·31判时1922号30页，以下称"墨盒案知财高判"）确认了这一理论：即便权利人

---

[1] 业界指出，积极的理由是，这能够保护专利产品的自由流通和权利获得者；而消极的理由是，专利权人能够获得转让费用，作为与转让自身专利相对应的公开专利发明的对价。

将专利发明实施产品投入流通领域后，若是对丧失效用的专利产品进行再使用或回收再利用（第一类型），或者将专利产品中构成发明专利本质部分的器材的整体或部分进行加工或替换（第二类型），专利权也不用尽，仍构成专利侵权。该判决采纳了一审（东京地判平成16·12·8判时1889号第110页，以下称"墨盒案东京地判"）的观点，否定了对不构成侵权的修理和构成侵权的再生产进行区分的理论。这一判决也是大合议部的判决，据此可以认为有望进一步完善国内用尽理论。但是，对于是否成立专利发明实施产品的权利用尽，不从专利发明的角度出发，而是用专利产品效力丧失的判断标准等，这样的理论框架还存在着很多问题。

165

此外，通常都认为，如果权利人仅仅将对专利发明的实施不可或缺的某个部件投入流通，或是将发明专利实施的专用机器投入流通，那么针对组装了部件的专利发明实施产品的制造销售，和使用了专用机器的专利发明实施产品的制造销售，将无法行使权利。但是就其法律构成，究竟是将其作为权利用尽，还是应该将之作为来自权利人的默示许可？如果是默示许可的话，若明确拒绝许可，那么部件和专用机器被投入流通是否会被认可？这些派生问题也同样存在。

本章会分析这些关于权利用尽和默示许可的问题，在明确其二者关系的基础上，尝试作理论上的整理。

首先介绍一下日本知识产权高等裁判所"墨盒案"判决，在此基础上做进一步讨论。

二、日本知识产权高等裁判所"墨盒案"判决[2]

（一）事实

权利人是X，发明名称为"液体收纳容器、该容器的制造方法、该容器的包装、将该容器与记录磁头一体化的油墨喷射端口替换管与液体喷出记录装置"。本案的审理对象为，有关液体收纳容器的第1项权利要求中物的发明（本案容器发明），以及有关液体收纳容器制造方法的第10项权利要求中物的生产方法的发明（本案方法发明）。

就本案容器发明的权利要求范围，下文分A~L（除I、J）说明其构成要件。

A：收纳互相压焊的第一及第二负压产生部件，且同时配备有液体供给部和连通部的负压产生部件收纳室；以及

B：配备有与该负压产生部件连通的连通部，同时形成实质上的密闭空间，并同时对供给到前述负压产生部件的液体进行积存的液体收纳室；以及

C：分隔前述负压产生部件及液体收纳室，并形成前述连通部的分隔壁；

D：在包含了前三者部件的液体收纳容器中；

---

2 参照在本书之前发表的"判批"（高林龙·判例时报1940号〔2006年〕190—201页）。

E：前述第一及第二负压产生部件的压焊部界面与前述分隔壁相互交叉；

F：前述第一负压产生部件同前述连通部相互连通，并且只有通过前述压焊部的界面才能与前述空气连通部连通；

G：前述第二负压产生部件只有通过前述压焊部的界面才能与前述连通部连通；

H：前述压焊部界面的毛细管力比第一及第二负压产生部件的毛细管力更高；并且

K：无论液体收纳容器的形态如何，前述压焊部界面的整体会向负压产生部件的收纳室内填充足够的液体，以保持液体状态；

L：具备上述各项特征的液体收纳容器。

为了正确全面地理解发明的内容，除了参照说明书及判决内容之外别无他法；但是如果简要概括技术内容的精髓，那就是：负压产生部件室中像海绵一样的两种负压产生部件像压焊一般被互相收纳，其压焊部的毛细管力较高，并且界面与液体收纳室之间的分隔壁是交叉的。而且，如果将这一界面浸入墨水中，在通常使用时墨水被消耗的情况下，来自分隔壁中空气连通部的空气会进入液体收纳室，以此会产生负压，墨水会通过连通孔被供给到负压产生部件收纳室中，在运输中或是保存中即使容器被倾斜放置，超过界面的空气也不会进入到液体收纳室一侧，因此墨水不会流入负压产生部件收纳室一侧，由此可以防止墨水的泄漏等。

另外，本案方法发明就是本案容器发明之容器生产方法的发明，就其构成要件，在本案容器发明的构成要件A~L（I、J除外）之外，补充如下，其中I'与J'仅为附件内容。

A'：与A完全相同；

B'：与B完全相同；

C'：具有与C完全相同的分隔壁；

D'：无；

E'：与E完全相同；

F'：与F完全相同；

G'：与G完全相同；

H'：前述压焊部界面的毛细管力比第一及第二负压产生部件的毛细管力更高；

I'：准备液体收纳容器的工序；以及

J'：将液体填充到前述液体收纳室的第一液体填充工序；以及

K'：在前述负压产生部件收纳室中，无论前述液体收纳容器的形态如何，前述压焊部界面的整体会向负压产生部件的收纳室内填充足够的液体以保持液体状态的第二液体填充工序；

L'：具备上述各项特征的液体收纳容器的制造方法。

结果，本案的发明方法实际上成了由本案容器发明的构成要件A~H构成的液体收纳容器之准备工序，并且为了符合本案容器发明的构成要件K而进行液体填充，因此本案容器发明从某种程度来说，不过是换了一种说法罢了。

X制造销售喷墨打印机，同时也制造销售用于该打印机的本案专利发明油墨盒（X产品）。Y是销售可回收办公用品的公司。对于在日本国内外销售的X产品，在其墨水被耗尽后，Y将其回收，在液体收纳室上部打孔并洗干净内部，在其中填充墨水后用栓将孔塞住，接着制成产品（Y产品）进行销售。X认为Y产品属于本案容器发明的专利技术范围，Y产品的制造方法属于本案方法发明的技术范围，并以此为由请求差止对Y产品的进口及销售等。本案的争议点在于，一旦X产品被X投入流通，那么利用X产品制造Y产品，是否会导致本案的专利权被用尽进而无法行使权利，用尽的权利是否分为物的发明和物的生产方法的发明，以及用尽的场合是否分为国内用尽及国际用尽。此外，Y产品完全满足了本案容器发明的构成要件，属于其技术范围；Y产品的制造方法完全满足本案方法发明的构成要件，属于技术范围之内，这些在当事人之间没有争议。

由于墨盒案一审东京地方裁判所判决认可了权利用尽，驳回了X的请求，X不服并提出了上诉，即为本案二审。最终二审判决否定了适用权利用尽，撤销了一审的判决并认可了X的请求。

此外，日本知识产权高等裁判所墨盒案的判决并没有就"对于在国外销售的X产品，与受让人约定将日本从销售地或是使用区域中剔除"这一点达成合意，该判决也并未指明是X产品。因此如果要参照"BBS案最3判"的话，将在国外销售的X产品以使用前的状态进口并在国内进行使用、转让等行为，这并不会被认定为行使本案专利权。在此基础上，对于不属于国内用尽的范围并能够行使权利的情形，以及不属于国际用尽的范围并能够行使权利的情形，除去一点，是以同样的基准进行判断的。因此鉴于篇幅的关系，下文仅就国际用尽争议点中的必要部分进行阐述。

（二）判决要旨

1.物的发明相关专利权的国内用尽

在专利权人转让专利产品的情况下，就该产品而言，专利权被认为已达成目的而用尽，专利权人则无法基于专利权针对使用、转让或出租该专利产品的行为行使权利（BBS案最3判）。但是在下述两种情形下，专利权不会被用尽，专利权人可以就该专利产品行

168

使专利权：（1）该专利产品作为一种产品，经过了原本的耐用期限失去了效用之后，被再使用或回收再利用的（第一类型）；或者（2）就该专利产品中专利发明的本质部分，即解决了技术问题的核心技术思想所构成的特征部分，第三人将部分部件的整体或其中一部分进行加工或替换（第二类型）。

第一类型，以专利产品为基准，从社会的乃至经济的角度判断该件产品的效用是否已经丧失；而第二类型，以专利发明为基准，判断其是否对构成专利发明本质部分的部件之整体或一部分进行加工或替换。但是，如果失去了构成专利发明本质部分的部件，那么产品的功效也就丧失了，在此情形下再对该部件进行加工或替换则同时适用这两种类型；而如果加工或者替换的并非是构成本质部分的部件，则不适用第二类型，但如果能指出其产品的效用已经丧失的话则可以适用第一类型。

尽管在物理属性上乃至化学属性上，多次以及长时间地使用该产品是可行的，但是如果从保健卫生的角度来看使用次数是有限的，至于这样的使用次数，可以是通过法令的形式进行规定，也可以是形成了一种固定的社会公知常识，这种使用次数被耗尽而导致社会通识层面上效用丧失，则应当适用第一类型。

第一类型中，针对效用丧失后的专利产品进行再使用或者回收再利用，即使影响了专利权的效力，也不会阻碍市场中产品的自由流通，即使认可权利的行使，专利权人也不会因此二次获利。与其说是不认定为权利行使的行为，不如说是从专利权人处剥夺了专利产品的新需求、为侵害专利权人寻找理由。另外，第二类型，若是从专利发明的实施产品来看，经过此种加工或替换，这与专利权人经过转让的方式从发明公开中获得对价的专利产品，已经不能说是相同的产品了。此时即使影响了专利权的效力，也不会阻碍市场中商品的自由流通，而若不影响效力，则会成为从专利权人处剥夺专利产品新的市场需求的理由。

专利权的用尽成立与否，是不能通过判断施加在专利产品上的加工或者替换是符合权利用尽要件中的"修理"，还是符合属于要件之外的"生产"来认定的。这是因为：①在不对专利产品施加物理上的变更时，难以判断用尽成立与否；②生产这一用语，同专利法第2条第3款第1项中所规定的生产含义不尽相同，这使生产这一概念产生了混淆；③即使对构成专利产品中专利发明本质部分的部件进行加工或者替换，由于不构成生产，就有可能导致属于权利 170 用尽的范围，这样的结论是不妥的。

2.生产物的方法发明相关专利权的国内用尽

（1）使用物的生产方法的发明制造的成果物的使用与转让等

在专利权人转让通过生产物的方法发明所生产的成果物后，与专利权人转让物的发明专利产品的情形相同，就该成果物来说，专利权目的已实现，因而权利被用尽；对于该成果物的后续使用、转让或者租赁等行为，专利权人无法行使专利权（BBS案最3判）。但是，下述两种情形下，专利权不被用尽，专利权人就该成果物可以行使专利权：①该成果物作为产品经过原本的耐用期间，其效用丧失后进行二次使用或者回收再利用（第一类型）；②第三人对构成该成果物中专利发明本质部分的部件，进行整体或一部分地加工或者替换（第二类型）。

（2）方法的使用

使用物的生产方法的发明所制造的成果物，同时也是物的发明的对象。物的发明不包含其他技术思想时，若与物的发明相关的专

199

利权被用尽，则物的生产方法发明相关的专利权也不得再行使。因此，对于物的发明相关专利产品被使用完毕后，再用其进行物的制造时，如物的发明相关专利权已用尽，则对使用该方法的行为不可再行使专利权。

专利法中的间接侵害条款第101条第3项（客观的间接侵害）以及第4项（主观的间接侵害）中规定了用于实施方法专利的物的转让。受让人将该物使用在该方法专利上，或者将利用该物并使用方法专利后所制造的产品进行使用或者转让的行为，专利权人不得再行使专利权（至于此种情况是"专利权的用尽"，还是"默示许可"，只是语言表达的问题）。其理由在于：①如每次使用这些物来实施专利方法，都要求必须向专利权人获得许可，这会阻碍商品在市场中的自由流通；②专利权人可以决定在受让人使用专利方法的对价中包含这些物的转让价格，因此能够确保专利权人公开发明专利后有机会获得对应的代价。因此，若是专利权人转让了使用专利方法来生产物的专门制造机器，或者使用该方法生产物时不可或缺的原材料，即使受让人使用该制造机器或原材料进行生产，专利权人也不得行使权利。

3.本案的适用

（1）关于本案容器发明

即使最初填充在X制品中的墨水被消耗殆尽，对于除了墨水以外的构成部件，包括第一和第二负压产生部件以及其压焊部的界面构造，由于并未施加物理层面的变更，重新填充墨水的话，也是可以再次使用的。因此墨水的再次填充应当是墨盒的通常用法，从而替换消耗部件。另外，法令也并未规定在X制品中不可再次填充墨水，而只能使用最初填充的墨水；这也不会在社会上形成强有力的公知常识。因此本案并不属于专利权用尽例外的第一类型。

在本案容器发明中，构成要件H中负压产生部件收纳室中的两种负压产生部件界面的毛细管力变高，以及构成要件K中通过使界面浸没在墨水中以防止墨水的泄漏，通过这些就能达成本案容器发明的目的，因此构成要件H及构成要件K为本发明的本质部分。X制品的墨水被消耗后经过一定时间，压焊部界面的纤维部件中的墨水便会处于不均匀的状态，容易干燥并凝固，进而阻碍新墨水的吸收和保存，即构成要件H会处于一种不充分的状态。就此状态下的X制品，将墨盒的内部洗干净并冲洗掉附着的墨水，使得构成要件足够充分而再次填充一定量的墨水，这种行为无疑是对构成本案容器发明本质部分的构成部件进行加工或者替换的行为。因此本案属于专利权用尽例外的第二类型。

（2）关于本案方法发明

方法发明成果物的使用和转让等与本案容器发明的判决相同，本案虽不属于专利权用尽的第一类型，但属于第二类型。

有关方法的使用，由于本案方法发明与本案容器发明并不包含其他的技术思想，本案既然容器发明的专利权不被用尽，就方法使用来说亦可行使专利权。另外，Y的所谓使用本案专利方法进行生产的行为，便是利用了权利人转让后的X制品，即便如此，Y也并非是原封不动地使用了X制品，而是如前所述向压焊部界面二次填充了墨水，即是对本案方法发明的本质部分实施了新的工序。因此，X制品实际上是专利法间接侵权条款第101条第3项（客观间接侵害）以及第4项（主观间接侵害）中规定的使用专利方法生产的物，而不能说是作为制造机器乃至原材料而被权利人

172

转让的物。

4.结论

就本案容器发明而言，Y产品属于专利权用尽例外的第二类型，对其进行销售侵犯了有关物的发明的专利权。

就本案方法发明而言，Y产品的制造方法属于专利权用尽例外的第二类型，且在制造Y产品之时使用本案的发明方法构成权利用尽范围之外的不法行为，因此对其进行销售侵犯了方法发明相关的专利权。

三、判例和学说

（一）引言

关于将专利产品进行加工、替换的行为能否行使权利，日本知识产权高等裁判所"墨盒案"判决划分了两种类型，即关注专利产品效用是否丧失的第一类型和关注是否对专利发明的本质部分进行实施行为的第二类型。对此也有评论，"美国判例重视原产品的寿命是否已尽，德国判例则重视专利的本质部分，这样的判决实际上妥善确立了两者之间的平衡。"[3] 下文将分别对美国判例法的立场和德国的学说与判例的立场进行简要介绍，进而对日本相关的判例及学说进行概述。

173

3　2006年2月1日朝日新闻朝刊（玉井克哉发言）。

（二）美国判例法的立场[4]

权利人根据国内的法律将专利发明的实施产品置于流通后，该产品相关的专利权则被用尽，专利权人将无法对与该产品相关的取得人或受让人行使权利。[5]

若要成立权利用尽，则将专利产品投入流通时不得对专利权人设置过多的限制。[6]而且专利权人在销售专利产品时可以限制对该实施产品的使用及二次销售等，此种情况不适用用尽理论。但是，这样的限制必须由当事人之间具有约束力的合同确定，除非对限制内容进行了明示并足以使得取得人以及后续的受让人能够理解。[7]

对专利发明进行实施若要构成专利权不法行为，实施了专利发明的整体自不待言；但是原则上实施了发明的其中一部分不构成对权利的侵犯，即使实施的是专利发明的主要构成部分。因此，即使对专利产品的一部分进行加工或替换，若该产品不满足专利发明

4　竹中俊子「特許製品の加工・交換に伴う法律問題の比較法の考察」紋谷暢男教授古稀記念論文集刊行会編『知的財産権法と競争法の現代的展開』（発明協会、2006年）379頁以下；玉井克哉「アメリカ特許法における権利消尽の法理(1)・(2)」パテント54巻10号（2001年）19頁・11号（2001年）31頁；玉井克哉「日本国内における特許権の消尽」牧野利秋＝飯村敏明編『新・裁判実務大系4　知的財産関係訴訟法』（青林書院、2001年）233頁。

5　Mitchell v. Hawley,83 U.S.（26 Wall.）544,548（1872）.

6　Aro Mfg. Co., v. Convertible Top Replacement Co.,377 U.S.476（1964）；Intel Corp., v. ULSI Corp., 995 F.2d 1566（Fed. Cir. 1993）.

7　竹中・前注4第388頁。Jazz Photo Corp., v. Int'l Trade Comm., 267 F. 3d 1094（Fed Cir. 2001）；Hewlett-Packard Co. v. Repeat-O-Type Stencil Mfg. Corp. Inc., 123 F. 3d. 1445（Fed. Cir. 1997）.

所有的构成要件，则原则上不会因再制造而成立专利侵权。[8]并且，加工或者替换专利产品的一部分是否不构成修理行为而是侵犯了专利权的再制造行为，需要判断再制造出的产品相对于专利产品是否成为了其他产品，以及专利产品的预计寿命是否已尽。[9·10·11]

174

对于不满足专利发明所有构成要件的专利产品部件，专利权人要求必须从指定方购买并将其作为专利许可的条件，这一行为会被认定是专利权的不当扩张，从而构成专利的不当使用（专利权滥用）。[12]但是，如果专利发明的实施品构成了间接侵害，而上述部件是使用该实施品的专用品的话，即使禁止从专利权人以外的他方购买，也会例外地不构成专利不当使用，可以对该部件独占性地实施。[13]

8　但是，一定不能误解的是，从被置于流通中的产品来看即使是其一部分，如果这部分也能另外单独成立一个专利权的话，制造、销售这一部分当然是侵犯专利权的［玉井的前述《日本国内专利权的用尽》（注4）第240页］。

9　Aro Mfg. Co., v. Convertible Top Replacement Co.,365 U.S.336（1961）.

10　总之，在专利产品中为了能够替换而设计的部件，在其自身并非专利权标的的情况下，当由于损耗或灭失而不能再被使用时，合法购入专利产品并对其进行替换也不会侵犯专利权［玉井的前述《日本国内专利权的用尽》（注4）第242页］。

11　但是，一定不能误解的是，要判断再制造的产品是否成为独立于专利产品的新产品、专利产品的预测寿命是否已经被全部用尽，若不从专利产品的构成要件部分着手，且专利产品整体中与专利构成要件无关的部分效用丧失，对其进行替换，则会作为专利产品的再制造行为落入用尽的范围之内，若认可对此行为的权利行使，则是将专利权延及到了与专利发明实施完全无关的部分上，会变为 Patent Misuse（竹中·前注4第402页）。

12　International Salt Co., v. United States, 332 U.S. 392（1947）.

13　美国专利法第271条d项。因此，如前所述，对专利产品的一个部件进行的加工、替换，在前述部件并非专利发明的全部构成要件时，原则上不会构成再制造这样的专利侵权；而前述部件若是构成参与侵权的专用品，那么其加工、替换仍有可能成为专利权的参与侵权。

对于满足专利发明部分构成要件的部分实施品，若其仅是用于实施专利的专用品，即使专利权人进行了销售，针对使用前述部件来制造专利发明实施品等行为，根据默示许可的理论，也会产生与权利用尽一样的效果。[14]

方法专利的专利权效力延及通过该制造方法产生的成果物，[15]因此如果方法专利成立，而专利权人又将通过该制造方法产生的成果物置于流通，那么方法专利的专利权被用尽；若对这一成果物进行的加工、替换不属于再制造，专利权人则无法对正当的取得人或受让人行使专利权。[16]

（三）德国判例及学说的立场[17]

权利人根据国内的法律将专利发明的实施产品置于流通后，该产品相关的专利权则被用尽，专利权人将无法对与该产品相关的取得人或受让人行使权利。另外，正当购买专利产品后，只有不对专

14　United States v. Univis Lens Co. Inc., 316 U.S.241（1942）.但是，联邦巡回区上诉法院认为应当明确区分此种情况及专利产品转让的情况，根据各种案件中转让的状况判断是否存在默示许可（竹中·前注4第406页）。

15　美国专利法第271条g项。

16　Hewlett-Packard Co., v. Repeat-O-Type Stencil Mfg. Corp. Inc., 123 F. 3d 1445（Fed. Cir. 1997）.

17　竹中·前注4第403页；Niels Hôlder（石野良和译）「交換部品及び消耗部品における間接特許侵害と権利の消尽」A.I.P.P.I. 50巻3号（2005年）138-146頁；角田政芳「リサイクルと知的財産権」日本工業所有権法学会年報22号（1999年）79頁；布井要太郎『判例知的財産侵害論』（信山社、2000年）265頁以下；潮海久雄「分担された実施行為に対する特許間接侵害規定の適用と問題点」特許研究41号（2006年）12頁以下；W. シュトックマイヤー＝安井幸一『ドイツ知的所有権制度の解説』（発明協会、1996年）。由于笔者不懂德语，本项内容主要来自日语文献总结。

利产品实施重新制造的行为，才可以正常保养或修理。

即使将专利产品中一部分部件进行加工或替换：1.若专利产品的购买者将该部件作为替换部件，从第三人处买入并组装在专利产品之中，由于是出于专利权人的默许，也不会侵犯专利权（默示许可）；2.这种情形根据专利权用尽的原则也是被容许的。2的判断标准在于：2-a如果该部件在专利产品的使用寿命期间内被替换，通常是能够被预见的，那么在意图使用的范围内权利用尽；2-b如果该部件是发明本质要素的具象化，通过其替换能够正确再现发明的技术效果，那么属于不被允许的再制造行为。

176　　另一方面，为了进行对发明而言必不可少的实施行为，在第三人明知发明能够发挥效用或者状况显而易见的情况下，向其提供与发明本质要素相关的方法，这样的行为会构成对专利权的间接侵害[18]。对于间接侵害成立要件中"与发明本质要素相关的方法"，2000年5月4日的德国联邦最高法院在关于叶轮流量计的判决中进行了解释，本质要素是指那些实现受保护的发明概念以及推动实现发明功能的要素。间接侵害除了要求主观要件外，对受保护的发明概念的实现毫无贡献之物将不能成为其标的。[19]

虽说是根据与发明本质要素相关方法所生产出的部件，即专利

18　德国专利法第10条第1项："作为专利的进阶效力，只要没有得到专利权人的同意，获得专利发明许可之外的人，为了该发明的实施，在本法的施行领域内提供或者申请提供关于该发明本质要素的手段的行为，其手段适用于该发明的实施并且是以实施该发明为意图这一点，若该提供者是知悉的或者从周围的环境中能够明了的话，则这样的行为是被禁止的。"（特許庁外国産業財産権制度情報、ドイツ特許法10条1項。http://www.jpo.go.jp/shiryou/s_sonota/fips/germany/pl/chapl.htm#law10）但是，根据判例，专用品不需要证明主观要件。

19　Niles Hôlder·前注17第12页。

发明构成要件之一，但是构成对专利权间接侵害的部件范围很广，因此这一成立间接侵害情况下所谓的"与发明本质要素相关的方法"，与权利用尽例外情况下所谓的"将发明本质要素具体化的方法"，是否是同一概念还有待讨论。[20]

（四）日本判例及学说概述

1. 判例

在日本，关于专利权的用尽和默示许可，向来是以判例为主进行讨论。如前所述，自从"BBS案最3判"顺便指明了对国内专利权用尽的认可以及其根源以来，对被权利人置于流通中的专利产品的一部分进行加工或替换，这究竟是所谓产品的继续使用这一权利用尽后的行为，抑或是新的不法行为，对这一问题进行讨论的代表性判例，根据时代不同能够粗略地归为以下三组：（1）关于一次性使用相机的东京地判平成12·8·31 LEX/DB文号28051885[21]（以下称"一次性相机案东京地判"），（2）关于阿昔洛韦案的东京地判平成13·1·18判时1779号99页[22]（以下称"阿昔洛韦案东京地判"）及其上诉判决东京高判平成13·11·29判时1779号88页[23]（以下称

20　竹中·前注4第404页。并且，假设两者为同一概念，则其替换就是正确再现了发明的技术效果，符合了再制造，这样的话，无论专利权人的意向如何，在专利产品中被允许加工或者替换的部件，就会变得极少了。

21　［判批］滝井朋了·特許判例百選（別冊ジュリスト第3版、2004年）128頁。

22　［判批］倉内義朗·パテント55巻10号（2002年）9頁。

23　［判批］倉内·前述判批（注22）29頁，横山久芳·特許判例百選（別冊ジュリスト第3版、2004年）130頁。

"阿昔洛韦案东京高判"），以及（3）墨盒案东京地判[24]以及同案的知产高裁判决[25]。

（1）中的"一次性相机案东京地判"虽然是关于此类问题的初期判例，但是却创立了与知识产权高等裁判所墨盒案中所述第一类型及第二类型相类似的二类型化理论，并认为符合这两种类型的情况下专利权不会被用尽。这种类型化的萌芽，再往前可以追溯到先于前述判决却也同样是关于一次性相机的先予处理决定*，东京地决平成12·6·6判时1712号175页[26]。而且（2）中的"阿昔洛韦案东京地判"也和"一次性相机案东京地判"同样采用了二类型化论。[27]但是，东京知识产权高等裁判所判决的阿昔洛韦上诉案并未采用二类型化论，由于在专利权范围内进行生产制造的权利是不可

24　［判批］吉田広志·判例時報1909号（2006年）185頁，角田政芳·知財管理55巻11号（2005年）1653頁。

25　［判批］仁木弘明·知財ぷりずむ43号（2006年）32頁，角田的前述判批（注24），角田政芳·発明103巻10号（2006年）84頁，帖佐隆·パテント59巻5号（2006年）77頁，近藤惠嗣·CIPICジャーナル172号（2006年）22頁，鈴木将文·Law & Technology 32号（2006年）71頁，横山久芳·ジュリスト1316号（2006年）34頁，田村善之·NBL 836号（2006年）18頁，田村善之·NBL837号（2006年）44頁，古沢博·知財管理56巻9号（2006年）25頁，服部誠·A.I.P.P.I. 51巻6号（2006年）32頁。

＊　先予处理是指日本的一种依申请的制度，根据当事人申请，裁判所对案件中具体权利义务的裁判理由予以保留，暂时性地确定某种权利存在。——译者

26　［判批］横山久芳·ジュリスト1201号（2001年）148頁，滝井朋子·判例時報1731号（2001年）193頁，古沢博·知財管理51巻6号（2001年）957頁。

27　但是，（1）中的案件，专利产品的效力已经终结（也就是第一类型），而（2）案的东京地判中，不能说是其效用已经终结或属于专利发明本质部分的部件已被替换（也就是说既不属于第一类型也不属于第二类型），因此在认定过程中，可以说并没有具体地举出第一类型和第二类型的差别。

能被用尽的，因此认为"认定对专利产品的一部分进行加工或替换是否属于用尽的范围内，应当判断该行为是否仅仅是对专利产品的修理，抑或可以评价为对新的专利发明进行的、作为实施方式之一的生产行为"。并且，是否属于生产行为，还应当基于该专利发明的构成、作用效果或其技术思想进行评价和判断。之后，虽然（3）中的"墨盒案东京地判"也采用了"阿昔洛韦案东京高判"采用的修理与再制造的区分标准，作为上诉审的同案知产高判则又回归了（1）和（2）中东京地判采用的二类型化论，这理论上可以进行详细说明。

此外，对于注册实用新型相关的设计，为了将其构成要件中的一部分部件，即在实施设计时才会使用的部件，提供给正当购入实用新型实施产品的买家作为替换部件，而进行生产并销售这些部件的行为，是否构成对实用新型专利权的侵犯？大阪地判平成1·4·24无体裁集21卷1号第279页（以下称"制砂机锤案大阪地判"）以此为争议焦点进行了判决。[28] 该判决认为，对该部件的替换行为如果超过了实质上实用新型权利人所支付的实施设计的对价，则是对设计的使用行为，属于制造行为，那么以此为目的制造并提供专用产品的行为则属于间接侵害行为。在1989年这个时间点，似乎对专利产品的修理及再生产这样的理论认识得还不是很充分，但是时至今日该判决提出的理由仍受到瞩目，可以认为是在本问题

28　［判批］松尾和子·判例時報1330号（1990年）219頁，松尾和子·ジュリスト957号（平成元年度重要判例解説、1990年）248頁，黒田英文·特許管理40卷6号（1990年）715頁。

的讨论过程中必定会引用的判例。[29]

2.学说[30]

学说是紧跟上述判例的立场，并意图进行理论上的说明而产生的，如此认为并不为过。而且，初期的判例采用二类型化论，对"用尽"进行认定，后期的判例则是采用修理与再生产的区分理论，对"生产"进行认定。[31]但若是不顾该专利产品的专利权已然用尽，认为两种类型下专利权皆复苏，采纳用尽的这种认定方法难免有显违和，因此有人指出权利复苏的根据不明确，可以说支持生产径路的占了多数。[32]

---

29 此外，本文最终将墨盒案知财高判的第二类型作为成立间接侵害的情形，进行类型化。

30 由于前述的论文较多，在此举出一些代表性的（并且，有关判例的评注会在该判例中指出）。田村善之「修理や部品の取替えと特許権侵害の成否」知的財産法政策学研究6号（2005年）33頁；田村善之「特許権の消尽理論と修理と再生問題」渋谷達紀＝竹中俊子＝高林龍編『知財年報2006』（別冊NBL、2006年）180頁；吉田広志「用尽とは何か——契約、専用品、そして修理と再生産を通じて」知的財産法政策学研究6号（2005年）71頁；上山浩＝西本強「消尽論と修理——再生産理論に関する日米の判例の状況」パテント巻6号（2005年）59頁；田中成志「修理と再度の製造」本間崇先生還暦記念『知的財産権の現代的課題』（信山社、1995年）172頁。

31 例如：横山久芳的前述判批（注26）第148页；田村的前述《修理及零部件替换与专利权侵权的构成》（注30）第36页；高林龍『標準特許法』（有斐閣、初版、2002年）84页。

32 详细分析在日本知识产权高等裁判所对墨盒案作出判决之前的判例及学说，从所谓的生产径路更为妥当的立场来看，田村的前述《修理及零部件替换与专利权侵权的构成》（注30）第33页以下对权利用尽及默示许可的关系进行的论述值得注意。本文在此基础上，结合了在该问题上比较法的考察，值得注意的论述包括玉井的前述《日本国内专利权的用尽》（注4）和竹中的前述论文（注4），有所感触而写成。

四、权利用尽的法律结构

（一）引言

若论权利用尽的法律结构，则必须提前明确以下的内容。首先，在物的发明中，一旦专利权人将专利发明的实施产品置于流通中，买入该实施产品的一方出于业务需要进行使用或转让等，这虽然在形式上符合专利法第2条第1款的专利发明的实施行为，但并不构成对专利权的侵犯。这一点在国内用尽论中已经详细说明，如前文所述，"BBS案最3判"顺便论及这一点并说明了理由，在此不再重复。关于这一点在理论上的根据，虽然前述论文（注30）已经有了各种各样的尝试，例如默示许可说、所有权说等，但是本章认为无非是如在玉井的前述论文（注4）第255页及田村的前述《修理及零部件替换与专利权侵权的构成》（注30）第35页指出的 180 那样，理论根据在于信用原则或者权利滥用这种一般法理，或者说在于依专利法所推导、将其拟制为专利权人放弃追及权[33]。

然而，在专利发明的实施产品因使用、破损或者消耗而丧失效用或者在物理层面上成为废品的情况下（这种情形称为"①-1"），对此废品进行加工、再次将这件专利发明的实施品进行业务生产，这无疑是通过其他途径侵犯了专利权。但是，对这种情形日本有两

33　高林龍「特許製品の並行輸入の可否（1）」CIPICジャーナル52号（1996年）17頁。

种说法。首先，是所谓用尽径路[34]（①-1-A）。这种方法即是根据某种行为属于专利权用尽范围之外的行为，否定了该行为具有权利用尽的效果，进而认定其属于专利侵权的状态。另一种方法则是所谓生产径路（①-1-B）。这是指专利权的用尽问题在实施产品成为废品后已经终了，在这之后应该根据是否可以评价为专利权实施产品的生产行为，来认定是否构成对专利权的侵犯。不然的话，通过上述①-1-A认定是否用尽会被认为很古怪。但是，假设专利发明的实施产品经过了被设定的使用期限之后仍然被继续使用着（这种情况被划分为"①-2"），如果是按照用尽（①-2-A）径路，这就不属于专利实施产品的新生产行为，而是一种继续使用的行为，尽管如此，鉴于其不属于权利用尽的范围之内，仍会构成用尽效果所不能波及的权利侵犯行为。如此说来，这样的理念与①-1-A如出一辙。[35]另一方面，如果按照生产径路（①-2-B），上述行为就不会构成对专利权的侵害。并且，日本知识产权高等裁判所对墨盒案的判决涵盖了①-1和①-2，称之为第一类型。

接下来，就不再是专利发明的实施产品是否在物理层面（①-1的情况），或者非物理层面（①-2的情况）上丧失效用的角度了，而是专利发明的实施产品中专利发明的本质部分经过加工或者替换而被变换、是否会对专利权产生侵害的第二类型（这种情况被称为

181

---

34 在此将知识产权高等裁判所对墨盒案的立场作为"用尽"认定的代表来说明。并且，美国判例法的立场是，通过区分修理与再制造，若符合再制造则会构成新的专利侵权，与其说知产高等裁判所的判决采用的是用尽径路，倒不如说是更接近生产径路。

35 根据用尽径路，尽管该专利产品的相关专利权已经用尽，权利仍会复苏，这样的想法略显不妥，权利复苏的根源不明确这样的批判声由此产生。

②）。采用用尽径路（②-A）在这种专利发明的本质部分被置换的情况下，与第一类型（①）的情况相同，由于属于专利权用尽范围以外的情形，因而并无权利用尽的效果，属于专利侵权的状态。另一方面，如果是采用生产径路（②-B），那么这种将专利发明的本质部分进行置换的行为，作为新的专利发明实施行为，便会被评价为实施产品的生产行为。如此说来，上述②-B生产径路可能有些离奇。为何说离奇？因为在物的发明中，所谓专利发明的实施行为，是指对于具备专利的全部构成要件的物进行生产或者将其转让的行为，而对具备部分要件之物的生产不能称之为专利发明的实施行为。[36]

以上是针对物的发明，而在物的生产方法发明中，一旦专利发明的实施成果物被置于流通中，那么专利权的效力无法延及该成果物的继续使用或者转让行为，这一点同物的发明相同。并且，对该成果物的一部分进行加工或替换，也是同物的发明一样，需要探讨是否是其他形式的专利不法行为。但是，在这种情况下，可以采用生产径路，[37]将该行为认定为新的专利发明实施行为从而构成专利侵权；但是对于生产物的方法发明，如采用用尽径路，认为该行为构成权利未被用尽的情形，则很难说得通。[38]

182

36　日本知产高裁对墨盒案的判决指出，如前所述，生产径路中的生产与专利法中的意思有所不同，可能会产生对生产概念的混淆。本文会克服上述生产径路的缺点，以及前注35中用尽径路的缺点，尝试说明各类型中侵权的理由。

37　但是，虽然被称作"生产径路"，并不是讨论在发明物的情况下是否存在新的生产行为，取而代之的是讨论在生产物的方法发明中是否存在新的方法使用行为。这一点之后会论述。

38　在玉井的前述论文《日本国内专利权的用尽》（注4）第254页中，虽然认可了在方法发明中权利用尽的认定非常困难，但也认为，这不过是是否要称呼其为用尽的术语选择问题，如果能够构成一种诚实信用原则的适用情形，也未尝不可。

在上述基础之上，下文会通过对知识产权高等裁判所关于墨盒案的判决进行理论分析，尝试整理出关于"权利用尽及默示许可"的理论。

（二）关于第一类型

如前所述，在物的发明中，专利发明的实施行为是指对具备专利的全部构成要件的物进行生产或转让的行为等，但这并不单单指将具备专利发明全部构成要件的物之单体置于流通之中，也包括将包含了此物的产品置于流通中的情况。在权利的用尽中，已经论及实施了专利发明之后产生的、作为物理存在形式的产品，在这种情况下，以作为物理存在的产品（专利产品）为基准来讨论权利用尽是否成立也是顺理成章的。但是，①作为物理存在的产品即使只是一个部件，若该部件正巧是具备了专利发明的全部构成要件，对其进行再制造也构成专利发明的实施行为，会构成侵权，那么这样对专利产品的部件进行替换等并进行业务性使用也会构成侵权。[39]②相反地，如果作为物理存在的专利产品的部件是和专利发明的构成要件无关的部分，那么对这一部件进行生产销售并不会直接侵害到专利权，这自不必说，此外也不会构成间接侵害；将其作为专利产品的部件进行替换，并进行业务性使用也不会构成对专利权的侵害。不妨将②的情况放到案例中进行讨论。例如，存在一项权利要求为喷嘴的专利权，专利产品是带有喷嘴的、用以清洗的软管，那

183

39　玉井的前述论文《日本国内专利权的用尽》（注4）第240页。但是，专利产品中具备专利发明全部构成要件的部件，如果是专利产品的购买者必须频繁取出更换的消耗品的话，专利权人若是允许对专利发明的实施产品的替换，则构成默示许可的情况，采用这一观点的，在田村的前述论文《修理及零部件替换与专利权侵权的构成》（注30）第43页以下有所记载。这一点之后会论述。

么该清洗用软管作为洗净装置一部分的情况也是可能的。即使在消耗完作为专利产品的清洗用软管中的软管后进行替换，或者是在消耗作为专利产品的洗净装置的驱动装置后进行替换，虽然可能属于专利产品效用丧失的情况，但是对于喷嘴并未采取任何措施，这种情况下，软管或驱动装置并非在喷嘴的生产中构成间接侵害的部件，那么对其进行生产及转让也都不会构成（直接或间接地）侵犯喷嘴的相关专利权。[40]

知产高裁对墨盒案的判决认为第一类型并不应该以专利发明为基准、从技术观点来判断，而应该以专利产品为基准、判断该部件的经济价值以及所占比例。虽然这种情况下专利产品的定义[41]不明确，但假设专利产品是包含与专利产品构成要件无关的部件在内的全部装置（例如前述的洗净装置），如果只考虑该专利产品在物理上以及经济上的效用是否丧失，对于因与专利产品构成要件无关的部件的消耗而导致产品效用丧失，否认其用尽效果，替换该部件（例如前述的驱动装置）的行为则可能会被视为专利侵权。但是，要说明其是对专利权（例如前述的喷嘴）的侵害是很困难的。知产高裁对墨盒案的判决所认定的案件事实中，专利产品是根据专利产品的构成要件构成的液体收纳容器本身，因此，倒不如说该判决并未涉及如前所述的对与专利发明构成要件无关的部件进行加工或替换的情况。虽然该判决定义了专利产品，即是由专利发明的构成要件构成的实施产品的物理存在形式，但这也并非从专利发明的技术思想层面来看，而是从作为物理存在的产品角度来判断效用是否丧

40　相同观点：渋谷達紀『知的財産法講義Ⅰ』（有斐閣、第2版、2006年）184頁；铃木·前注25第80页。反对观点：吉田·前注30第110页。

41　在本判决中，专利产品只定义为与该专利发明有关的产品。

失。或者说，如果揣度知产高裁的用意，虽然这可能无法避免不正确的指责，从作为物理存在的、实施了专利发明的产品整体角度来看，则可以说知产高裁极其想要表达，本案可以评价为对整个产品184 进行了再制造（生产）[42]，即存在直接侵害行为[43]。

虽然知产高裁在墨盒案判决中采用了所谓用尽径路，但是如上所述的，即使在第一类型中，作为物理存在的专利产品经过消耗效用丧失的情况下，先不论究竟采用哪种径路进行说明，再制造等行为会构成专利侵权这一点上用尽径路与生产径路几乎没有差别。[44]用尽径路的特殊之处在于，在第一类型中，出于保健卫生的考虑对

42　支持：仁木的前述判批（注25）第42页。

43　虽然直接侵害行为是指生产或转让具备专利发明全部构成要件的物，但是由于丧失效用的专利产品就是所谓的废品，通过恢复该废品的功能、修理或替换部件再次生产具备全部构成要件的物，根据评估，私认为这是构成直接侵害行为的。之后会详细论述。

44　说明方式不同，结论会产生差异，关于这一点再附带说一说。如果以阿昔洛韦案东京地判为例，若专利发明的权利要求仅仅是化合物阿昔洛韦的话，权利人将其以片剂的形式投入流通，第三人将阿昔洛韦从片剂中取出并以其他形式销售药剂，例如胶囊。作为化合物的阿昔洛韦同样存在于胶囊中，其过程也没有任何变化，只是产品的药剂形式发生了变化。将片剂投入流通的权利人预想的是该物质以片剂的形式被消费，并未预料到药剂形式已成为胶囊且被销售。在这种情况下，根据用尽径路，虽然片剂的效用已经丧失，但药剂形式变化成了胶囊，仍然有可能构成专利侵权。参见玉井的前述论文《日本国内专利权的用尽》（注4）第252页。另一方面，根据生产径路，由于并未施行对阿昔洛韦的生产行为，则不存在出现专利侵权的余地（参见阿昔洛韦案东京知产高裁的判决）。但是，即使在这种情况下，由于权利要求仅仅是化合物阿昔洛韦，若粉碎片剂的行为不会使化学物质发生任何变化，则仅仅是对与专利发明完全无关的部分进行了加工或者替换罢了，则就与前述喷嘴的情况中替换洗净装置中的驱动装置相同，即使在用尽径路中，基于此种情况的专利侵权也是不成立的。毕竟从根源上来说，将这种稀有的案件放到台面上讨论用尽径路和生产径路的理论性就是不妥当的。

专利产品设定使用次数乃至使用期限的限制时，若专利产品的使用超越了限制的次数或期限，则专利产品会成为社会公知意义上效用已终了的产品，同时这种使用也构成侵权。但是，即使在美国，这样的限制必须是基于当事人之间具有约束力的协议而构成，例外的场合下也要限制的内容得到公示，使得之后的直接取得者或受让者能够理解，这些前文都已经论述过，知产高裁的判决也将这样的限制限定在了法定的场合或者是在社会上形成强烈共识的场合。就用尽径路来说，由于权利用尽的认定范围本身就存在融通性，即使认定成立权利用尽，也存在因后续行为否定用尽效果的余地，[45]但是为了满足不阻碍商品自由流通的要求，用尽效果的否定被附加了非常严格的条件。但是，违反了被施加在专利产品上使用次数及使用期限限定的行为，除非根据美国流派的契约法理，否则缺乏构成专利权侵权的必要性。如果有法定的或者在社会上形成强烈共识的情况，倒不如说是通过其他方式规制违反法律或习惯法的行为。[46]

185

45　用尽径路的原则是，在专利权人将专利发明的实施产品置于流通中的情况下，购买者在之后施行了符合专利法第2条第1款的行为会构成专利侵权，只有属于权利用尽所允许的范围内才会避免专利侵权，这是基本的理解。但是，用尽所允许的范围自身也会产生变化，使得判断会出现误差［田村的前述《修理及零部件替换与专利权侵权的构成》（注30）第37页］。这一点，在商标的指定商品中考虑用尽的情况会出现的很多。参见：高林龍『商標特許法』（有斐閣、第2版、2005年）96页。全面认可用尽的效果之后，若是存在能够被评价为新的实施行为，认定侵权的生产径路既有条文上的依据，判断标准也是明确的。若能找得出后述生产径路中所谓"生产"的使用方法的话，就不存在采用用尽径路的积极理由。

46　参照田村的前述《修理及零部件替换与专利权侵权的构成》（注30）第38页及铃木的前述判批（注25）第80页。若除去上述第一类型中物理层面效用丧失的情况，在用尽径路和生产径路之间，说明方式上实质性的区别就几乎不存在了。

（三）关于第二类型

第二类型是指，对于专利发明实施产品中专利发明的本质部分，通过加工或替换来对其进行置换的行为来判断是否产生侵权。从生产径路来说，这一置换专利发明本质部分的行为，会被评价为实施产品的生产行为，即新的专利发明实施行为。但是从日本知产高裁对墨盒案的判决来看，"生产"这一用语与专利法第2条第1款中的用法有所不同，故而这一判决也因为会导致对生产概念的混淆而被批评。除此之外，该判决认为，在生产径路中即使对于专利产品中专利发明的本质部件进行加工或替换，由于若不构成"生产"则不产生侵权，因此也不能判断其是否侵权。专利法第2条第1款所规定的"生产"是指对具备专利发明全部构成要件的物进行的"生产"，所以若仅仅是加工或替换专利发明构成要件中的重要部分，当然就不属于"生产"了。

然而，尽管不是对具备专利发明全部构成要件的物进行的生产，还是构成专利侵权的话，就是所谓的间接侵害。在物的发明中的间接侵害，分为所谓客观的间接侵害（专利法第101条第1项）[47]和主观的间接侵害（同条第2项）。无论何种侵害情形，只要条件充分，对专利发明构成要件中的一个部件进行生产或转让的行为就会构成对专利权的侵犯。并且，成立客观间接侵害情况下的部件指的是，仅仅在专利发明的实施时使用、专利法第101条第2项中规定的对解决专利发明的技术问题而言所不可或缺的部件，其典型的就是专利发明本质部分的部件。另一方面，成立主观间接侵害情况

---

[47] 就客观的间接侵害及主观的间接侵害的分类法，参考高林的前述书（注31）第141页。

下的部件，虽然不至于达到成立客观间接侵害的程度，但也必须是
对解决专利发明问题而言不可或缺的部件，并且必须符合以下要
件：属于专利发明本质部分的部件[48]、明知该发明是专利发明以及该
部件用于发明的实施、对该部件进行生产或转让。[49]若要直接给出
结论，私认为，在对该部件的生产及转让行为构成对专利发明间接
侵害的情况下，若使用已被投入流通的专利产品中的一个部件进行
加工或替换的行为，应该被认为是对专利权的新的不法行为，应认
定为第二类型。

　　在日本有人主张独立说，认为若要成立间接侵害，并不一定要
成立直接侵害。然而，在美国的话则是，若要成立帮助侵权，前提
是必须成立直接侵权。[50]在德国，原则上应该采用从属说，其专利
法第10条第3款明文规定，即使专利权的直接侵害行为是符合第11
条的专利权限制的行为（私人领域内为非营业目的的实施、为实验
目的的实施以及基于医药局内部医药调配的实施等），也成立间接
侵害。而独立说是将对专利发明构成要件一部分进行实施的行为独
立开，认为成立间接侵害，但是并不关心是否成立直接侵害行为；
在最3判平成10·2·24民集52卷1号第113页"滚珠导向轴轴承
案"（以下称"滚珠导向轴轴承案最3判"）中，承认了因为置换构

187

48　参见东京地判平成16·4·23判时1892号89页（以下称"プリント基板
メッキ用治具事件东京地判"）。

49　并且，在美国，参与侵权（美国专利法第271条c项）中，该部件作为专
利发明的主要产品，即专用品，若不是用于专利侵权以外的部件或是通用部件的
话，则是需要销售者知晓专利权的存在以及购买者的使用目的才能成立。另外，如
前所述，在德国，间接侵害在规定上类似于日本的主观间接侵害，但根据判例，若
是专用品则无需主观要件，采用了与日本客观间接侵害接近的判定方式。

50　Aro Mfg. Co., v. Convertible Top Replacement Co., 365 U.S. 336（1961）.

成要件的一部分而成立直接侵害的等同侵权，这与独立说之间出现了矛盾。若论原因，便在于即使专利发明构成要件中的一部分被置换或缺失，残存的构成要件部分对于问题的解决也是不可或缺的，若承认只有该部分的生产或转让成立间接侵害的话，就没有必要认定成立直接侵害的等同侵权了。[51]就独立说而言，尽管日本不存在与德国专利法第10条第3款类似的规定，但是存在与其规定的成立间接侵害场合相关的政策论，故而在其他场合下适用该政策论则明显是缺乏理论上支持的。

综上所述，主张对专利发明构成要件的部分侵权直接构成专利188 侵权的独立说，是一种专利权的不当扩张，故不能采用。只有在彻底的直接侵害的场合下才成立间接侵害的从属说才应是正当的。[52]

以上述的理解作为前提，在物的发明的情形下，若要举出第二类型成立侵权的要件，除该部件应是符合专利法第102条第1项（专用品）或第2项（对课题解决不可或缺）的部件之外，作为该部件的生产者、为了对被权利人投放至流通的专利发明实施产品的某一部件进行加工或替换而使用该部件，或者作为该部件的购买者、为了对被权利人投放至流通的专利发明实施产品的某一部件进行加工或替换而使用该部件，这些对于成立专利权的直接侵害都是

---

51 在美国，判断是否成立等同侵权时并不会区分发明的本质部分，而是"as a whole"来判断，是通过标的产品是否具备发明专利全部构成要件来进行决断的；在日本，等同理论并不承认专利发明构成要件的部分保护这一点上与美国相同。

52 若是贯彻从属说，就不会产生像独立说那样不妥的说法，请参照高林的前述书（注45）第157页。虽然与笔者看法背道而驰，但是对间接侵害若采取独立说，即使在不成立间接侵害的情况下，基于对专利发明的部分实施也成立侵权。采用这一立场的说法请参照涉谷的前述书（注40）第192页。

必要的。[53·54] 并且，虽是重复上文论述，但是在第一类型中，回收业者对已经丧失效用的专利产品进行加工或替换、恢复其效用的情况自不必说，购买专利产品后由后续使用者作为业务进行（加工或替换）也会被评价为专利权的直接侵害行为。而且在第二类型中也是如此，东京知产高裁墨盒案判决认定的案件事实中，回收业者生产了构成对专利权间接侵害的部件，并自行利用该部件，对已被投入流通的专利产品进行加工替换并销售，这些行为便可以被评价为进行了侵权的生产。[55] 若论理由，如东京知产高裁墨盒案判决，以及制砂机锤案大阪地判的判决中所述的，权利人将专利发明的实施产品投入到流通，产品购买者自由地替换这样的重要部件但却不能决定价格，并仅从权利人处购买这一部件，根据以成立直接侵害为前提的从属说，法律实际上是允许权利人独占重要部件的生产，这自然是成立间接侵权。[56] 另一方面，撇开东京知产高裁墨盒案判决

189

---

53 若该部件是专利法第101条第2项的对课题解决不可或缺的部件，那么其生产者知晓其是用于专利发明的实施这一点也是必要条件，而回收业者进行这一行为时，主观要件当然是充足的吧。

54 当然，在第一类型或第二类型中，若是被权利人投入流通的专利发明实施产品不构成侵权，该行为只有在权利用尽不认可的范围内符合直接侵害行为，也就是说作为业务的实施，并且前提为不是在国外实施或由权利人实施。

55 仁木的前述判批（注25）第43页中指出，第二类型应当是属于用尽范围内的简单修理，以及属于第一类型的新的实施行为，是生产中"具有重大意义"的"修理"，这是否属于新生产的范畴仅仅是用语上的问题。

56 反对意见：玉井的前述《日本国内专利权的用尽》（注4）第244页。但是，如前所述，在美国，仅仅被使用在专利发明的实施上、构成参与侵权的专用品，即使禁止专利权人以外的人购买，也不会构成"Patent Misuse"，独占该部分并实施是被允许的。只是在像德国那样成立间接侵害的范围更广泛的立场下是否还能这样解释，之后会进行论述。

不谈，为了对权利人已经投放到流通的专利产品进行加工或替换而制造销售部件的行为，若要成立间接侵害，其情形仅限于，购买该部件后进行加工或替换并（作为业务）使用的行为构成直接侵害。例如，该部件构成了发明的本质部分，且专利产品的剩余部分无法被评价为发明本质部分，那么对专利产品中这一部分进行加工替换以及（业务性）使用的行为就会被认为是直接侵害行为。但是，除了该部件以外，也可能存在其他可被评价为本质部分的部件。例如，存在一个由A部件和B部件构成的专利产品，且A部件和B部件都对发明的实施不可或缺，即使从第三方购买A部件并用其对专利产品进行加工与替换，并与权利人投入流通的B部件合并使用，也不会被评价为直接侵害行为。[57]

知产高裁对墨盒案的判决指出，生产径路的缺陷在于，如前所述：①在专利产品不存在物理上的变化时，要判断是否用尽很困难；②生产这一词与专利法第2条第3款中的生产意思不尽相同，可能会产生混淆；③即使对专利产品中构成专利发明本质部分的部件的一部分或整体进行加工或替换，也可能由于不属于生产而被认定属于用尽的范围之内，进而导向不当的结论。但是，关于第①点，前面已经论述过，若不存在物理层面的变化时则否定用尽的效果，这本身就是不恰当的结论。第②点主要说明的是，生产行为，作为侵权的方式，包括成立直接侵害情况下的生产和成立间接侵害情况下的生产。另外，对专利产品中构成专利发明本质部分的部件

190

---

57 关于这一点，涉谷·前注40第182页中也认为，将专利产品的购买者或使用者对专利产品的构成部件进行修补、替换的情况和回收业者出于销售修理品的目的的情况相区分，虽然对前者有一定程度上的默认态度，理由却并不明确。这样区分是来自从属说，在独立说下要进行同样的区分是很困难的。

的一部分或整体进行加工或替换的行为不可能不属于侵权意义上的生产，③不过是杞人忧天罢了。通过上述三点，采用生产径路并没有问题。

进一步说，虽然知产高裁墨盒案判决认为，若是被加工或替换的标的不属于构成专利发明本质部分的部件，则不属于第二类型，但是若作为产品的效用已经丧失，则可能是属于第一类型。但是若认为第一类型不包括物理层面的变化，要是未对构成间接侵害的重要部件进行加工或替换，则也不可能成立直接侵害行为。

（四）生产物的方法发明相关的专利权用尽

权利人将依据方法发明生产出的成果物进行转让之后，该成果物的购买者进行业务性使用或转让，虽然在形式上属于发明的实施行为（专利法第2条第3款第3项），但是该成果物的专利权已经用尽，因此无法基于专利权对其行使权利，这一点以及理由与前述物的发明相同。这在知产高裁墨盒案的判决中已经指出，应当是没有异议的。

但是，知产高裁墨盒案的判决是着眼于通过方法发明生产出的成果物的角度，[58]探讨权利用尽的效果被否定的情形。并且进一步地还讨论了两种情形，即在方法发明成果物的效用丧失后进行回收再利用，或对构成专利发明本质部分的部件进行加工或替换之后，①将此之后的成果物进行使用及转让，构成新的专利侵权，②该行为属于对新专利方法的使用行为，进而构成专利侵权。但是，如下所述的，①和②从结果来看仅仅是将同一种情况分为两

191

---

58 由于在单纯的方法发明情况下，无法把握实施了发明的成果物，那么自然是无法预测权利用尽或者应当否定权利用尽效果的场合。

次进行讨论而已。

首先，知产高裁墨盒案的判决认为，将方法发明的成果物在效用丧失之后进行回收再利用、对构成专利发明本质部分的部件进行加工或替换这些行为，与物的发明相同，若是符合第一类型或第二类型的情况则专利权不被用尽，就该成果物可以基于专利权行使权利。该知产高判认定的案件事实中，墨盒是物的发明对象，而其本身的生产方法是另一个发明专利，[59]但若方法发明生产的成果物是一种没有新颖性的化合物，前述判决的观点便不再妥当了。也就是说，由于没有新颖性的化合物效用丧失，或者构成专利发明本质部分的部件被消耗，[60]即使对其进行加工或替换，也不会构成直接侵害。只有在专利方法被再次使用时，才会属于专利侵权意义上方法发明的使用，在此之后对成果物进行业务性使用或转让也会构成侵权。并且，假设物的发明对象是α物，生产α的A方法是另一项方法发明专利，根据上述原理即使是出现了与该知产高裁相同的案件事实，结论也不会有所不同。换句话说，标的物α由于效用丧失或者构成专利发明本质部分的部件被消耗，即使对其进行加工或替换，也不会构成A方法发明相关的专利权侵权；只有在A方法被再次使用的时候采取上述行为，才属于方法使用行为，构成对方法发

192

59　但是，知产高裁对墨盒案的判决将生产物的方法发明的专利权用尽分为①关于成果物的使用及转让②关于方法的使用这两种，在②的判断中，通过生产物的方法发明生产的成果物被认为是物的发明标的，仅限于两件发明中不包含不同技术思想时，但是在①的判断中则无此种限制。

60　倒不如说，由于实施生产物的方法发明的成果物无新颖性，只有着眼于该方法才能把握发明的本质部分，因此可能对发明本质部分的消耗不能持有先入为主的观念。

明的实施，进而构成新的权利侵权，在这之后业务性地使用或转让成果物，显然也构成侵权。用生产径路来说明这种情况的话，在物的发明中主要是判断是否能评价为进行了"新的生产"，与此相对，方法发明中主要是判断能否评价为"新的方法使用"，进而判断是否构成了作为侵权方式的实施行为。[61]

知产高裁墨盒案的判决除了这一点还认为，就方法发明实施方式中的方法使用情形下的权利用尽，仅限于以下情形：实施了方法发明后的成果物同时也是物的发明的对象，并且这两个发明是基于相同的技术思想所构成的。但是，举个例子，①即使该成果物没有成为物的发明的余地，例如在没有新颖性的化合物的情况下，如前所述，对于依据该方法生产的没有新颖性的化合物进行再制造时，再次使用该方法的，那么这次使用就会构成新的实施行为进而构成侵权；②通过方法发明生产的成果物同时也是物的发明对象，两个专利不过是相同技术思想不同方面的产物，如前所述，对通过该方法生产的成果物进行再制造的行为侵犯了方法发明相关的专利权，这是因为再制造的行为再次使用了该专利方法。无论如何，根据是否可以认定专利方法被再次使用来进行判断，这一标准是不变的。

但是，在这里不得不注意的是，对方法发明相关专利权的间接侵害与对物的发明相关专利权的间接侵害成立与否，是存在区别的。若是物的发明，存在着对仅用于该发明对象物生产过程的部件 193

61　如前所述，要说明通过该行为使权利恢复到未被用尽的状态，从而采用用尽径路来说明这种情况是很难的。另外，采用用尽径路，有关通过生产物的方法发明生产的成果物，由于保健卫生等观点限定了使用次数或期限时，没有新的专利发明实施行为，就认为超过了使用期限或次数的使用会侵犯通过生产物的方法发明的相关专利权是不妥的，这一点之前也已经论述。

进行的生产行为，该部件的购买者用其生产具备专利发明全部构成要件的产品，此时便成立直接侵害；若是生产物的方法发明，也存在着对仅仅用于使用该方法的部件进行生产的行为，该部件的购买者将其用于使用具备专利发明全部构成要件的发明方法，此时便成立直接侵害。但是，即使是仅仅被用于专利方法使用的方法，也不会因为使用了构成要件一部分的方法而构成侵权。例如，假设存在由A工序+B工序组成的生产α物的方法发明，A工序是除了经由B工序生产α以外没有任何用途的工序，仅仅使用A工序则不会构成间接侵害。[62]因此，在物的发明的情况下，若要阻碍产生权利用尽的效果，除了再生产具备专利发明全部构成要件的物之外，生产构成专利法第101条第1项及第2项规定的间接侵害的物，并用其对专利发明实施产品的一部分进行加工或替换的，也可以被评价为专利侵权；但是，在方法发明的情况下，对专利方法构成要件一部分的方法进行的使用，会被评价为新的方法使用行为，无法否定用尽

62　但是，假设情况是"准备A部件的工序"+"准备B部件的工序"+"接合A部件和B部件的工序"形成了"生产α的方法发明"，虽然各工序被称为"工序"，却没有"部件"上的含义，这种情况下若A部件及B部件仅仅被使用于α的生产的话，对A部件及B部件的生产，也就是等同于实施准备A部件及B部件的工序，因此A部件的生产是间接侵害，A部件的购买者将其与自己生产的B部件接合生产α的行为，认为这成立直接侵害是可能的。并且，知产高裁对墨盒案的判决的案例就正是这样的事实，这一点在之后会有论述。进一步地，方法专利的一部分被被告以外的他人实施，地方判决中，有的采用所谓的使用道具理论认可被告的直接侵害，即东京地判平成13·9·20判时1764号112页"電着画像形成方法事件"，主张仅仅基于被告的行为就应当判定为间接侵害（判批·松尾和子·判例时报1782号［2002年］197页），或者主张仅仅基于被告的行为就应当判定为等同侵权（判批·梶野篤志·パテント56卷5号［2003年］23页）等。

的效果。[63]

（五）构成间接侵害的零部件和权利用尽

知产高裁墨盒案的判决认为，关于如何判断与生产物的方法发明相关的专利权用尽，若是专利权人自行将专利法第101条第3项（客观的间接侵害）或该条第4项（主观的间接侵害）中规定的部件投入流通，则在市场中的买入者利用该部件使用该方法发明，或对利用了该部件并利用了该方法发明生产出的物进行使用、转让行为，不得行使专利权。以这些部件用于专利方法的使用为前提，因为专利权人将其置于流通中，构成客观间接侵害的部件自不必说，即便是构成主观间接侵害的部件，也应当和前述的发明权利用尽的状况并无二致。对此，可以用信用原则或是一般法理中的权利滥用来解释，也可以从专利法的宗旨推导出对于专利权人放弃追及权的拟制，进而推论出适用用尽理论。但是，如前所述，对方法发明相关专利权的间接侵害，以生产用于方法使用的物为对象，即使是仅仅用于方法使用，若是对专利发明构成要件一部分的方法进行使用也不会构成间接侵害。既然如此，若专利法第101条第3项及第4项规定的成立间接侵害情形下用于方法使用的物（装置），仅仅被用于专利方法的一部分生产工序，由于专利权人已将此物置于流通中，那么也不应当将其作为专利方法全部工程的使用对价、认定权利用尽。[64]并且，知产高裁墨盒案的

63　反对方：涉谷·前注40第191页。采用了反对知产高裁对墨盒案的立场，也不能忽视本案的特殊性。

64　支持方：田村的前述《修理及零部件的替换与专利权侵权的构成》（注30）第51页，吉田的前述论文（注30）第93页。

判决并未涉及这一限制。[65·66]

　　另外，虽然知产高裁墨盒案的判决并未指明，但是应当认为，在物的发明的情况下，当专利权人自发地将专利法第101条第1项（客观的间接侵害）或该条第2项（主观的间接侵害）中规定的部件置于流通中时，同方法发明的情况一样，针对使用了这些物的生产行为以及使用、转让被生产出的物的行为，不得行使专利权。[67]

　　在这种情形下，若从专利侵权装置的角度探讨——如果符合知产高裁墨盒案的判决中提出的第一类型及第二类型的话，也就是在侵权装置效用丧失之后，为了使其效用被恢复，或者在侵权装置中构成专利发明本质部分的部件被消耗后，为了将其进行加工或替换，使用了专利权人已置于流通领域的部件时，那么之后就不能再称其为专利侵权装置，权利人不得再行使权利。对此结论，是存在不同观点的。[68]但是，首先必须指出，专利权人既可以自由地选择自己将用于专利发明实施的专用品作为替换部件置于流通领域中，也可以选择将实施品整体置于流通领域中。其次，即使将产品作为侵权产品置于流通领域，在产品效用丧失成为废品后，若

195

――――――――――

65　在吉田的前述论文（注30）第91、93页中，虽然认可，即使在物的发明中，成立间接侵害的部件对于完成品整体来说占比很小，通过权利人置于流通之中专利权也会被用尽，但是在生产物的方法发明中，成立间接侵害的装置若是并非能够在发明的全工程实施，权利无法用尽。

66　进一步地，在田村的前述《修理及零部件的替换与专利权侵权的构成》（注30）第51页、竹中的前述论文（注4）第408页中认为，若是使得以生产物的方法发明为目的使用专用品投入流通的专利权人能够阻碍权利用尽的效果，那么也应该采用默示许可的结构。

67　吉田的前述论文（注30）第88页。

68　田村的前述《修理及零部件的替换与专利权侵权的构成》（注30）第51页。

通过使用权利人提供的专用品而效用得以恢复，那么其也将不再是侵权产品，而是成为了新的产品，这样评价也并非不合理。另一方面，将产品作为侵权产品投入流通领域后，若构成发明本质部分的部件被消耗，即使通过专利权人投入到流通领域的专用品进行加工或替换：①若剩余的侵权产品的部分中不存在构成发明本质部分的部件，即使使用这样的物品，也不会被评价为侵权产品，而是新产品的制造行为；②若剩余的部分中存在其他构成发明本质部分的部件，则上述使用行为无法被评价为新产品的制造行为，无法避免地只能被解释为侵权产品。由此看来，结论并不合理。[69]

196

（六）默示许可理论的适用情形

也有观点主张通过"默示许可"理论解释权利用尽的效果。默示许可，若要追根溯源，用合同法理进行解释的话，便是与能够明示地拒绝许可相反，无法向合同之外的第三人主张用尽的效果。因此，即使明示也无法拒绝许可或者通过明示能够拒绝许可时，若能够将其效果向第三人主张的话，那么作为合同法理的默示许可理论便算是有破绽了。本文无法在默示许可理论中探寻权利用尽的法律渊源，因而只能采用信用原则或被称为权利滥用的一般法理，或者由专利法宗旨所推导出的对专利权人放弃追及权进行拟制这样的立场。根据合同法理，权利人通过明示的拒绝许可阻却权利用尽的效果，只能在合同当事人之间产生效力。

"BBS案最3判"认定在国际用尽的情况下构成默示许可，有

69　这一区别的判断标准在于，针对由权利人投放至流通的专利产品，进行属于第二类型的对产品的加工及替换的情形下，采用如前所述的有关间接侵害的从属说的立场，区分形成新的权利侵害和不形成新的权利侵害的情况，也即是逆向使用了这一判断标准。

必要结合这一认定与上述观点的关系进行探讨。首先在这里必须提前明确的一点是，"BBS案最3判"认为，根据对专利法的解释，不能与国内用尽在同一含义上采用国际用尽论。也就是说，不成立国际用尽的原则。尽管权利人可以在各国获得专利权并分别行使权利，但是鉴于国际贸易的现状，权利人若是未明示在各国行使权利而将专利产品置于流通中，那么可以认为，对平行进口进行了默示许可。因此，虽然是原来就可以行使的权利，但若不明示对其的行使，便被拟制为对向他国进出口的行为进行了默示的许可；所以只要明示了行使权利，那么就可以否定默示许可的效果，只要通过标记等一定方式，就可以向合同外的第三人主张该效果。

197　综上所述，想要在合同法理之外采用默示许可的理论，仅限于在原本无法适用权利用尽的场合下、未明示行使权利时对默示许可进行拟制的情形。例如，权利人一旦将专利发明的实施产品投入流通，对于符合知产高裁墨盒案判决中提到的第一类型和第二类型的所谓专用品，便是默示许可可以将之作为消耗品从权利人之外的人手中购买。[70]

（七）对日本知识产权高等裁判所墨盒案判决的评价

上文已经从各个维度评价了日本知识产权高等裁判所墨盒案判决，所以以下只针对特别重要的点表述结论。

首先，日本知识产权高等裁判所墨盒案判决，认定该案不符合第一类型而符合第二类型，因此认定了本案容器发明的专利侵权和本案方法发明的专利侵权。如前所述，关于第一类型，认为应该脱

70　参照田村的前述《修理及零部件的替换与专利权侵权的构成》（注30）第44页。

离了专利发明的视角而从专利产品的角度论述产品效用的丧失是不正确的，应该抛弃作为物理存在的专利产品，从专利发明的角度论述效用的丧失。而且，在本案中，如何评价被填充在负压产生部件收纳室中的墨水被消耗的状态是一个问题，但是尽管墨水被消耗，但负压产生部件收纳室仍然能够再次填充墨水，因而其效用并没有丧失，这一点没有任何异议。果真如此的话，那么同样的，墨水被消耗殆尽后再次填充墨水这一行为，便不能被评价为针对发明构成要件中对发明实施必不可少的部件，即专利发明本质部分进行的生产行为了。[71]

　　对于日本知识产权高等裁判所墨盒案判决认定方法发明权利用尽的部分，如前所述，要理解对其的理论展开是很困难的。这里便再提一点。本案判决认为，权利人自己将成立间接侵害的专用品置于流通后，使用该专用品实施专利方法、进行生产的行为是不会构成侵权的，因此在本案中，使用了被权利人置于流通中的墨盒、进行墨水的再填充行为并不构成侵权，这一点其实有必要再讨论。[72] 198而且判决指出，因使用方法而构成侵权的理由在于，行为人并非照原样使用被权利人置于流通中的专利产品，而且墨水的再填充行为是实施了符合发明本质部分的工序。从这一点来说，虽然判决在认定实施方法的一部分工序是否构成侵权时，存在如前所述的问题，

71　同意方：仁木的前述判批（注25）第50页。

72　在作为物的发明的本案容器发明中，也出现了同样的问题状况，但是日本知识产权高等裁判所墨盒案判决中没有对这一点进行讨论。仅仅阅读判决文书的话，会不明白为什么单单在生产物的方法的情况下才需要如此判断。另外，近藤的前述判批（注25）第31页中提出批判，认为将生产物的方法特别化，虽然与案件的解决没有丝毫关系，却硬是展开了一般讨论。

但是本案中容器发明与方法发明反映了完全相同的技术思想，也就是说，若仅是同前述注释62中所述事实一样的话，逻辑应该是可以成立的。但是，个人认为，无论是物的发明，抑或者物的生产方法发明，即使权利人将专利产品置于流通中且专利产品被使用了，在其效用丧失成为废品之后，或者其构成发明本质部分的部件使用了侵权专用品进行了加工或替换，不论专利产品剩余的部分中是否包含构成发明本质部分的部件，都足以评价为实施了生产行为，构成新的权利侵害行为。

日本知识产权高等裁判所墨盒案判决将否定用尽效果的情形分为第一类型和第二类型，这种二分法，根据直接侵害型和间接侵害型的分类，与其说是采用了用尽径路，不如说是采用生产径路。[73]由于第二类型是间接侵害型，间接侵害采取独立说的情况下，存在着对部分专利发明进行扩大保护的危险。

五、等同原则、间接侵害及权利用尽

（一）等同原则、间接侵害及权利用尽中专利发明本质部分的同质性

1.等同原则

"滚珠导向轴轴承案最3判"将被置换的部分并非专利发明的

---

73 但是，若是修理还是再生产仍然是个疑问，第一类型也可称为直接侵害，与之相比，私认为绝大多数都是按照第二类型来处理的。

本质部分这一点作为等同侵害的成立要件。在这种情况下所谓本质部分是指，"在专利权利要求书内，专利发明的构成中以该专利发明特有的问题解决手段为基础的特征部分，换言之，若前述部分被置换为其他的构成，那么整体上该发明的技术思想就会被评价为其他技术思想了。"[74]也就是说，所谓等同侵害，指的是对于专利发明为了解决问题所采用的特征部分进行补充，并置换并非本质部分的构成要件，在整体上（as a whole）评价为构成对专利权的直接侵害。

2.间接侵害

虽然间接侵害存在所谓的客观间接侵害（专利法第101条第1项、第3项）和主观的间接侵害（该条第2项、第4项），但无论哪种情况中，只要满足要件，对专利发明构成要件中的某一部件进行生产或转让等行为便构成对专利权的侵害。并且，所谓成立客观间接侵害的部件，指的是仅用于专利发明实施中的部件，典型的就是专利法第101条第2项、第4项规定的解决专利发明问题不可或缺的部件，即专利发明本质部分的部件。[75]另一方面，成立主观的间

74　三村量一［解说］法曹会编『最高裁判所判例解说民事篇平成10年度（上）』（法曹会、2001年）141頁。

75　但是，在客观的间接侵害的情况中，"仅仅"的要件指的是，在美国的参与侵权中认为是"该发明的主要部分（material part）"，或者德国专利法中所述的"发明的本质要素（essential element）"，从专利发明的角度看重要的部分并非必须被表现出来。例如，为了专利发明的实施而使用的部件，即使没有别的用途，也有可能被想当然地排除出专利发明构成要件中的本质部分。但是，斟酌一下立法的过程的话，在日本法中的"仅仅要件"，在美国和德国要求的主观要件及客观要件中，与客观要件更为紧密，也就是说作为专利发明构成要件的本质部分，应当被理解为没有其他用途的专用品。参见：特許庁総務部総務課制度改正審議室編『平成14年改正産業財産権法の解説』（発明協会、2002年）26頁。

接侵害情形下的部件，虽然没达到成立客观间接侵害部件的程度，但是除了以对专利发明问题解决不可或缺为要件，还要求知晓该发明是专利发明以及该部件是用于发明的实施，并对该部件进行生产或转让等行为。这种情形下，所谓的对问题解决不可或缺的部件，就是以专利发明的解决手段为基础、作为技术思想核心的特征部分所构成的部件，也就是应当被称为专利发明本质部分的部件。[76]这一要件与教唆或者帮助他人直接侵害专利权的不法行为不同，虽然可以成立作为差止请求对象的间接侵害，但是为了防止专利权效力的不当扩张应当予以限制。[77]更进一步说，为了防止专利权的效力不当地扩大，独立说所主张的，根据对专利发明构成要件一部分的实施就直接认定成立间接侵害是不能成立的，这一点之前也已经有所论述。简要来说，所谓的间接侵害，并非是专利发明构成要件的全部，而是其中一部分，但若是仅对于专利发明为了解决课题采用的特征部分也即本质部分进行实施行为，且前提是从事了直接侵害行为，那么这种部分实施行为就是不法行为。

　3. 权利用尽

　　在用尽论中，前述第二类型中构成发明本质部分的部件，是以专利发明的解决手段为基础形成技术思想核心、构成特征部分的部

76　例如，以"プリント基板メッキ用治具事件东京地判"为例的话，为了使得印刷基板的安装与拆卸变得更简便的"保持部件"，和通过弹性将印刷基板固定在治具本体上的"clip"，都是对于发明实施必要的部件，并且保持部件是对解决发明的课题所不可或缺之物，但是不能认可clip与保持部件之间的关联性，申请之前也已经被使用，因此不符合。

77　在德国，间接侵害上的规定同日本的主观间接侵害较为类似，但是在适用时存在扩大间接侵害范围的倾向，鉴于此，判断是否成立间接侵害以及是否符合权利用尽的例外时，能否使用相同的基准，这一点之前已有论述。

件，这与在间接侵害情形下对于问题解决不可或缺的部件是同一概 201
念。此外，若是在间接侵害中采取独立说，由于对问题解决不可或
缺的部件的提供行为都成立间接侵害，又不能将间接侵害的情形作
为权利用尽来说明，这便与日本知识产权高等裁判所墨盒案的判决
要旨形成矛盾。根据从属说的观点，需要考虑将间接侵害对象的部
件作为替换或者加工的部件进行使用，其本体部分是被权利人置于
流通中的产品。这是因为作为间接侵害对象的部件并不仅限于专利
发明构成要件之一。关于这一点，回收业者将专利产品进行回收、
对成立间接侵害的部件进行加工或替换、作为可回收产品进行销
售，这种情形应当区分于专利产品的购买者自己买入成立间接侵害
的部件、加工或替换之后继续使用的情形，对于后者，应当判断剩
余的专利产品中是否还存在可被称之为专利发明本质的部分，如此
才能够妥当地解决问题。而且相反地，侵权产品被置于流通以及权
利人将同样的重要部件置于市场流通也应当进行同样的区分，如此
才能够妥当地解决。

（二）厘清发明本质部分的重要意义

在1994年专利法修改前，专利法第36条第5款规定了，在专
利权利要求书之中，只能记载在发明的详细说明中已经记载了的、
对发明的构成不可或缺的事项。但是如此，专利权利要求书中记载
的要件都成了不可缺少的要件，这便被认为在重要性上没有了轻重
之分。与之相比，如今专利权利要求书中的记载要件有所缓和，并
非所有都必须是不可或缺的要件，因此在重要性上有了轻重之分。
从正面认可这一点的为"滚珠导向轴轴承案最3判"中提出的等同
论，在这之后对间接侵害规定的扩充也体现了同样的倾向。专利发
明真正要保护的部分正是发明的本质部分。从上面论述的部分能够

清楚地看到，在等同原则、间接侵害及用尽的情形下，存在着相同的标准。若要进一步论便是，对专利发明技术范围的认定，并不是单纯地根据专利的权利要求书中的描述进行确定，也要以说明书中公开的实施案例等为考量要素，厘清申请人所认识的发明实体、亦即发明的本质部分；对专利权利要求书中记载的部分，时而限缩、时而扩大，进行灵活的解释。而且这样的解释手法在认定等同侵权的情况下也是相同。[78]但是，厘清发明本质部分实际上是保护专利发明构成要件的一部分，根据专利权利要求书中记载的部分推论出从业者所不能预料的部分并进行保护，这便构成了专利权效力的不当扩张。针对可评价为直接侵害的行为，或者采取了从属说的前提下可以评价为间接侵害的行为，保护专利发明真正要保护的核心部分，对于在发明的使用和保护之间获取平衡而言十分重要。

202

六、结语

墨盒案在知识产权高等裁判所大合议部审理时，本人参加了2005年12月"知产高裁正式起程及今后知产诉讼的动向"座谈会（刊登在金融・商事判例增刊1236号《知识产权诉讼的动向与课题——知产高裁1周年》第208页），会上本人发言指出，"墨盒案现在还不是知产高院大合议部得出结论的时候，应等待下级法院判

78　高林龍「統合的クレーム解釈論の構築」相澤英孝＝大渕哲也＝小泉直樹＝田村善之編・中山信弘先生還暦記念論文集『知的財産法の理論と現代的課題』（弘文堂、2005年）175頁。

例的积累以及学者深入讨论"。知产高裁判决在理论层面上已充分讨论，这一判决在学者深入讨论之前就得出结论，这就会使得学者内心纠结——事到如今学者都在做些什么。本文虽然以知产高裁判决作为素材，但却是站在一个学者的立场之上提出了一个迟到很久的话题，旨在尝试构筑更深层理论。如本文能为解释权利用尽与默示许可这一艰深问题做一点贡献的话，实为大幸。

高林龙

早稻田大学大学院法务研究科教授

第七章　商品化

龙村全

　　本章旨在总结商品化许可（Merchandising License）合同的法 律意义、地位的同时，通过介绍国内外在商品化许可合同实务中普遍采用的主要合同条款，概述商品化许可合同的特征、倾向、争议点等。

一、商品化许可概说

（一）商品化的意义

1. 商品化一词的由来

商品化（merchandising）一词原本是指"具有市场研究、新产品开发、制造与市场协作、效果性广告宣传及销售等概括性功能的商品推销"。[1]

此后其含义扩大为，用于商品及服务的具有高辩识度的形象、标识的许可等，但商品化一词真正变得广为人知是在一篇论文提及该词的上述含义且该论文[2]受到关注并被多个裁判案例[3]所引用之后。以此为契机，对于具有新含义的"商品化"的法律保护引起了普遍重视，并从法律意义上进行了探讨。

一开始商品化几乎被等同于角色许可，但随着许可业的扩大，角色许可的占比相对地变小了。此外，当时使用的对象商品，也

1　Webster's New Collegiate Dictionary（1981），p.712.

2　Grimes & Battersby（1979），The Protection of Merchandising Properties, 69 Trademark Reporter 431；Anson, A Licensing Retrospective and Glimpse Into the Future, the Merchandising Reporter June/July 1984, p.4.

3　参见：International Order of Job's Daughters v. Lindeburg & Co., 633 F.2d 912, 208 U.S.P.Q（BNA）718（9th Cir. 1980）；Tuxedo Monopoly, Inc. v. General Mills Fun Group, Inc., 648 F.2d 1335,209 U.S.P.Q（BNA）986（C.C.P.A.1981）；Universal City Studios, Inc. v. Montgomery Ward & Co., Inc.,207 U.S.P.Q（BNA）852 ,1980 WL 30333（N.D.I11.1980）；In re Phillips-Van Heusen Corporation, 228 U.S.P.Q（BNA）949, 1986 WL 83642（Trademark Trial & App.Bd. 1986）；Gregory J. Battersby & Charles W. Grimes（1985），The Law of Merchandise and Character Licensing。

多是例如海报、T恤、玩具、证章等容易招致冲动消费的廉价商品（有时也会称之为大市场商品化），但是现在已经并不局限于这些商品了。商品化的对象随后扩大了，甚至扩大到不同类型的标识。例如企业品牌、设计师姓名、体育队伍及其明星运动员、音乐艺术家、大学名称等成为主流的对象或素材。

2.商品化的分类及种类

商品化可以从各种不同的角度进行分类，根据可进行许可的对象或素材不同，可以分为①角色商品化、②个人商品化（与真实人物相关的商品化）、③活动商品化、④品牌商品化。此外，④还可以追加形象商品化这一范畴。[4]

当然，在商品化许可中，角色许可的占比是极大的。角色商品化大致就是指将想象中的（或是真实人物）角色的个性化特征用于各种商品及服务，意图利用用户对该角色的好感度、提升其购买该商品或者使用该服务欲望的一种商业活动。[5]另外，架空的角色一般被称为"虚构角色"，真实人物被称为"真人角色"。角色商品化可以说是一种典型的商品化类型。

3.商品化的对象

从许可人的角度来看，商品化许可的对象或素材可以理解为一种财产。如前所述，这是一种通过将该素材拥有的特征用于各种商品或服务、利用用户对该形象的好感度提升其购买该商品或者使用该服务的欲望的财产。因此，商品化许可的对象或素材可称之为商品化资产。在英美法系的合同中，有时会使用"商品化财

4　牛木理一『キャラクター戦略と商品化権』（発明協会，2000年）541頁。

5　Heijo E. Ruijsenaars (1994), The WIPO Report on Character Merchandising, IIC Vol.25, p.532.

206 产"（merchandising property）这一措辞。

　　商品化财产存在于各种领域内各式各样的形态中。例如：①电影、电视剧的主人公，出场人物（这些称为"角色"）以及这些角色的姓名或名称、姿势或形态；②动画、漫画、动漫中的主人公，出场人物（角色）以及这些角色的姓名或名称、姿势或形态；③演员、歌手等艺人的姓名、肖像、姿态、声音；④体育选手的姓名、肖像等；⑤企业的名称、logo（例如Coca Cola，SONY等）、商品名称；⑥设计师及品牌名称、logo；⑦团体（非营利团体、体育队伍、职业体育联盟、体育团体等）、大学名称（例如UCLA、Harvard University等）；⑧主题公园（例如Disney World等）以及建筑物的名称或logo、举办的暂时性活动（例如奥运会、世界杯、世界博览会、商业秀等）的名称或logo；⑨动物、鱼、昆虫（电影、电视剧等中出场的动物之类的、赛马等）的名称或肖像；⑩电影、电视节目、漫画、动漫、小说等的标题；⑪著名绘画、美术品、汽车、飞机、建造物；⑫标语、口号、宣传语等，涵盖各个方面。

　　从更广义来讲，商品化财产还包括：⑬小说、电影、电视剧的故事及情节；⑭电视节目的创意、构思；⑮文具、手账等的创意；⑯店铺的外部装饰、形象等。

　　近来，通过广义上的软件、电影、音乐、游戏软件、漫画及动漫等、广播、计算机、网络向消费者提供的商品或服务一般被称作"内容产业"[6]，从广义上来讲，这些商品化财产也可以说是内容产业

---

6 《关于促进内容的创造、保护以及应用的法律》（平成16年法律第81号）（以下称作"内容产业促进法"）中规定，"内容产业"是指"电影、音乐、戏剧、文学艺术、照片、漫画、动漫、电脑游戏以及其他文字、图形、色彩、声音、动作或影像或者是前述的组合物，又或者与前述相关的以电子计算机为媒介提供的程序等，在人类的创造活动中产生的属于教育与娱乐范畴的内容物"（第2条第1项）。

的一种（确切来讲是内容产业的素材）。

　　同时，近来对为公众所熟知的棒球场、音乐厅、纪念碑及纪念　207
设施名称冠之以特定的企业名常常被作为一种商业交易进行，有时
这被称作是"冠名权"。这种冠名权也可以说是反过来将著名的棒
球场以及其他建筑物自身当作商品化财产。从广义上来讲，冠名权
也可以视作是商品化财产的一种类型。

（二）商品化权的意义

　　在上述与商品化财产相关的交易中，实施商品化许可的许可人的
地位被当作许可人权利，广泛称之为"マーチャンダイジング・ライ
ツ"（merchandising rights）。日本将其翻译为"商品化权"。这是因为
"マーチャンダイジング"（merchandising）译为"商品化"，所以"マ
ーチャンダイジング・ライツ"理所当然地译作"商品化权"。

　　商品化权往往被定义为"以吸引顾客为目的，将角色、真
实人物或者具有美感的设计、标识等进行商品化的权利"。[7] 换

　　7　收录于：原哲男「商品化権の使用許諾契約」遠藤浩＝林良平＝水本浩監修
『現代契約法大系4商品売買・消費者契約・区分所有建物』（有斐閣、1985年）314頁。
　　另外，关于其他商品化权利，还可以参见：伊藤信男「商品化権序説」特許
と企業89号（1976年）2頁；伊藤信男「キャラクター及び商品化権に関する若
干の疑問」工業所有権法研究14巻3号（1968年）8頁；原哲男「商品化権の使用
契約の実務（1）－（5）」NBL193号14頁、194号14頁、195号22頁、196号26頁、
197号22頁（皆为1979年）；牛木理一『商品化権』（六法出版社、1980年）4頁；
谷井精之助「商品化権」清水幸雄編「著作権実務百科」（学陽書房、1992年）；
土井輝生「商品化権契約の法的根拠」ジュリスト692号（1979年）54頁；土井輝
生『キャラクター・マーチャンダイジング──法的基礎と契約実務』（同文館、
1989年）；知的所有権実務編集会議編『商品化権・実務ルールブック』（三樹書
房、1994年）；トッパンキャラクター商品化権研究会編『キャラクター・商品化
権実務ガイド』（東京書籍、2004年）；山田徹『キャラクター・ビジネス』（PHP
研究所、2000年）。

言之，可以认为该权利的核心在于角色等对顾客的吸引力。

此外，不同的学者有不同的主张，有的主张商品化权是对商品化财产所具有的顾客吸引力进行（有时为排他性地）管理支配的权利，或者是这些顾客吸引力是为了表明不法行为意义上保护的法律利益所采纳的用语。在目前的实定法秩序下，后者的说法是可能存在的，但是既然实定法的权利中并不存在商品化权这一权利，那么从严格意义上讲，商品化权仅仅是在商品化许可中作为合同当事人的许可人所享有的地位或者整体权利的通称罢了。[8]

（三）商品化许可的意义

1.商品化许可的结构

"商品化许可"这种合同关系是指，混合了通过法定权利保护的要素与素材（作品、商标、外观设计等）以及不作为法律权利进行保护的要素与素材（例如作品标题、未进行商标注册的标识等），将由此构成的商业素材为商业交易的对象，并对此进行使用许可的合意。

在私法上，本来就可能存在未被明确规定为所谓典型合同的合同关系（任意合同），毫无疑问这种合意是有效的。但是，若该合

---

8 以往有人曾以"商品化权"这一权利为前提，以探究其法律性依据的形式提出问题，如前所述，商品化财产的形式多种多样，其中，既有具有法律权利属性的商品化财产，也有不具有法律权利属性的商品化财产，同时即使是在具有权利属性的情形下权利的内容也是多种多样的，所以，在实体法秩序中很难假定其包含的全部法律权利。假定"商品化权"是包含了前述所有法律权利的概念，探究其法律根据这一径路也不一定正确（但是，若着眼于实体，以商品化权财产一般所具有的顾客吸引力为核心，并赋予其法律保护的框架下进行立法创设，这一情况除外）。

但是问题是，如果对当事人之间的许可合同进行合同解释，该合意可解释为包含了实体法上的哪些权利使用许可、实施许可的合意？该合意虽然是当事人之间的债权性合意，但在与第三人的关系中，应该在何种范围内赋予其实体法上的权利、法律上的保护？

意仅仅是在许可人和被许可人两个当事人之间通过合意设定商品化权并进行许可，那么这只算是债权性合同关系，该合同的内容对第三人而言并不存在排他性的权利。[9]原则上法律（民法第175条"物权法定主义"）并不允许当事人之间通过合意创设物权，同样地，在实体法上，即使是在通常具有排他性效力的知识产权领域（专利权、实用新型权、商标权、外观设计权、著作权等）中，一般也不可以通过合意创设新的财产权（关于知识产权的法律主义[10]）。

209

如此一来，关于商品化权的法律依据（当然，其直接依据在于当事人之间的债权性合意本身），便形成了两个争议点：一是以商品化权合同的形式达成合意的合同中，包含哪些实定法上的权利许可；二是在商品化权的许可这一当事人之间的关系中，是否可以探求使其受到法律保护的途径。

大多数商品化财产，拥有在法律上受到保护的一些知识产权法上财产权的实体形态。因此，大多数情况下商品化财产往往超越了当事人之间的合同关系，直接受到法律的保护。在这种情形下，若

9　如此，不仅是法律上的权利，实务中也存在在当事人之间通过合意创设不属于法律意义上的权利并进行许可的情形。例如，软件许可中往往会形成"软件使用许可合同"这一形式的合同，虽然不存在著作权法上的"使用权"，但在该合同中当事人之间达成了设定"使用权"结构的协议，并进行许可实施。这常常用于著作权法上的与程序作品相关的复制权等许可（在其他条款中另行规定的情形也很多）（在该终端机上临时性的复制等）。

10　参见东京地判平成13・8・27判时1758号3页（ダービースタリオン事件第一审判决）、东京高判平成14・9・12判时1809号140页（ダービースタリオン事件控訴審判決）、最判平成16・2・13民集58卷2号311页（ギャロッピレーサー事件上告審判決）。井上由里子「パブリシティの権利」法学教室252号（2001年）34页；龍村全「不正競業法と知的財産権法の狭間——いわゆる物のパブリシティ権を素材として」コピライト496号（2002年）2頁。

对当事人之间的合同进行解释，很难说合同中合意放弃了对原本受到法律保护的商品化财产进行法律保护，反而在大多数情况下，当事人之间达成合意，是注意到了对商品化财产的保护是具有权利属性的权利保护。[11]另外，知识产权是一种出于政策考量、在法律保护和应用之间寻求平衡的制度设计，从公共秩序的角度与强行法规定的角度看，当事人之间可通过合意而破坏秩序，因而对此多有批判，[12]这也是因为一般认为具有权利属性的商品化财产法律保护相关的规则不应当轻易被当事人之间的合意篡改（重写）。

2.具有法律权利属性的商品化财产

（1）著作权的使用许可[13]

商品化财产的很大一部分是著作权法上的作品。关于这种财产，其许可合同可以解释为是对作品的使用进行许可的合意。著作

11　作为私法的一般原则，若当事人具有按习惯行事的意思时，则应遵从习惯（民法第92条），商业习惯也应该作为合同解释的要素之一进行考虑。当存在与商品化财产相关的固有习惯时，在进行合同解释的时候也应以此为前提进行考虑。参见大判大正10·6·2民录27辑1038页（塩釜レール入事件判决）。

12　参见：曾也裕夫「情報契約と知的財産権」ジュリスト1176号（2000年）88页。还有，关于合同对著作权规定的重申，参见：小泉直樹「ドイツにおけるコピープロテクト解除規制」ジュリスト1132号（1998年）18页；上野達弘「契約による著作権制限規定のオーバーライドをめぐる議論状況」コピライト452号（1998年）50页；小泉直樹「著作権契約はどこまで自由であるべきか」財団法人知的財産研究所編『21世紀における知的財産の展望』（雄松堂、2000年）199页。

13　有观点认为著作权的使用是以公众对作品的共享为前提，与此相反，也有观点认为商品化权是对角色商品的使用进行规制的权利，商品化权的使用不以公众对角色的共享为目的，著作权法作为商品化权在实体法上的依据，若援用其复制权会令人感觉是在"借用"，不符合著作权制度的本质。参见：佐々木正峰「キャラクターの商品化権」発明70巻10号（1973年）11页。该作者希望得到立法性的解决。参见牛木理一前注4第563页。

权法对作品施加的保护应理解为也同时赋予了该商品化财产。[14]

附有©标志的商品化财产可以明显地看出具有著作权许可的意思。同时，对于著作权，著作权法上也设有登记制度（著作权法第75条以下），虽然登记仅仅是著作权转移的对抗要件，并且仅具有推定作者（实名登记）、首次发行（公开发表）日（若是程序，则是创作完成日）的功能，但若进行了这种登记，那么显然它也包含了著作权的使用许可这一含义。

（2）商标权的使用许可

在商品化财产中，有时会由权利人一方进行商标注册。该情形可以认为是商标权的使用许可合意。另外，在进行商标注册之后的商品化财产若必须附加®标志或™标志，此时商标权许可的意思就更加显而易见了。

另外，商标权一般可以登记设定为一般使用权或者专用使用权，但为此要另行提交专利局申请书及其他必要文件作为合同书，以此为前提，使用权的存在才得以正式确认。设定使用权时，往往出现仅有许可合同的情形等，这与当事人之间的实际关系不符。

实际上，商品化财产可进行商标注册，但也存在各种状态和阶段，例如没有申请注册的商品化财产或提交申请了但尚未注册的商品化财产等。当然在有的情况下，会基于一定的原因，将其认定成

211

14　田村善之在《著作权法概说》（有斐閣、第2版、2001年）481页论述到，即使是在没有明示的使用许可的情形下，除了合同签订时的当事人内心的意思，也应从符合合同目的的角度进行合理解释。在商品化许可中，一般认为著作权法以及其他知识产权法的保护符合合同的主要目的，从合同目来看商品化许可包含了著作权等的使用许可。另外，参见：コピライト別冊『著作権契約の法理と実務』（著作権情報センター、1997年）。

是不适合注册的商品化财产，或者是将商品化财产认定为不需要严格追求财产的权利化，而仅需要以商品化财产的形式达成灵活合意即可。

（3）外观设计权的实施许可

同样地，商品化财产中也有登记为外观设计的，可以参照商标权。

3.商品化许可框架的其他保护途径

（1）不当竞争防止法

与以上实定法上的权利有所不同，许可人的商品化财产有时可以受到法令的保护。其中的典型代表是不当竞争防止法的保护。

不当竞争防止法中有两处相关规定：一是为公众所熟知的商品标识、营业标识（以下称作"商品等标识"），应防止相似商品等标识与之混同；二是应当加强对驰名标识与商品形态的保护。当商 212 品化财产是这种为公众所熟知的商品等标识、驰名标识、商品形态时，可以适用不当竞争防止法。[15] 这里不考虑当事人之间达成了排除适用不当竞争防止法的合意的情况，同时，由于不当竞争防止法是以保护竞争秩序为目的的强行性法规（其中有刑罚规定），因此无法承认其排除适用合意的效力。

不当竞争防止法既有对许可人的保护，也有对被许可人的保护。要想保护后者，条件在于，该商品化财产为被许可人所有这一点被公众所熟知，所以一般认定起来并不简单，但也还是有认定该

---

15 虽然原则上被许可人并非不受到不当竞争防止法的保护，但是被许可人手中的该许可财产一般都不容易具备为公众所熟知的商品等标识性的特点。例如，在东京地判昭和51·4·28无体裁集8卷1号144页〔仮面ライダー事件判决〕（假面骑士事件）中，商品化对象的人气综艺中角色人偶的形状，作为原告被许可人持有的商品标识并没有被认定取得周知性。

条件成立的判例。[16]同时，也有判例基于一定的要件，认定为商品等标识既是被许可人的又是许可人的。[17]

（2）不法行为法

当商品化财产被第三人随意滥用时，根据民法中不法行为（民法第709条）的相关规定，该第三人负有损害赔偿义务，于是商品化财产便受到了保护。[18]在学说和判例中，当事人间的债权性合意与不法行为法的保护两者并非相互排斥的关系，两者一般是竞合

213

16　大阪地决平成8·3·29知的裁集28卷1号140页〔ホーキンスサンダル仮処分异议决定〕。

17　最判昭和59·5·29民集38卷7号920页〔プロフットボール·シンボルマーク事件判决〕。①该商品化财产使用方法的严格统一管理；②统一的某宣传活动；③统一开展包含被许可人参与商品化经营内容的广告运营；④组织许可团体，若在此团体中通过各被许可人之间的信息交换相互帮助等，该商品化经营得以顺利进行并受到交易业界的客观认可，那么作为在共同目的下组成的团体标识，承认其商品等标识性。如上，该商品化财产作为许可经营团体的商品化经营中相关的商品等标识，适用不当竞争防止法的判决还有东京地判平成2·2·19无体裁集22卷1号34页〔ポパイ事件判决〕、东京高判平成4·5·14知的裁集24卷2号385页〔同控诉审判决〕、东京地判平成2·2·28判时1345号116页〔ミッキーマウス事件判决〕、东京地判平成6·10·17判时1520号130页（ポパイ事件判决）等。

18　以“在创作性的花样上下苦功从而以创作要素提高商品的价值”、“分毫不差的完美模仿”的方式，“在与销售地域有竞争关系的地域进行廉价销售”，“脱离公平自由竞争的允许范围”，实施“破坏法律保护范围内的营业活动”（东京高判平成3·21·17知的裁集23卷3号808页〔木目化粧纸事件控诉审判决〕）的情形，“如仅以损害对方利益为目的实施相关行为等特殊情况”的情形（东京地判平成15·1·28判时1828号121页〔スケジュール管理ソフト事件〕），或者“为损害对方利益”以“显著不公平的方法侵害”“法律保护范围内的营业利益”、“对前人花费时间、费用及精力开发研究的在先成果实施搭便车行为”等“脱离自由竞争范畴”的情形（东京地判平成15·10·31判时1849号80页〔换气用フィルタ事件〕）等，符合法律所认可的不法行为。

关系。

（3）姓名权、肖像权、形象权

有观点认为在真实人物的角色化、商品化中，该等人物（大多数情况下是演员、体育选手等名人）的姓名权、肖像权，即所谓的形象权是其受到法律保护的依据。

然而形象权并非实定法上的权利，所以其主要内容及意义并不能与前述的知识产权相提并论。形象权本身就是一种具备顾客吸引力的商品化财产，形象权的许可被认为是与商品化财产共通的。但是，因为姓名权、肖像权、形象权包含人格权的特征，所以以人格权为依据进行使用许可（所谓使用的解禁）也未尝不可。此处省略关于形象权的详细介绍（具体参见本书第八、九章）。[19]

（4）商业习惯法

私法上，习惯也是法律渊源之一（法律适用通则法第3条）。商品化许可合同中所称习惯与之是同一个概念，但在此领域中只有习惯被认可并固定下来，商品化财产才可以受到商业习惯法的

214

19　东京地判昭和51·6·29判时817号23页〔マーク·レスター事件判决〕、东京高判平成3·9·36判时1400号3页〔おニャン子クラブ事件控訴審判决〕等。

　　关于形象权，可以参见：丰田彰『パブリシティの権利』（日本評論社、2000年）；田村善之『不正競争防止法概説』（有斐閣、第2版、2003年）；内藤篤＝田代貞之『パブリシティ権概説』（木鐸社、第2版、2005年）；龍村全「パブリシティ権の理論と実務」第二東京弁護士会知的財産権法研究会編『エンターテインメントと法律』（商事法務、2005年）第87頁。

保护。[20]

（5）基于许可合同上的权利保护

①基于债权人代位权的差止请求权

关于差止请求，有观点主张是被许可人从著作权人处取得独占使用许可，基于债权人代位权（民法第423条）享有停止请求权，并且这一观点十分有力。[21]

②损害赔偿请求权

关于损害赔偿请求（第415条），取得独占使用许可的被许可

20　关于商业习惯法，可以参见：鸿常夫『商法総則』（弘文堂、全訂第4版補正2版、1994年）54頁。另外，如前所述，习惯在合同解释中也有其意义，在确认合同意思时可以参照习惯（民法第92条），但此种情形的习惯与商业习惯法的地位是有所区别的。此外，还可以参见：内藤篤『エンターテインメント契約法』（商事法務、2004年）81頁以下。

关于物的形象权，名古屋地判平成12・1・19民集58卷2号330頁〔ギャロップレーサー第一審判決〕认为，"有的情形下，根据该物的内容、顾客吸引力的程度和其他具备形象权的条件，所有权人外的人对顾客吸引力的商业性利用也应受到约束，这会形成社会普遍观念"，"本案的赛马与其他专业体育选手的情形并无表面区别，应对顾客吸引力的商业性利用进行约束，形成这一社会普遍观念的可能性是极大的"，将商业性的普遍观念作为论据之一，对物的形象权进行了肯定。该案的上诉审——名古屋高判平成13・3・6判夕1071号294頁〔ギャロップレーサー控訴審判決〕也认为，"在一定要件下应承认赛马等具有物的形象权并要进行保护，因为产生了这样的社会状况"，支持了原审判决。参见前注10。

21　参见：田村・前注14第485頁；加戸守行『著作権法逐条講義』（著作権情報センター、5訂新版、2006年）383頁。东京地判平成14・1・31判時1818号165頁〔フィンランドぬいぐるみ事件判決〕认为上述见解并非没有成立的余地，但对于只接受被许可人的许可附随业务以及专利许可费收取业务委托的人员，却否认了其差止请求权（否认的判例还有大阪地判昭和59・12・20无体裁集16卷3号803頁〔ヘアーブラシ事件〕）。

人即使无债权人代位权，也可以依据合同上的地位，以债权受到侵害为由请求损害赔偿。[22]

215 4.其他相关法令的适用——内容产业促进法

除此之外，前述的内容产业促进法中对"内容""内容的制作等""内容产业"以及"内容产业经营者"作了定义[23]，并对内容的制作、利用以及管理等作了若干规定。

该法除对国家以及地方公共团体设置了各种义务，还规定了尊重内容制作者等人的知识产权的义务（第6条第1款）、避免内容对青少年等产生不良影响的谨慎注意义务（第6条第2款），同时，该法还规定了，为了使内容得以顺利传播与流通、对于与内容相关知识产权的侵害相关信息得到及时收集以及其他适当管理得以落实，内容产业经营者有义务采取必要措施（第22条）。

从事商品化许可的经营者中既有实际从事内容制作的经营者，也有可以视为从事内容制作的经营者，所以有必要将该法作为许可经营相关的行政法规之一加以看待。

---

22 判例有东京地判平成3·5·22知的裁集22卷3号293页〔英語教科書補助教材テープ事件判决〕，前述大阪地判昭和59·12·20等。

23 "内容的制作等"的定义是"一，内容的制作；二，内容的复制、上映、公演、向公众公开以及其他利用方式（含内容复制物的转让、租赁以及展示等）；与内容相关的知识产权……的管理"；"内容产业"的定义是"以内容制作等为职业开展活动"；"内容产业经营者"的定义是"将内容产业作为主要产业进行经营的人"。

二、商品化许可实务

（一）商品化许可合同概述

下文拟从实务的角度对商品化许可合同中应注意的几个要点进行概述。

1.当事人

首先，关于商品化许可的当事人，许可人有可能是原作者、动漫电影的制片人、出版社、电视放送局等各种情形，同时，许可人可能享有该等商品化财产，也可能只享有管理的地位。在实务中，许可人往往是商品化经营的控制人，也即商品化权的管理人（被称为"商品化权窗口"等）。

这里所说的"管理"是指，在享有商品化财产整体许可权限的同时，开展许可业务。多数情况下是从原作者、制片人处接受许可人的业务委托（取得开展该业务的必要许可）。[24] 但是，在合同中，还需要确认该许可人是否具有许可商品化财产全部要素的权限。例如，当商品化财产是作品时，需要确认许可人是享有该著作权的人，还是从作者处取得再许可权限的人，这一点非常重要。后面也会讲到，被许可人有必要要求许可人在合同中保证其具有相应许可权限。

24　参见：山田・前注7第165页；トッパンキャラクター商品化権研究会・前注7第70页等。

2.商品化许可合同的合意内容

下文将围绕商品化许可合同的合意内容进行阐述，但根据合同内容的不同，存在各种各样的合意，因此也并不能一概论之。以下将只是对商品化许可中的最大公约数，即相同的部分进行概述。[25]

一般而言，从交易上的强弱关系来看，大多数情况下是许可人一方更占优势。特别是多数情况下，是对被许可人进行预定的合同，这具有附属性合同的特征，因为被许可人只能接受许可人提出的合同条件。

（二）商品化许可合同的条款

1.商品化财产的特定化

217　　毫无疑问，商品化许可中的首要问题是确定哪些商品化财产可以进行许可。合同中对于商品化财产的定义往往是特定的。但根据商品化财产的具体表现形式的不同，对其进行另行特定说明的情形（商标、公司logo等）也不少。

当没有明确约定时，对于许可对象的确定往往会发生歧义。例如，在小说、动漫中，许可对象是否不仅限于标题和主人公的角色，也包括出场人物的角色；其发表制作续篇时，许可对象是否包括原作的相关人物在内，以及偶尔出现的情节是否可以作为背景进

25　另外，与商品化权相关的权利人团体有1977年建立的日本商品化权协会。与商品化权相关的合同样本，以前有该协会制作的"与商品化权相关的标准合同"，便于大众了解标准的商品化权合同的条款。具体参见：神谷操「キャラクターの商品化ビジネス」斎藤博＝牧野利秋編『裁判実務体系27　知的財産関係訴訟法』（青林書院、1977年）704頁。

行利用等。[26]

另外，该等商品化财产是否属于法律保护的范畴也亟须引起重视并进行探讨。

2.商品种类的特定化

应如何选择使用该商品化财产的商品类别，以及对哪些商品进行许可，是非常重要的合意事项。衣料（T恤）、文具、贺卡、电脑游戏、软罐头食品等，商品涵盖了所有领域。实务中往往参考商标法上的指定商品或指定服务的分类来确定范围。

另外，当商品化财产是真实人物时，应特别注意对商品的明确规定。[27]

3.许可人权限的确认

如前所述，在签订合同时，许可人是否具有对该商品化财产进行许可的权限，有时也是不明确的。[28] 一般来讲，合同中会对该点进行确认，往往设置许可人的保证条款。当许可人并非商品化财产的所有权人、只是接受管理委托的人时，特别有必要设置该条款（是否有必要从许可人以外的人处接受许可，有时也需要

218

26　参见：富冈英次「応用美術、商品化、キャラクター」西田美昭＝熊倉禎男＝青柳昤子編『民事弁護と裁判実務8　知的財産権』（ぎょうせい、1998年）621頁。

27　富冈・同前注26第621页指出，商品化权的核心问题在于具有很强人格权属性的真实人物肖像等，很难进行扩大解释，因此在这些情形中应特别注意进行明确规定。

28　岡本薫『著作権の考え方』（岩波書店、2003年）208頁。以某内容"绝对不可能知道作者是谁"为例，指出确定权利人是非常困难的，强调围绕风险管理签订合同的重要性。

进行确认）。[29]

4.许可地域范围及销售渠道

（1）许可地域范围

对于该商品，被许可人可以进行制造或销售的地域范围往往是被具体限定的。被许可人只能在该地域范围内进行制造或销售，这是一个很重要的约定。关于制造，对于被许可人是否可以将该制造分包给第三国的制造业者，有时并没有作相关约定。在分包制造时，许可人的承认程序是众多程序之一，这可以集中进行承认、解决，也可以事先通过合同进行约定。

（2）流通及销售渠道

合同中有时会限定被许可人的商品销售渠道。一般来讲对于高端品牌商品，合同中往往会有这样的限定规定。例如，将销售方的零售对象限定为大型百货店、专卖店的零售商，并禁止直接零售或电话销售。[30] 使用这一约定，大多是因为许可人认为可能会给该商品的购买者带来不好的印象，从而削弱了商品化财产对顾客的吸引力。

此外，有时也会禁止特定形式的销售或使用，如促销、作为奖品（赠品、礼品）进行使用、特价出售等形式。

同时，如后所述，根据独占禁止法，约定禁止向特定的零售商进行销售等违法行为，有时也是明确不予认可的。

---

29 当商品化财产是小说、漫画时，除漫画作者外，是否还要取得该小说原作者的许可，诸如此类的问题也属于这种情况（富冈·前注26第621页）。

30 有时有这样的条款："to sell only to jobbers, wholesalers and distributors for sale, shipment and distribution to retail stores and merchants and/or to retail stores and merchants for sale, shipment and distribution direct to the public"。

（3）网络上的销售

近来，网络上的销售行为可否作为许可的对象，以及随之而来的在此情形下指定的许可地域如何判断等成为了难题（如根据购买申请人的所在地进行判断等）。同时，如前所述，当销售渠道被限定时，网络销售可能会参照电话销售的情形被处理。若存在这种问题时，合同上也应约定明确的解决方式。

5.被许可人行为

（1）被许可的行为方式

① 一般最常见的被许可的行为方式是商品的生产和销售。当商品化财产是作品时，很大一部分被许可行为是复制、修改（改编）等。

关于生产，被许可人是必须自行生产还是可以分包给第三人，必须事先明确约定。特别是，当需要商品化财产相关的资料、原画、底版、金属模具等时，被许可人往往需要承担保密义务，而向第三人公开或出租的行为本身也必须经过许可人的许可。

② 关于使用，不仅包括商品自身的使用，还包括对商品的包装及捆包，宣传册、促销资料、广告宣传媒体的使用，这些形式的使用都应取得许可。

③ 由于独占禁止法的关系，作为销售形式之一的出口也存在一定问题。

由于商品化许可是许可合同的形式之一，也要考虑到对许可合同有普遍规制作用的独占禁止法相关规定，因此受独占禁止法的影响，若合同中存在限制被许可人的出口等条件的，会出现问题。 220

公平交易委员会通过《关于专利与技术许可合同中不公平交易方式规制的适用基准》（1989年2月15日，公平交易委员会事务局，以下简称"适用基准"），以及全面更改了适用基准而形成的《独占禁止法上关于专利、技术许可合同的指针》（1999年7月30日公平交易委员会事务总局，以下简称"指针"），对专利或技术许可合同中的出口限制作出了规制。商品化许可基本上也适用该规制，因此商品化财产若具备著作权的性质，应该也可以类推适用。在适用基准及指针中，出口的限制条款被认为是所谓的灰色条款，若对实施权人的可出口地域范围加以限制，很可能会被认定为不公正的交易方式。

但是，适用基准并不规制（a）许可人对专利产品注册专利权的地域、（b）许可人对专利产品自行经常性地开展销售活动的地域、（c）许可人认可将某一地域作为第三人的独占销售地域，指针中也延续了这一立场，在原则上上述情形不属于不公平交易方式（但是，指针将其作为考虑要素之一[31]），因此在这些情形下，便存在了对出口进行限制的可能性。

商品化财产是著作权的情形也很多，如果是著作权，现在世界大多数主要国家已加入的《伯尔尼公约》规定，公约缔约国国民的作品在每个国家享受国民待遇，自动受到保护（在国际著作权条约的缔约国，只要有著作权表示就可以享受同等待遇），几乎在全部主要国家中即使对作品进行出口限制，其也不太可能被认定为不公平的交易方式。[32] 由于商品化许可不仅限于著作权许可，因此不能一概以上述指针为依据，但至少上述（b）（c）所指地域可分别替

---

31 村上政博＝浅見節子『特許・ライセンスの日米比較——特許法と独占禁止法の交差』（弘文堂、第4版、2004年）280頁。

32 参见土井・前注7第112页。

换为商品化权自行管理的地域、第三人排他性许可的地域。[33]

（2）再许可

被许可人是否享有进行再许可的权限，这也是个重要的问题。除非有特殊情况或者是没有对这一问题作明确约定，一般被许可人是没有再许可权限的。当商品化许可合同中明确表示禁止再许可行为时，或者当接受再许可的第三人脱离原许可合同所约定的许可商品的范围实施商品化行为时，不影响原许可人对该第三人行使著作权法上的权利。[34]

6.许可的样式

对被许可人进行的许可是排他性许可还是非排他性许可，也是非常重要的内容。如果对多个经营者实施商品化许可，由于存在多个被许可人，所以往往是非排他性许可。于是，各个被许可人会采取只针对特定商品获得许可的方式。

排他性的许可又分为完全排他性许可和不完全排他性许可。前者是许可人自身也不能使用该财产的许可方式，后者是以不排除自身对该商品的许可权利为前提，不再对被许可人以外的其他第三人进行许可的许可方式。由于商品化许可中往往需要经历商品的制造这一制造工序，所以大多数情况下是前者的完全排他性许可。

另外，一般来讲，商品化许可的对象往往是大量生产品，所以

222

33　将其他被许可人生产的商品进口至某被许可人的地域，即所谓的灰色市场商品（gray market goods）问题也是争议点之一，此处仅指出该问题，不作深入探讨。

34　参见东京地判平成4·6·2判时1463号92页〔トップガン事件判决〕。

少量的用于观赏的素材很有可能不属于合同的约定范围。[35]

7.被许可人的义务

有的合同会设置条款，明确约定被许可人的义务。

不同合同的内容可能各异，但这些义务一般是，销售时的最大善意义务（best efforts）、一般的努力义务、关于商品的必要的（或是一般的）广告宣传义务、不损害许可人商品化财产相关的法定权利的义务等。同时，与商品数量相关的义务有，最低生产数量义务、最低销售数量义务等，这种情况往往与专利许可费的金额相关联。

另外，后面也会提及，有的合同还会规定许可人的禁止行为。

8.对价

不仅是商品化许可，一般许可合同都存在许可的对价。关于对价的方式可达成各种各样的合意，难以一言以蔽之。

（1）专利许可费

一般来讲，商品化许可不采取一次性支付（lump sum payment）的方式，而是采取被许可人定期支付一定比例的销售额或收益（浮动许可费，running royalty）的方式。例如，往往采取"指定商品的价格×□%×实际销售数量"或者"指定商品的价格×□%×年度许可生产数量"等计算方式计算专利许可费，根据被许可人的销售方法的不同，商品价格多数情况下以标准售价（定价）以及零售价格（生产商的销售价）为标准。另外，如存在以促销为目的等特殊情况，专利许可费也可另行商定。

---

35 富冈·前注26第620页指出，即使是设定排他性商品化权的许可人，"使用了专供于观赏的角色绘画或照片，一般不作为外观设计使用，其当然具有创作并公开的权利"。

还有一种方式是，不看被许可人的生产、销售实绩，支付一定金额的专利许可费即可。当它具有包含最低下限的含义时，可称作最低许可费（minimum royalty），或称作最低保证（minimum guarantee）。但是，即使是在这种情况下，销售实绩如果超过一定数量，也存在支付浮动许可费的可能。

（2）预付款

与浮动许可费不同，在签订合同后有可能要求提前支付许可费（advance payment，预付款）。其中，当需要支付与浮动许可费有所不同的预付款时，以及当浮动许可费的金额未达到该等金额、需要用该预付款抵充或进行扣除时，浮动许可费才发生效力（对于后者，即使并未达到该等金额，大多数情况下对差额并没有返还义务）。

（3）保证金或最低保证费用

当商品化许可是排他性合同时，或者即使是非排他性合同、其他被许可人也未经预先确定时，在该被许可人并没有生产出商品的情形下，由于许可人可能会错失其他许可的机会，所以可能会要求被许可人支付保证金（guarantees）或者最低保证费用（最低保证金）。

同时，保证金有时也与被许可人的最低保证数量（最低责任数量、被许可人所承担的具有制造或销售义务的商品数量）相关（该最低保证数量与最低保证金额相对应的情况）。按这种思维模式，可以很容易地得出以下结论：当被许可人申请追加制造销售数量时，对于追加的该订购数量，许可人也可同样要求提供最低保证费用。

（4）其他规定

另外，还有的合同规定了①支付方式、②海外贸易时的支付货

224 币（currency）、③支付迟延时根据迟延期间须支付一定比例的迟延
损害赔偿金。

（5）不返还的合意及抵销禁止

商品化许可合同中所称预付款、已支付的专利许可费等，其一
般都具有支付后不返还给被许可人的含义。同时，无论许可人一方
产生何种支付义务（例如瑕疵担保责任等），也不可与专利许可费
的支付义务相抵销。

（6）与专利许可费相关的税务处理

与专利许可费相伴而生的，还有相关税务的处理问题。一般会
约定专利许可费的金额不包括增值税（Value Added Tax）[36]、消费税
等。在国际交易中，对于增值税的处理往往会出现争议。

9.计算报告义务、监查权及账簿查阅权

（1）计算报告义务

为了正确计算出专利许可费，一般会要求被许可人以书面报告
书的形式履行报告义务。

许可人一方有时会指定计算报告书的特定格式，有时甚至会
指定报告书所应报告的事项（商品的种类、数量下的各项目明细）。
此外，关于计算报告书的制作和提交，许可人可能会要求计算报告

36　间接税的一种。增值税的课税方式有在商品的生产国课税的方式（源泉地
主义、生产地主义）和在商品的目的地或消费地课税的方式（目的地主义、消费地
主义）。增值税有出口免税的政策，因此可以起到扩大向没有增值税的国家出口的
效果。日本的消费税在多阶段课税这一点上与欧洲国家的增值税是一样的，但两者
在申报方式上并不一样（宫武敏夫『国際租税法』〔有斐閣、1993 年〕196 頁）。另
外，销售税（美国大多数州）、营业税等，各国都有各种各样的税制，也应留意增
值税与这些税种之间的关系。

书按每月或每季度或半年的频次进行制作，并且要求提交日期为期限后的10日以内，以此进行严格的管理。

（2）账簿调整义务

这些计算报告书的制作基础——账簿的整理也是被许可人的义务之一。所以，如下所示，这些账簿也是许可人一方的监查对象。 225

另外，为了接受监查，被许可人不仅应在履约期间保存该账簿，在合同终止后2—3年内也应保存该账簿，因此合同终止后，许可人一方也保有对该账簿的查阅权限。

（3）监查权及账簿查阅权

作为许可合同的一般扩大履行，对于被许可人是否真实报告了制造、销售数量，许可人保留监查的权限。

为确认被许可人专利许可费计算是否正确，许可人或被许可人指定的第三人进行监查，此时许可人或被许可人指定的第三人享有请求查阅账簿的权利。至于可请求查阅账簿的时间段，也有各种不同的约定，有的约定只要是在被许可人的营业时间内，许可人方便的话随时可以查阅，有的约定许可人须提前通知被许可人。

（4）监查结果与漏付的发现

许可人在监查后，如果发现被许可人报告的数量与实际的生产、销售数量存在一定比例（如5%）以上的误差，那么作为惩罚措施，可以要求被许可人支付迟延损害金和同等金额的损害赔偿金，并承担许可人在该情形中的监查、调查费用。

10.许可证明标签

特别是在日本的商品化许可中，作为被许可人履行真实计算并支付专利许可费义务的担保，被许可人负有在许可商品上贴附许可证明标签的义务。

许可证明标签是指许可人制作并交付给被许可人的邮票状贴纸（标签），适用于签订合同时事先确定生产、销售数量，并要求预付相对应的专利许可费的情形。对于许可证明标签制作费用的承担也可作出约定，其中由被许可人承担的情形也不少见。

另外，被许可人也有管理许可证明标签的义务，禁止被许可人将许可证明标签用于许可商品以外的贴附，也就是禁止其在约定的使用目的以外使用许可证明标签，也禁止其将许可证明标签转让、出借（倒卖）给第三人。[37]

对于购买方来讲，许可证明标签也是具有区分功能的标识，对于商品究竟是经过正当许可的正规商品还是不正当商品进行区分。通过这一功能，可以提高商品的可信赖度。

贴纸状的许可证明标签多用于适合贴附贴纸的商品（日历等印刷媒体等），但也有在制造之时就直接在商品上印刷、刻印许可证明标签的。

11.商品品质管理

（1）许可人的品质管理

为了最有效地依靠商品化财产获取收益，许可人最关注的应该是所生产的商品品质。换言之，许可人对于被许可人生产的商品，

37　土井·前注7第119页。

另外，由于许可证明标签往往会被伪造，因此在越来越多的情况下对许可证明标签自身需要进行特别的加工。例如印上"国内销售许可"这种意思的文字，对于伪造行为以私文书伪造罪（刑法第159条第1项）进行起诉等。对于伪造社团法人日本音乐著作权协会（JASRAC）制作的许可证明标签的行为，东京高判昭和50·3·11高刑集28卷2号121页认为是私自作图的行为，支持适用刑法第159条第1项的原判决（土井·前注7第119页）。

例如当商品化财产是作品时，不仅有必要从著作权人格权的角度核查作品复制、修改程度等作品的使用状况，还有必要核查质量方面的问题，如商品自身质量是否劣质、质量低下是否会损坏财产的外观。

从以上观点来看，一般要在合同中对商品的质量管理作出相关约定，特别是有的财产具有高级形象，对其设置质量管理条款至关重要。

（2）质量标准的设定

许可人有时会在合同中约定商品的质量管理标准，事先向被许可人公开表明并且要求被许可人根据该标准进行商品的生产。特别是针对高级品、品牌商品往往会有这种约定。更有甚者，有时也会要求被许可人在实际的生产中符合国际标准化组织（ISO）的特定国际标准。

（3）样品提供义务

被许可人在进行商品的设计、制作时，要提交商品及其包装、容器等实物，许可人在确认并检查商品化财产的使用状况并认可后，才表示许可被许可人在该商品上使用商品化财产。此种情形下，许可人有时也以"监修"的形式进行许可（多见于许可人一方是商品化财产的创作者或者具备其他类似身份时）。

用于商品的原画（artwork）、原稿也同样需要提供样品。这是因为有必要通过确认角色、标识等的使用形态加强对商品化财产的形象管理。至于原画、原稿的制作费用，往往需要被许可人一方承担，这也反映出交易当事人之间的利益关系。

（4）用于广告宣传、促销的资料制作义务

对于有的商品化财产，许可人一方会觉得有必要对该商品的广告宣传资料、促销工具、窗口陈列、陈列背景、店内装修等进行管理。此时，被许可人在制作这些资料、材料时，也需要事先取得许可人的同意。

（5）认可后形式变更的禁止

在取得许可人的认可之后，有时会特别禁止被许可人一方擅自对商品的形式及原画当事人进行变更。这是因为在实务中许可人的认可程序容易流于形式。反过来，许可人一方有时也会特别强调，不能以不正当的理由随意拒绝其作出的该项认可或者不能保留该项认可。

（6）认可的撤回

228 在商业中，许可人有时会保留自身在发生突发性状况时撤回认可的权限。

12.商品标识的管理

根据商品化财产的性质，许可人有时对著作权的标识及注册商标的标识负有一定的义务。要贯彻保护商品化财产，需要的是可行的管理方法。

（1）著作权标识（©标志）

©标志来源于《世界版权公约》的约定，其连接着著作权保护中的方法主义与无方法主义，发挥着"桥梁"的作用。主张方法主义的缔约国，同样承认在本国外首次出版的其他国民创作的作品，只要作出了©标志的表示，即算作满足了方法的条件。

在商品化许可中，有的会要求标记上"©标志"并指定具体的标记方法，例如"©XXXX, Inc.2007 All rights reserved"，也有的一般会要求用合理的方法、在适当的场所进行标识，或者在被许可人指定的场所进行标识。

虽然如今美国加入了《伯尔尼公约》，著作权标识的重要性降低了，但是另一方面，因为标识可以向公众宣告著作权的存在、防止权利侵害，著作权标识现在也仍被广泛利用着。

（2）®标志与™标志的标识

注册了商标的商品化财产，商标权人一般有义务附上®标志与™标志。

13.行政法规合规审查

（1）遵守行业法

用于商品化的商品种类不同，受到行政性规制的行业也不同。例如，食品受食品卫生法规的规制，玩具一般需要遵守法令，并且为行业内自主的必要安全标准所规制。许可合同中也会特别要求遵守上述规制。

（2）遵守独占禁止法

另外，一般情况下所有的商品营业销售活动都需要遵守各国的独 229 占禁止法，因此许可合同有时会特别要求不违反各国独占禁止法的规定。例如，禁止仅向特定的销售商进行区别销售（不让特定的销售商销售）、不得进行显著的降价销售等禁止不公平交易行为的规定。

（3）遵守各国劳动法规等

如果商品在海外生产，围绕与该生产国的劳动法规相关的合规审查会出现各种各样的问题。[38]

38　20世纪90年代，由于耐克在生产成本廉价的发展中国家以严酷的劳动条件实施生产，因此曾发生过反压榨运动甚至发展为联合抵制运动。1998年，华特迪士尼公司也受到过来自发展中国家要求取缔残酷劳动工厂和取消雇佣童工的抗议，并发生过抗议与示威运动。参见：鈴木徳子「キャンペーンの商品化に関する実務的な観点から見た問題点」牛木理一先生古稀記念論文集刊行会編『意匠法及び周辺法の現代的課題』（発明協会、2005年）822頁。

企业的社会责任论提出了关于劳动条件、禁止儿童劳动、安全卫生等诸多观点，在与劳动法规相关的法令合规审查实施过程中，其重要性逐渐为各国企业所认知。从此角度来看，许可人有时会要求被许可人、生产人、承包商承担实行相关的行动规范及工程监督的义务，并要求被许可人在收到一定次数的不合格评价后，采取停止生产等措施（有时甚至会要求被许可人对承包方的员工人数、工作时间等业务实况进行报告）。

14.禁止行为

许可人有时会明令禁止被许可人实施以下特定行为。这些禁止事由一般就是合同的解除事由。

（1）很多合同会规定禁止许可合同中权利义务的转让，合同地位的转让，向第三人提供担保、出租、再许可等与权利转移相关的行为。

（2）禁止商品化财产的改编及修改、其形象的损毁、许可人的信用损毁等条款也很常见。

230　（3）规定禁止损毁、削弱许可人所享有知识产权的条款亦不少见。其主要内容往往是禁止侵害商品化财产的权利或禁止在事实上损害其形象及顾客吸引力。

但是，相关条款的内容若是禁止对所许可的知识产权的有效性本身提出异议，那么就是存在问题的。例如，如果他人对商品化财产进行了商标注册或外观设计注册，或者享有著作权，该条款意味着不能通过提出异议请求、申请无效审判等程序使其无效，也就不能质疑商标权、外观设计权或者著作权的效力性了。

这种权利不质疑条款，在独占禁止法上，例如在适用基准和指针中，被认定为"属于不公平交易方式的行为"。[39] 但是，若合同还规定被许可人存在异议时可解除合同这一内容的，那么原则上独占禁止法不会将其认定为不公平交易方式，[40] 因此有必要立足于独占禁止法的宗旨设置合同条款。

15.期限

合同期限也是商品化许可合同中的重要规定。

首先，须明确记载合同生效日是何时。

关于期限的长度，商品化许可合同往往倾向于规定较短期限，而且大多数情况下是1年（首次合同期限被称作"原始期限"）。

关于合同延续，须明确记载：是需要重新达成延续的合意，还是在合同终止后一定期限前通过作出延续的意思表示进行合同延续，还是合同视为自动延续。有不少合同会规定自动延续条款，例如在合同终止前3个月内若未进行通知，则视为合同自动延续。同时，合同延续后的合同期限是多久也需要事先约定。

由于合同是否延续也取决于生产商品的残余数量，所以有时需要先确认、判断已完成生产的库存商品数量和即将完成生产的商品数量。

另外，当合同是否延续的选择权交给许可人一方时，许可人有时会对该被许可人的销售实绩等因素加以考量，在附加一定条件后再延续合同。

16.制造期限的限定

制造期限的限定取决于商品每一道制造工序周期的长短。例

39　适用基准第1-1-（12）、指针第4-3-（4）认为这些行为应属于一般指定的"不公平交易方式"第13款（附拘束条件的交易）。

40　参见适用基准第1-1-（14）、第1-1-（13），指针第4-3-（4）。

如，在合同终止前3个月内，为了避免被许可人超过期限还在制造商品的情况发生，除非为满足订货量制造预期销售的商品，否则被许可人负有中止制造的义务。

17. 为制造许可商品出借资料等及二次作品的归属

（1）原画等的出借

在制造许可商品时，被许可人有时不得不使用许可人指定的原画、原稿等，以及为了方便起见，有时需要从许可人处借用其指定的原画、原稿等作为参考资料。对于许可人的出借行为有时也会进行相关约定。

（2）由被许可人进行的原画等的制作

如前所述，被许可人也可以不直接使用许可人提供的原画等，而是让第三人（承包等）制作、第三人作出原画等后再由许可人进行监修。但是，在该情形下，应明确记载其作出的关于原画等的相关权利仍然归属于许可人（如果是作品，则是二次作品）。因为在此情况下，著作权法规定，当对第27条（翻译权、改编权）、第28条（与二次作品使用相关的原作者权利）的权利具有转让目的时，如果未对该法第27条、第28条的权利作明确记载的，则视为保留该权利（第61条第2款），有鉴于此，有必要进行明确规定。

（3）底版、金属模具的制作、管理

为了许可商品的制造，许可人有时需要制作特殊的底版及模具。在该情形下，因为只要使用该底版、模具即可制造同一种商品，所以对于该底版、模具的制作费用、所有权的归属问题，当事人之间有时会另行作出合意并签订相关的协议书。

同时，为了避免使用（或使用该商品的一个组成部分）该底版、模具的被许可人在制造商品后将其倒卖给第三人（或者是将商品组成部分的一部分倒卖给第三人），有时会特别约定管理义务和保密义务。

18.合同解除

商品化许可合同的解除事由大多与其他许可合同的解除事由一致，但有的商品化许可合同也有其特殊的解除事由，例如TV动漫的角色许可合同等合同中，有如下所示的解除情形。

例如：①播放角色动漫节目的电视局中止了该节目的播放；②该电视局的该节目赞助商更替，并且该被许可人正在制造销售的产品与新赞助商的产品存在竞争关系；③被许可人被第三人收购，或者第三人取得其已发行的相当比例的股票，或者被许可人的控制股东发生变更等。

遇如上情形，最好是事先设置可重新约定合同条件的条款。

19.合同终止后的相关问题处理

（1）最终报告

合同终止后，被许可人具有提交最终报告书（Final Statement）的义务。如后所述，这是合同终止后处理相关问题的前提。

（2）清仓销售期限

对于合同终止时已完成制造的库存商品、正在制造的商品，许可人有时允许被许可人在合同终止后的一定期限内继续销售。这期间被称作"清仓销售期限"或"廉价抛售期限"（但是，有的情况下，许可人并不认可此期限，而是直接对库存商品进行回收或作废弃处理）。然而，如以未支付专利许可费等为由解除合同的，则不存在清仓销售期限。

被许可人虽然会在此期限内销售库存商品，但在清仓销售期限期满之时，库存商品可能仍有残留，此时继续延长廉价销售期限也

233

并不是没有可能。但尽管可以延长期限，库存商品总有不能售罄之时，那么结果往往是由许可人对库存商品进行回收或作废弃处理。

（3）许可人对库存商品的回收、废弃处理

许可人在合同终止时回收库存商品的，有时会让被许可人作废弃处理。其中，被许可人作废弃处理，存在两种情形，许可人或是其代理人在场监督以及被许可人提交废弃证明书（废弃证明书有时须以公证人出具的官方证明等形式提交）。此外，在确认用于生产商品的金属模具、木制铸型、底版的存放地点及数量之后，许可人会让被许可人对这些进行废弃处理或交付给自己。

20.商标注册及外观设计注册

角色的名称、电影、电视、动漫等的标题往往也能进行商标注册。

（1）许可人申请

对于仍未申请注册的商品化财产，有的商品化许可合同明确约定被许可人未事先取得许可人的承诺之时：（i）不得以自己的名义进行商标注册申请；（ii）不得将其作为商标、服务标识以及其他标识或表示进行使用。

反之，也有的商品化许可合同会对许可人进行商标申请事宜作确认性的约定。此时，对于已注册的商标，可以约定是设定一般使用权允许被许可人使用，还是设定专用使用权允许被许可人使用（外观设计的话，则称作"通常实施权""专用实施权"）。

（2）被许可人申请

同时，有的合同也会规定，由被许可人承担申请义务、承担商标申请注册所需的费用，并以许可人的名义进行申请（可以理解为234 是许可人委托被许可人进行申请），在获得授权的情况下，在合同期限内许可人再通过设定一般使用权（通常实施权）或是专用使用权（专用实施权）的方式允许被许可人使用。

存在争议的是合同中许可人允许被许可人以自己的名义进行申请的情况。判例认为在这种情况下，在因合同解除而导致合同终止之时，鉴于被许可人有恢复原状义务，所以其也有将注册商标返还给许可人的义务。相对应地，在此情形下，许可人须提前制作清单，列明在合同终止之时所需转移的关于注册商标的文件。

21.权利归属的确认规定

关于商品化财产的相关权利归属于谁的问题，合同中往往会设置其归属于许可人而非被许可人的确认性条款。

22.第三人侵权

商品化许可合同中也会规定第三人对商品化财产实施了不法行为时的应对措施等。这不仅是为了保护许可人的商品化财产权利所必需的条款，也是因为如果放任这种侵害行为可能会给商品化业务带来重大的影响。

在知悉有相关不法行为时，被许可人有义务立即通知许可人。此外，被许可人也需要履行如协助许可人参与诉讼等必要的协助义务。

另外，许可人往往会要求被许可人在应对第三人的不法行为时采取最佳的措施（包括法定措施），相应地还会约定此时的费用承担问题。

23.许可人的保证责任

许可合同中常常会有保证条款。其内容是，若许可财产侵害了第三人的知识产权等权利，许可人应补偿被许可人因此受到的损害。

在进行有偿许可并接受许可的前提下，许可的对象若存在法律上的瑕疵，本应公平公正的对价关系就无法成立了。被许可人在取得许可、开始大量生产并销售商品后，若该财产本身存在瑕疵，将处于巨大利益受损的不利地位。由此看来，在许可行为中，一般应当要求许可人进行上述保证。保证同样适用于商品化许可，因此常常会有相同内容的规定。

24.对商品瑕疵的担保责任

若被许可人利用商品化财产制造出的商品有物理性瑕疵，按理说许可人是无需承担责任的，但从购买方的角度来看，如果用于制造商品的商品化财产的所有人是许可人，其也有权向许可人提出索赔请求。据此观点，此条款的内容是，被许可人应将商品瑕疵责任全部归于自己，自行解决这一瑕疵，不应由许可人承担。

适用这种担保责任的情形是，因为产品制造上的问题（制造缺陷、设计缺陷、指示及警告缺陷等）或者产品的流通手段、方法、过程混乱等问题而提出了相关的索赔，而非基于商品化财产自身的索赔（商品化财产自身存在问题的，只是与前述许可人的保证责任有关）。基于上述理由的索赔，担保条款一般会约定被许可人不可将该赔偿责任推托给许可人。

236　　25.产品责任保险等相关规定

为保证被许可人能够全面履行前述对商品的担保责任，以及规避库存商品、保管中的商品化财产可能因灾害事故等而受到损害的风险，被许可人有时须承担投保的义务。

26.其他

另外，商品化许可合同与许可合同相通的条款有许多，如纠纷解决手段（专属管辖裁判所、仲裁程序）、准据法、不可抗力条款、协议条款、通知事项、保密义务、合同内容的变更手续等条款，此处予以省略。

（三）结语

以上以概括及列举的方式，列举并概述了在实务中商品化许可合同中一般会进行约定的若干要点。英美国家的商品化许可合同，比起日本使用的合同样式，更加详细且形成了一定的规格。实际上除以上涉及的几个要点外还有其他许多细致的规定，此处由于受篇幅所限，只好省略了。

龙村全

律师

第八章　形象的权利

小川宪久

本章旨在通过整理分析日本判例，对所谓"形象（publicity）的权利"进行研究，即"人们在获取相应对价的前提下许可第三人对其姓名、肖像等进行使用的排他性财产权"，并讨论其法学理论及具体运用的方式，然后再进一步探讨是否存在"物的形象"。

一、"形象的权利"的概念

由于对其法律性质的认定上存在差异，不同论述者眼中"形象的权利"的定义也会存在细微不同，但是形象权基本上可定义为：艺人、体育选手等名人在获取相应对价的前提下许可第三人对其姓名、肖像等进行使用的排他性财产权利或人身权利。这种形象的权利最早形成于1950年前后的美国判例中，在日本首次作为法律概念提出是在1976年的"马克·莱斯特（Mark Laster）案"[1]，而在此后，两国的法学理论就朝着相反方向进行探讨了。有鉴于此，本章首先对美国的法理进行概述，然后再研究日本判例，在此基础上对"形象权"进行探讨。

（一）美国"形象的权利"的概念[2]

"形象的权利"一词最早由弗兰克（Frank）法官在1953年美国联邦第二巡回上诉法院海兰案判决[3]中创设。但是此后，形象的权

1　东京地判昭和51·6·9判时817号23页。

2　关于美国形象的权利的发展，参见：丰田彰『パブリシティの権利』（日本評論社、2000年）。除该书以外，还可参考：阿部浩二「パブリシティの権利と不当利得」谷口知平＝甲斐道太郎編『新版注釈民法（18）債権（9）事務管理·不当利得』（有斐閣·1991年）564頁；西正稔「『人身権』におけるパブリシティの権利の位置付け」『第4回著作権·著作隣接権論文集』（著作権情報センター、2003年）66頁。

3　Haelan Laboratories,Inc. v. Topps Chewing Gum, Inc.,202F 2d 866（2d Cir. 1953）.

利在美国并没有作为法律理论受到普遍认可，目前有的州认为形象权是州法上的权利从而承认其是普通法的一部分，也有的州不予承认，还有的州将其作为隐私保护法的一部分进行保护，对此并没有统一的学说。[4]

最早出现在美国的涉及形象问题的案件是1902年的罗伯逊案。　239这起案件中，一位女性的肖像照片在未经同意的情况下被使用于面粉海报，纽约上诉法院以形象的权利不是普通法上既有的权利为由驳回了该女性的损害赔偿请求。以此案件为契机，纽约州制定了如今的纽约公民权法，并规定在未经同意的情况下，为广告目的或商业目的使用他人姓名、肖像的行为属于轻微犯罪或者属于不法行为。[5] 此后，佐治亚州最高法院判定形象的权利理应纳入普通法的保护范围，在历经半个世纪后，其他州也陆续将形象权视作普通法上的权利之一进行保护。

由此，形象是隐私权的一个方面这种观点逐渐为人所知。1953年，弗兰克法官在海兰案判决中指出人们享有区别于隐私权的、公开发表肖像的排他性权利，并将其命名为"形象的权利"。1954年，尼默·梅尔维尔教授发表了一篇名为《论形象权》（The Right of Publicity）的论文。[6] 于是与广告、电影、电视、广播等相关的名人

4　丰田·前注2第40页。截至1999年，27个州根据普通法或者州法承认了形象的权利，其中22个州将其纳入隐私的保护范围，例如，加利福尼亚州依据独立的财产权法对其进行保护，纽约认为其是公民权法上的形象权之一而非普通法上的权利。

5　Roberson v.Rochester Folding Box Co., 171 NY538,64 NE 442（1902）; NY Civil Right Law §50-51.

6　Nimmer（1954）, The Right of Publicity, 19 *Law &Contemp. Probs.*, p.203.

纷纷寻求将姓名和肖像（形象）公开发表，自此，隐私与金钱确立了互为表里、密不可分的关系。这种形象的权利属于财产性权利，因侵害造成的损害不应按抚恤金的性质计算，而应根据形象的价值计算金额；这一权利可以转让，主体也并不局限于人。与此相对，1960年，汀·普洛塞教授发表了一篇论文，通过分析侵犯隐私的行为，总结出四种类型的不法行为。[7]论文指出，侵害形象的权利的行为属于第四种侵害隐私行为——"冒用"（appropriation）的情况。普洛塞的理论中并未使用形象的权利一词，大多数法院使用的表达是其属于隐私侵害，并同时承认了精神赔偿和财产赔偿。

在这种情况下，1977年，联邦最高院在查西尼判决中指出，侵害隐私的不法行为和侵害形象的不法行为两者完全不同，并正面作出了"形象的权利"属于财产权的判断。[8]在查西尼判决后，法院虽然承认形象的权利，但如前所述，对于承认的依据各州不尽相同，而且对于死后的权利是否受到保护、保护范围是否仅限于姓名与肖像、与印刷自由有何关系等各种问题，观点也大相径庭。

（二）日本的判例

1.概要

在日本，形象的权利最早成为实质意义上争议的是在马克·莱斯特案件中。之后也有许多重复的判例，这些判例普遍承认演员、运动员等名人的形象的权利，并承认他们对所遭受侵害享有差止侵害请求和损害赔偿请求。但是其依据到底是基于人格权还是财产权，判例中仍存在争议。主要的判例观点如下。

7　Prosser（1960），Privacy, 48 *California Law Review*, p.383.

8　Zacchini v. Scripps-Howard Broadcasting Co.,433 U.S.562,97 S Ct.2849(1977).

（1）"马克·莱斯特案"判决[9]

在这起案件中，英国人气演员马克·莱斯特以他人未经其允许将其在电影中出演的一个场景使用到电视广告中为由请求损害赔偿。

裁判所承认了一般存在关于使用肖像、姓名的人格利益，并以此为前提判决认定，"演员等以无权使用人使用自己的姓名、肖像而给自己造成精神性痛苦为由请求损害赔偿的，必须满足，从使用方法、形式、目的等来看，其作为演员的评价、名声、印象等被破坏或被贬低或者有其他特殊事由……但是，如前所述，虽然降低了对演员等名人的人格利益的保护力度，但可以说普通百姓对其姓名、肖像也享有了通常无法享有的利益。换言之，有时通过将演员等名人的姓名、肖像用于商品等的宣传、促销，演员等名人的社会评价、名声、印象等会使该商品的宣传、促销得到理想的效果，从演员方来看，由于名声是自己靠努力获得的，演员等名人应当享有在获取对价的前提下允许第三人对自己的姓名、肖像进行专属性利用的利益。此处的姓名及肖像具有……与人格利益不同的、独立的经济利益……即使无权使用人使用其姓名、肖像没有给自己带来精神痛苦，此时，演员等名人也往往可以以前述的经济利益受到侵害为由获得法律的救济。"裁判所还认为，应当在商品宣传、照片拍摄的相应情形下，将应支付给名人的相应对价作为损害进行认定。

此判决虽然未使用"形象的权利"一词，但却认定隐私和形象是不同的，演员等名人由于其职业性，隐私这一人格利益减少了，但另一方面享有在获取对价的前提下允许他人使用其姓名、肖像的

241

9　同前注1。

财产性利益。此判决明确将形象利益确定为独立的财产性利益。同时，关于形象利益的依据，判决也明确指出其在于姓名、肖像所具有的顾客吸引力，所以这是一个论点明确的判决。

（2）"史蒂夫·麦昆案"判决[10]

本案中，美国著名演员史蒂夫·麦昆以他人未经允许将其在电影中出演的一个场景使用到宣传广告中为由请求损害赔偿。虽然与Mark Laster案件案情相类似，但这个判决否认了被告的过失并认定不法行为不成立，因此并未论及形象的权利。

（3）"光GENJI案"判决[11]

本案案情为，针对未经允许使用人气偶像歌手组合光GENJI的姓名、肖像的商品提起的停止侵害请求，日本裁判所作出了先予处分决定，被告对此申请撤销先予处分决定。

裁判所认定，"由于形象权的归属主体可以积极地活用其姓名、肖像所具有的独立财产价值，因此他们对于自己的姓名、肖像，有权利在获取对价的前提下允许第三人用于信息传播"，从而驳回了撤销申请。

242　　　在此案件中，裁判所首次使用了"形象权"这一词，并明确指出其作用。虽然形象权本身到底是基于何种法理尚未明确，但可以认为判决将其确定为独立的财产权。

（4）"猫咪俱乐部案"第一审判决[12]

这是一起人气艺人组合"猫咪俱乐部"的成员针对未经允许使用猫咪俱乐部的姓名、肖像制作并销售日历的人提出差止请求及损

10　东京地判昭和55·11·10判时981号19页。

11　东京地判平成1·9·27判时1326号137页。

12　东京地判平成2·12·21判时1400号10页。

害赔偿请求的案件。

关于差止请求，一审指出，"由于不得违背他人的意志任意使用他人的姓名、肖像，在这一点上，人们享有受法律保护的人格性利益……如果是艺人，一般会希望或试图将自己的姓名、肖像向社会广泛公开，在此意义上艺人应受保护的利益范围和程度与其他普通人可能会有所区别。……（但是，载有姓名、肖像照的日历的销售——笔者注）姓名、肖像被认为是……买卖交易的标的物。这种方式或形式的姓名、肖像使用行为（即使是艺人——笔者注）无论如何也不能推定为承诺的内容……难以认定其是欠缺违法性的行为。而且，这种人格性利益是每一个原告固有的排他性利益，因此应支持其对损害这种人格利益的行为提起的停止侵害请求，以及构成该行为的产品销毁请求权"；对于损害赔偿请求，一审指出，"若将原告方的姓名、肖像用于商品标识带来了较高的顾客吸引力，那么可以认定该原告方的姓名、肖像自身具有产生经济利益的财产性价值。包含前述的财产性价值的姓名、肖像又为各个原告所有，因此当然地应当归属于原告方"，进而认为这种利益侵害是不法行为，故而对精神损害赔偿和财产损害赔偿请求予以了支持。

此判决虽未使用"形象的权利"这一表达，但肯定了艺人的姓名、肖像所具有的顾客吸引力，且给姓名、肖像自身带来财产性价值，并且承认侵害艺人的姓名、肖像的行为属于不法行为，这从实质上肯定了形象的权利。但是，该判决将这种财产利益的侵害视为 243 人格权的侵害，也就是认为人格权中既包含原本的人格利益又包含财产利益，这一点与"马克·莱斯特案"判决中对形象的权利的理解是有所不同的。同时，裁判所在对差止请求的认定中，一方面认为，禁止他人未经允许使用其姓名、肖像等人格权利，在艺人的场合应受到一定程度限制；另一方面认为姓名、肖像用于日历等的情形下，姓名、肖像本身是销售的对象，因此并不属于人格权应受限制的范围，由此肯定了基于人格权的差止请求。这一点较之于"马克·莱斯特案"也算扩大了人格权的保护范围。如上所述，本判决的特点在于未使用形象的权利这一概念，在人格权侵害的范畴内解决了本案，与前述普洛塞的第四类不法行为的论述是类似的。

（5）"猫咪俱乐部案"第二审判决[13]

本判决是前述案件的第二审判决，对于差止请求，本判决指出，"对于希望利用姓名、肖像提高大众知名度的艺人，在享有以隐私性为核心的人格性利益这一点上，不得不受到与一般普通人不同的约束。换言之，本案中对艺人姓名、肖像的使用行为，很难认定为是导致该艺人的社会性评价下降的使用行为；即使这点暂且不论，由于该使用行为是社会所允许的方式、形式，其提高了艺人的知名度，因此也很难认定其损害了艺人的人格性利益。但是从另一方面讲，艺人的姓名、肖像已获得特有的名声、社会评价、知名度等，将其用之于商品之后所能带来的对该商品的促销效果是众所周知的。而且，艺人的姓名、肖像所具有的顾客吸引力可以理解为，因该艺人已获得了特有的名声、社会评价、知名度等而产生的独立的经济利益或价值，因此应将其归属于该艺人特有的利益，一审认为该艺人对于这种顾客吸引力所具有的经济利益或价值享有排他性支配的财产权利，这一观点是妥当的。所以，基于前述权利，为了达到差止不法行为及预防侵权的实际效果，可以请求销毁侵权产品，这一解释也是妥当的"，从而肯定了基于排他性财产权的差止

244

---

13 东京高判平成3·9·26判时1400号3页。

请求。而对于损害赔偿，判决虽肯定了侵害姓名、肖像使用权这种财产权的损害赔偿，但并不承认在日历中使用姓名、肖像照具有损害原告人格的可能，因此否定了人格权侵害。

此判决推翻了一审的论点。对于差止请求的认定，本判决虽与一审同样并未使用"形象"这一表达，但基于与"马克·莱斯特案"一样的论据，认为对艺人等的姓名、肖像人格权保护力度虽然降低了，但其具有顾客吸引力这种独立的经济性利益，因此此判决以排他性支配这种经济性利益、价值的财产权利为前提，同时肯定了损害赔偿和差止请求，这一点意义重大。一审肯定差止请求是基于必须存在人格权损害这一前提进行理解判断的，二审则以具有排他性的财产权而非人格权为依据直接肯定了差止请求。可以想见，由于该二审判决既非基于人格权也非基于法律明文规定而肯定了差止请求权，于是饱受诟病。[14]但针对违反著作权法根本目的的上诉理由，本判决指出，"本案虽然肯定了艺人的顾客吸引力所具有的经济性利益以及支配价值的财产权具有差止请求权，但前述差止请求权等的性质与著作权法上的权利无关，不能据此认为创设了无形财产权。并且，即使从著作权法的角度来看，亦不能找出妨碍承认这种财产权的法律根据，况且两者的成立基础也是不同的。"

（6）"土井晚翠案"判决[15]

本案的事实是，仙台市将其享有所有权的诗人土井晚翠曾经

14　例如：設楽隆一「パブリシティの権利」牧野利秋＝飯村敏明編『著作権関係訴訟法』（新・裁判実務体系22、青林書院、2004年）548頁；北村行夫「顧客吸引力理論の破綻とパブリシティ権理論の再構築」コピライト2003年5月号11頁。

15　横浜地判平成4・6・4判時1434号116頁。

居住的建筑物、其面向的道路以及公交站牌，分别命名为"晚翠草堂""晚翠大道""晚翠草堂前站"，并设置标识，为此土井晚翠的后代以其侵害晚翠的隐私及形象的权利为由请求停止使用晚翠的姓名。

关于隐私的侵害，日本裁判所认为，这些标识"并未损害而是提高了晚翠的评价及名声，因此晚翠也当然并非原告侵害隐私权等人身权的对象"，因而否定了原告的主张，并指出"形象权是指歌手、表演者等艺人对其姓名、肖像的顾客吸引力所具有的经济利益或价值享有的排他性财产权利。这种权利的认定依据在于艺人的特殊性，也即通过使大众广泛知晓其姓名、肖像聚集人气，使得其姓名、肖像自身持有顾客吸引力并进行利用从而得到经济性利益。并且，诗人一般从事作诗、翻译外国文学作品等创作活动，其通过所创作出的艺术作品得到社会性评价及名声并通过版税获得收入，并不存在利用姓名、肖像具有的顾客吸引力获取经济性利益的目的，加上其姓名、肖像也并不直接具有顾客吸引力。关于这点，著名诗人晚翠亦是如此，综合本案的证据，也不能认定晚翠生前通过自己的姓名、肖像所具有的顾客吸引力获取经济利益或试图获取经济利益，因此最终并不能认定晚翠的姓名、肖像等具有形象权。再者，本案的问题在于，本案行为都是设置指示牌、公交站牌标识的行为，这种行为不仅未损害顾客吸引力，反而提高了所标示姓名的知名度；而且与不正当角色商品的销售等情形不同，本案中并未出现滥用者通过使用名称获取不正当利益并损害原权利人利益的问题"，从而驳回了原告的诉讼请求。

根据本判决可知，享有形象权的人仅限于利用姓名、肖像所产生的顾客吸引力进行经济活动的人，艺人以外的名人很难证明自己享有。假设本案承认著名诗人享有形象权，那么本案的争议焦点就变为形象权能否继承的问题了。

（7）"克里姆森国王（King Crimson）案"第一审判决[16]　246

本案事实是，日本广播局发行的书籍《克里姆森国王》刊载了英国著名摇滚乐队"克里姆森国王"的大多数成员肖像照及唱片的封面照片，队长对此以形象权遭受侵害为由请求差止出版及损害赔偿。

一审指出，"众所周知，若将已获得特有的名声、社会评价、知名度等的名人的姓名、肖像用于商品的宣传、广告并标示在商品上，可以给该商品的宣传、促销带来更好的效果。从名人的姓名、肖像中产生的顾客吸引力可以理解为是从该名人获得的名声、社会评价、知名度等中产生的独立经济利益或价值，因此应认为其属于该名人的特有利益，所以该名人对于从其姓名、肖像中产生的顾客吸引力所具有的经济利益或价值（以下称作形象价值）拥有排他性支配的财产性权利，即形象权。所以，未经允许使用属于该名人的形象价值的行为，构成侵害形象权的不法行为，该名人据此享有就遭受的损害请求赔偿的权利，同时对于这种不法行为也享有基于形象权请求差止销售等达到预防侵权的实际效果的权利"，从一般论的角度论述了形象权；对于形象权的对象，指出"另外，形象价值的本质在于名人享有的顾客吸引力，姓名、肖像是其主要内容，这是无可争议的，但也没有必要必须限定于姓名、肖像，若某种权益物可以认定为是从名人已获得的名声、社会评价、知名度等中产生的经济价值，且具有顾客吸引力，那么该种权益物也应解释为形象

16　东京地判平成 10 · 1 · 21 判时 1644 号 141 页。

权的内容"，据此认为，与将姓名、肖像用于商品一样，唱片等封面照片是否具有顾客吸引力及形象价值有时也会是个问题，这决定了封面照片是否属于形象权的内容，而这需要根据个案进行判断。

在此基础上，至于书籍出版是否属于侵害形象权的不法行为，判决指出"以往的判例明确指出了用于广告和用于商品（商品化）的两种类型，但没有理由将侵害行为限定于前述两种类型，因此像本案书籍这种，公开发布了与该名人相关的各种信息的出版物有时也可能构成对形象权的侵害。并且，判断出版物是否侵害形象权，应从出版物的内容是否以该名人的形象价值为重要构成部分这个角度出发，即从该重要部分是否利用了该名人的顾客吸引力这个角度进行个案具体的判断。在进行前述判断之时，也要慎重考虑该出版物的言论、出版自由"，认定"本案书籍整体上是以'克里姆森国王'以及包含原告在内的前述乐队相关音乐家的姓名、肖像，以及他们的音乐作品的封面照片所具有的顾客吸引力为重要构成部分而出版的"，进而支持了原告提出的停止书籍销售并进行销毁处理请求，以及与数额相当于肖像照及封面照片的使用许可费（版税）的损害赔偿请求。

另外，关于与言论、出版自由的关系，判决指出，"本案书籍整体上是以'克里姆森国王'以及原告的顾客吸引力为重要构成部分而出版的，姓名、肖像照以及封面照片起到了吸引读者注意力购买本案书籍的作用，即使本案书籍的目的在于收集'克里姆森国王'以及原告相关信息并向公众传递、扩大其知名度，也（不能——笔者注）解释成，其出版在言论、出版自由范围内因而可以免除原告的许可。"

本判决将形象权视为排他性财产权，与"猫咪俱乐部案"第二审判决一样，认可基于财产权的差止请求权。其重要特征是：形象权的对象不再限于姓名、肖像，而是"若某种权益物可以认定为是从名人已获得的名声、社会评价、知名度等中产生的经济价值，且具有顾客吸引力，那么其也应解释为属于形象权的内容"，以及侵害行为不再限于用于广告、商品的行为，而是当"出版物的内容以该名人的形象价值为重要构成部分"时，刊登各种信息的出版物也可以构成对形象权的侵害。

（8）"克里姆森国王案"第二审判决[17]

本案是上述案件的第二审判决。日本二审裁判所认为，"首先，名人的姓名、肖像等是象征着该名人的个人识别性信息，其自身具有顾客吸引力，且具有一种独立的经济利益或价值。其次，这种名人的姓名、肖像等所具有的经济利益或价值是从名人自身的名声、社会评价、知名度等中派生出来的，如果名人试图将这种经济利益或价值视为自己固有的利益或权利，那么其主张排除他人不正当使用的排他性支配权就是正当的诉求，虽然现行法中没有规定可以承认这种经济性利益或价值为权利，但应当将其作为财产利益或价值进行保护。名人对其姓名、肖像以及其他具有顾客吸引力的个人识别性信息所持有的经济利益或价值（以下称作形象价值）进行排他性支配的权利即称为形象权"，滥用形象价值的行为作为侵害形象权的行为构成不法行为；但是另一方面，由于名人的人格以及含日常生活在内的全部人格内容免不了成为媒体介绍、批判、评论的对象，而且无可否认名人知名度的获得也得益于媒体，故而媒体的介绍等本身受到言论、出版、报道自由的保障，所以名人有时也不得

248

17　东京高判平成11·2·24。

以形象权为由抵制媒体对自己的批判、自己控制信息，"使用他人的姓名、肖像等是否构成侵害形象权的不法行为，要全面客观考察使用他人的姓名、肖像等的目的、方法及形式，在此基础上分析其使用是否着眼于他人姓名、肖像等形象价值并以利用为目的，以此为依据进行判断"。

再者，二审裁判所认为本案书籍中的封面照片不能说是以利用姓名、肖像的形象价值为目的的，因为肖像照的使用量较少，所以不能说有利用形象价值的目的，书名、封面、内页、背面所载"克里姆森国王"的文字旨在使购买者注意到这是一本关于克里姆森国王的书籍，加深其视觉上的印象，并非是利用形象价值，以此为基础，指出"名人的介绍等必然反映了该名人的顾客吸引力，介绍等并不能阻挡前述顾客吸引力的影响；如果要认定为利用名人的顾客吸引力的行为，必须满足，前述行为只着眼于名人的顾客吸引力并利用其经济利益或价值；如果仅仅是在知晓名人的顾客吸引力的基础上进行介绍等行为的，则不能说是利用该名人的顾客吸引力"，从而撤销原判，驳回了原告的请求。

另外，关于与表达自由的关系，二审裁判所认为，"姓名、肖像等的顾客吸引力与言论、出版自由相关的介绍等判断标准截然不同，进行单纯的比较衡量是不恰当的，是否构成形象权的侵害要在全面客观考察使用他人的姓名、肖像等的目的、方法及形式的基础上，分析其使用是否着眼于他人姓名、肖像等形象价值并以利用为目的，以此为依据进行判断，原则上不能将其与禁止他人使用的著作权引用的情形相提并论。"

此二审判决从利用顾客吸引力这一点出发，认为本案书籍的封面照片、肖像照、书名等并不构成侵害，而就形象权的认定方式自身而言与一审并无太大区别。一审认为封面照片也可以成为形象权的对象，关于这一点，二审的表达是"姓名、肖像以及其他具有顾客吸引力的个人识别性信息"，在对封面照片的使用进行讨论之时并未作出否定的表示。再者，关于出版物，二审也是对是否可能造成形象权侵害进行判断，这一点与一审也无差异。二审与一审的区别在于出版物造成侵害的判断标准。与一审"重要部分是否利用了该名人的顾客吸引力这个角度进行个别具体的判断"的措辞不同，第二审的表达是"在全面客观考察使用他人的姓名、肖像等的目的、方法及形式的基础上，分析其使用是否着眼于他人姓名、肖像等形象价值并以利用为目的，以此为依据进行判断"。这是因为名人的介绍等必然反映了该名人的顾客吸引力，介绍等并不能阻挡前述顾客吸引力的影响，如果说是侵害，那么必须满足"仅以利用为目的"这一条件。

　　（9）"中田英寿案"判决[18]

　　这是一起著名足球运动员中田英寿以记述自己半生的书籍侵害了其隐私权和形象权为由请求差止侵害以及损害赔偿的案件。

　　关于形象权，该案裁判所指出"众所周知，若将已获得的特有名声、社会评价、知名度等的名人姓名、肖像等标示在商品上，将对该商品的促销带来有益的效果。于是，有观点认为，名人的姓名、肖像所具有的顾客吸引力可以理解为是从该名人已获得的名声、社会评价、知名度等中产生的独立的经济利益或价值，所以该名人享有排他性支配这种顾客吸引力所具有的经济价值（以下称作形象价值）的财产性权利（即所谓的形象权），基于前述财产权，

18　东京地判平成12·2·29判时1715号76页。

该名人对使用其姓名、肖像等的第三人可以请求差止使用并赔偿损失。然而，由于名人自身是大众重点关注的对象，其人格以及含日常生活、日常行动在内的全部人格内容免不了成为媒体、大众等介绍、批判、评论的对象，而且，在现代社会，名人知名度的获得也无疑少不了媒体介绍等的强有力助推。再者，考虑到媒体对名人的介绍等本身受到言论、出版、报道自由的保障，即使将名人的顾客吸引力所具有的经济价值定义为形象权进而可以使之成为法律保

251 护对象，名人也不得以享有形象权为由抵制媒体对自己的批判的权利。所以，即使形象权作为法律保护对象被认可了，对于使用他人的姓名、肖像等是否构成形象权侵害的不法行为，在具体案件中，也应在全面客观考察使用他人的姓名、肖像等的目的、方法及形式的基础上，分析其使用是否着眼于他人姓名、肖像等形象价值并以利用为目的，以此为依据进行判断"，"从书籍整体来看，对原告的姓名、肖像权的利用仅仅是其中一部分，使用了原告肖像照的照片集、日历等，其并非属于绝大部分内容都由姓名、肖像等占据的商品，不能将其判断为是仅着眼于该姓名、肖像等的顾客吸引力的情形。同时，以名人的介绍、批评等为目的撰写书籍并出版的行为属于表达、出版自由，无需经过本人允许即可进行，这种情况下，该书籍为了表明其是一本关于该人物的读物而与其他书相区别，在书名及装订上使用该人物的姓名、肖像等是理所当然的，因此前述姓名、肖像的利用，原则上是本人不得不接受的行为"，据此认为"本书对原告的姓名、肖像等的使用，如果从其使用目的、方法及形式几个方面进行全面客观的考察，也不能认定说是仅着眼于原告的姓名、肖像等所具有的顾客吸引力并加以利用的行为，即使形象权可以作为法律保护对象受到保护，也不能认定本案被告的书籍出

版行为侵害了原告的形象权"，因此并未支持原告基于形象权的诉讼请求。但对于隐私权，本判决以即使是名人也享有私生活不被肆意干扰、不公开不想为他人所知的私生活事实的权利为由，认为本案书籍侵害了原告的隐私，从而肯定了差止出版及损害赔偿的诉讼请求。

本判决并未承认基于形象权的诉讼请求，对于形象权的表达也是"所谓的形象权"，表示基于这种财产权"有观点认为可以请求差止及损害赔偿"，但并未明确表示出对"猫咪俱乐部案"高院判决、"克里姆森国王案"判决中采用的形象权具有法律效力这一观点的异议。但是，就书籍与媒体的关系，本判决所论述的部分与"克里姆森国王案"高院判决基本一致，侵害的判断标准也相同。

（10）"BUBKA 杂志特刊7案"第一审判决[19]

本案是，著名艺人作为原告就其照片未经允许被刊登在被告的杂志上一事，以形象权受侵害为由主张损害赔偿的案件。

一审裁判所指出，"众所周知，若将已获得的特有的名声、社会评价、知名度等的名人的肖像等标示在商品上，将给该商品的促销带来有益的效果，也即带来顾客吸引力；可将顾客吸引力理解为经济利益或价值，名人享有独自享受这种经济价值与财产利益的权利，这被称为形象权。另一方面，选择从事艺人等工作的人不得不容忍自己作为艺人的活动以及其他相关事项成为大众焦点，成为杂志、报纸、电视等媒体批判、评论、介绍等的对象，并且不得不容忍在相关介绍的记事部分中刊登有自己的照片等。这种介绍记事必然能反映艺人等的顾客吸引力，且其影响力无法阻挡。基于以上几

19　东京地判平成16・7・14判时1879号71页。

点，一个人的行为是否构成上述侵害形象权的不法行为，要在全面客观考察使用他人的姓名、肖像等的目的、方法及形式的基础上，分析其使用是否着眼于他人姓名、肖像等形象价值并以利用为目的，以此为依据进行判断。"关于部分刊登照片的使用，认为"使用的形式必须相当于在周刊杂志中使用那些通常应支付模特费用等的偶像写真图片，因此……照片的刊登……行为违法、侵害了形象权"，据此判断存在形象权的侵害，但是又因为不存在同种事由的判例，故而没有违法认识可能性，最终否定了不法行为的成立。[20]

253 　　关于形象权的认定方式以及在杂志中刊登照片造成侵害的判断标准，本案判决与"克里姆森国王案"的第二审判决是一致的。另外，本案提出了如何认定照片的使用形式是否构成形象权的侵害的理论，即必须达到相当于在周刊杂志中使用通常应支付模特费用等的偶像写真图片的程度——这如何与侵害的判断标准"仅以顾客吸引力的利用为目的"相衔接，本案判决尚未明确。

　　（11）"长岛—茂案"判决[21]

　　本案事实是，原告为著名的原棒球运动员、表演者，其允许被告仅在健康器材海报的使用范围内使用其肖像照及姓名，但被告通过允许杂志广告进行刊登的方式使得原告的肖像照及姓名被用于杂志广告，故而原告以形象权遭受损害为由请求损害赔偿。

　　一审裁判所判定，"被告明知自身没有权限，为了本案商品的广告宣传，允许Z公司在杂志上刊登长岛的肖像，导致本案杂志累计四次刊登该肖像等，原告对于长岛肖像等又享有所有权和管理

20　此外，此案经控诉得到的判决结果支持了全部的请求。东京高判平成18·4·26判夕1214号91页。

21　东京地判平成17·3·31判夕1189号267页。

权，因而上述行为对肖像等产生的顾客吸引力所具有的经济利益或价值，即所谓的形象权造成了侵害。前述原告由于形象权的损害遭受的损失，数额应相当于原告在杂志、报纸等纸媒体的广告宣传中允许使用长岛的肖像等所能获得的金额。"

关于本案，该裁判所的判决是以形象权的存在为前提的，并认为形象权是"肖像等产生的顾客吸引力所具有的经济利益或价值"。侵害造成的损失应当通过肖像等的许可使用费进行认定，这与侵害知识产权相一致。

（12）"矢泽永吉弹珠游戏机（Pachinko）案"判决[22]

本案案情是，原告为著名的摇滚歌手，其以弹珠游戏机的液晶画面中使用了与原告相似的画像为由，基于形象权请求生产商和弹珠游戏机商家差止使用并发布致歉广告。

该案裁判所判定，"当他人未经允许将姓名、肖像等与某人身份相关的信息用于具有商业目的的广告、宣传以及商品或服务上，将会造成人身利益侵害时，例如该人是享有特有社会名声的名人，而且与该人身份相关的信息具有特别的顾客吸引力时，将造成该人收益机会的丧失、减少、损坏等从而造成经济利益的侵害，所以不管未经允许的使用形式如何，该人可以以人格权为依据，请求他人差止使用、赔偿精神损失及财产损失，并且请求他人采取恢复信用措施等。原告所称形象权，其实是针对包含于人格权之中的上述顾客吸引力，通过管理控制这种经济利益的使用所获得的法律地位。然而，实际上关于个人身份的信息使用方式各式各样、千差万别，因此在探讨权利侵害的成立及救济方法时，不能过度强调人格权的

254

22　东京地判平成17 · 6 · 14判时1917号135页。

支配权性质，必须考虑到表达自由、经济活动自由等的对立利益，而且对于这些个别利益的衡量也必不可少，同时也必须对所使用的上述信息的内容或性质、使用目的、使用形式，以及由此造成的损失程度进行综合衡量、综合判断"，对于本案人物画像，认为"本案人物画像的制作是以原告的肖像为原型的，客观来看，看见本案人物画像在某种程度上会使人联想到原告，知晓原告的人都会产生此画像乃原告的想法，因此两者在这一程度上具有相似性"，但在此基础上也很难说该画像对顾客吸引力具有重大影响，对于被告主张的"以利用原告的顾客吸引力为目的在本案弹珠游戏机上使用本案人物画像不予认定，事实上也很难认定原告的顾客吸引力被实际使用或者遭受了损害。关于人格利益，本案中并未使用肖像权的对象——原告造型照片、影像或具体的写实照片，本案人物画仅使用了漫画形象，其制作中尽管存在原告的肖像形象，但与原告的相似性并没有那么高，而且也没有进行特别丑陋或者滑稽的描述，况且在弹珠游戏机游戏中也缺乏识别可能性，被告也不是积极地将本案人物画像使用到弹珠游戏机信息杂志当中，因此无法认定原告需要法律救济的人格利益遭受了侵害"，最终，驳回了诉讼请求。

首先，本判决将形象权解释为"针对包含于人身权之中的上述顾客吸引力，通过管理控制这种经济利益的使用所获得的法律地位"，其最大的特点在于将其视为人格权的一部分。其次，本判决认为应该受到保护的是"与该人身份相关的信息"，在判断侵害时个别的利益衡量必不可少，要进行综合判断，并以有无"需要法律救济的人格利益的侵害"为判断标准。

2.小结

如上所述，可以说对于未经允许使用名人、运动员的姓名、肖像等的行为，判例基本上都肯定了差止请求及损害赔偿的请求。[23]
但是，其依据可以分为人格权说与财产权说，前者是主张与隐私权
一样，同样属于人格权侵害，后者主张属于独立于人格权的财产
权，即所谓的形象权侵害。以人格权为裁判依据的判例是"猫咪俱
乐部案件一审""矢泽永吉弹珠游戏机案件"，将所谓形象权纳入人
格权，并将对人格权中财产利益的侵害解释为对形象权的侵害。采
用财产权说的判例有"光GENJI案""猫咪俱乐部案第二审""克里
姆森国王案第一审""克里姆森国王案第二审""BUBKA杂志特刊
7案第一审"。另外，有观点认为"马克·莱斯特案"实际上也是采
用财产权说的。

　　另外，如上所述，"猫咪俱乐部案第二审"判决之后的判例都
采用财产权说，但"矢泽永吉弹珠游戏机案"却明确支持了人格权
说。这应该是受到"急速赛马（Gallop Racer）案第三审"[24]判决的
影响。关于此案件，后文也会提到，其判决主旨是物的名称等，即
使具有顾客吸引力，在法律上也并无保护依据，所以承认其排他性
的使用权是不恰当的。由此，该判决背后法院的考量可能是，若将
以上判决主旨类推至人的姓名、肖像，可能缺乏财产权说的论据。[25]

（三）"形象权"的若干思考

256

　　如前大多数判例所示，可以说"形象权"的概念是为了对人
的姓名、肖像的财产利益进行保护而形成并确定下来的。但是，关
于其法律性质及具体的适用范围，不管是判例还是学说都未予以明

23　另外，中田英寿案件表明也有观点怀疑形象权自身是否存在。

24　最判平成16·2·13民集58卷2号311页。

25　設楽·前注14第552页讲到，这个最高裁判决认为"脱离法律规定及人身
权认定名人享有财产权之形象权这种见解是存在可预见的难度的"。

确。下面笔者将就此问题进行讨论。

1.概念

形象权一般可以理解为"为了实现商业性目的将他人的姓名、肖像用于广告及商品的权利"。但是，由于法律并未对该定义作出明文规定，因此也有观点认为权利的对象"人的姓名、肖像"在一定范围内可以扩大或类推至人格属性的利用。同时，"为了实现商业性目的""用于广告及商品"是指利用姓名及肖像的顾客吸引力的行为。

2.法律性质

关于"形象权"的法律性质，学说与判例一样，可分为（1）人格权说和（2）财产权说。

（1）人格权说主张，"形象权"是基于人格权的权利，并且属于姓名权及肖像权的一部分。例如设乐法官认为"形象权"是"演员、运动员等名人享有的、基于自己姓名与肖像等人格权的权利，是他人未经允许不得将自己的姓名、肖像用于具有商业目的的广告等的权利"。[26]在"矢泽永吉弹珠游戏机案"中，法院认定首先以人

257

26　設楽・前注14第556页。还有，在第555页讲到，在有关"正确称呼姓名的利益"的日本最高裁昭和63年2月16日判决（民集42卷2号27页）中，承认其属于人身权中的"不被他人冒用姓名的权利或利益"（最判解说民事昭和63年35页），故这个最高裁判所判决是以人身权说为依据的。但是，该最高裁判所判决的案件与形象权并无联系，虽然承认"不被他人冒用姓名的权利或利益"属于人身权，但也没有理由认为形象权可以等同视为属于人身权的"不被他人冒用姓名的权利或利益"。此外，支持人身权说的还有：渡辺修「人格権からみたパブリシティ権——パブリシティ権の理論構成の検討」著作権研究26号（1999年）33頁；五十嵐清『人格権法概説』（有斐閣、2003年）186頁；内藤篤「俳優の氏名・肖像——マーク・レスター事件」斎藤博＝半田正夫編『著作権判例百選』（別冊ジュリスト、第3版、2001年）192頁。

格权为依据，然后指出形象权是"针对包含于人格权之中的顾客吸引力，通过管理控制这种经济利益的使用所获得的法律地位"。以人格权说为依据的"急速赛马案第三审判决"则明确表示形象权为人格权。

（2）财产权说认为，姓名、肖像的利用是对其具有的顾客吸引力的利用，名人的姓名、肖像所具有的顾客吸引力是被称为形象价值的财产利益，对这种财产利益享有的可排他性支配的权利是形象权，也是独立的财产权。[27]马克·莱斯特案、猫咪俱乐部案第二审、克里姆森国王案第一审、第二审等众多最高院以下的判决都采用了这种认定意见。

（3）此外，还有人格权和财产权混和说[28]，"商品推荐决定权"和"对价请求权"二权利组成说[29]、名称或姿态等的"控制信息的权利"说[30]、不属于形象权而应适用不当竞争防止法中的防止混同规定说[31]，等等，但是不管认定为具有何种权利性质，归根结底还是人格

27　参见：竹田稔『プライバシー侵害と民事責任』（判例時報社、1991年）285頁；阿部・前注2第579頁；深山雅也『著名人のパブリシティ権』著作権研究26号（1999年）17頁；作花文雄『詳解著作権法』（ぎょうせい、第3版、2005年）169頁。

28　参见：龍村全「パブリシティの権利保護の現状と諸課題」コピライト1995年10月号6頁；北村・前注14第19頁。

29　参见：田倉保「パブリシティ権」田倉整先生古稀記念論文集刊行会『知的財産をめぐる諸問題』（発明協会、1996年）479頁。

30　参见：関堂幸補「パブリシティ権の再構成」著作権研究29号（2002年）181頁。

31　参见：井上由里子「パブリシティの権利の再構成」筑波大学大学院企業法学専攻十周年記念論集刊行委員会編『現代企業法学の研究』（信山社、2001年）127頁；西正・前注2第90頁。

权和财产权的其中一种。[32]

（4）在围绕形象权的本质进行讨论时，关于如何认定其适用范围、法律效果总是会产生分歧。关于"主体"，人格说将其限定为自然人，财产说则认为只要是具有顾客吸引力即可，没有理由将主体限定为自然人。关于"损害赔偿"，人格权说将其限定为精神损害赔偿费，财产权说则支持使用的对价。关于"差止请求"，人格权说予以承认，但财产权说认为，主张财产权本身并没有法律根据，因此能否支持差止请求是个问题。此外，关于能否转让、能否继承、保护期间等问题也具有不同结论。为了克服这些差异，人格权说从人身权的财产性角度、财产权说则从具有排他性的财产权等角度进行说明，甚至还有学说认为形象权同时具有人格权和财产权的内涵。

258

（5）私认为，形象权应属于财产权，其依据在于姓名、肖像所具有的顾客吸引力的财产价值。人格权说试图在姓名权、肖像权这种人格权中寻找依据，但人格权与隐私权的概念一样，并不能说明顾客吸引力这一财产价值受到保护。"矢泽永吉弹珠游戏机案件"中裁判所表示，形象权是指"针对包含于人格权之中的顾客吸引力，通过管理控制这种经济利益的使用所获得的法律地位"，但是对于人格权中为什么具有对经济利益的使用进行控制的法律地位这一问题，并未作出明确说明。斋藤教授[33]批评道，主张人格权能够控制财产价值，"无非是在说，人格权是另一种独立的对世权"。

32　此外，阿部・前注2第579页提到，虽然是财产权，但其是与著作邻接权再邻接的权利。

33　参见：斎藤博「氏名・肖像の商業的利用に関する権利」特許研究15号（1993年）21頁。

将顾客吸引力视为个人属性一部分的学说[34]也是如此。人格权说主张，形象权是在人格权的基础上的权利，与此同时又认为其是受保护的财产利益，那么这无非是在论述形象权既是人格权又是财产权。[35]"急速赛马案第三审判决"虽然指出，物的名称等即使具有顾客吸引力也因无法律根据而无法承认其具有排他性使用权，但也没有对人的形象权本身作出说明。

形象权是基于商业性目的将他人的姓名、肖像等用于广告、商品等中的权利。这种权利是以姓名、肖像具有顾客吸引力，并有广告等商业性利用价值为前提的。这种价值表现为财产价值而非人格性价值。因此，未经允许进行使用是对财产价值的侵害，而非对人格权的侵害。笔者认为形象权只能被认定为是财产权。

259

另外，一个人对其姓名及肖像享有形象权与这个人享有姓名权、肖像权以及隐私权等两者并非排斥的关系。演员、运动员等名人依然享有隐私权、姓名权以及肖像权。所以，即使存在因为是名人所以隐私范围缩小或者姓名权、肖像权受到限制的情况，这些权利的侵害只要根据各自的构成要件进行判断即可，没有必要也不应该将形象权包含在这些权利之内进行判断。[36]

34　参见北村·前注14。

35　参见渡边修副教授认为，与德国著作权一元论一样，以人身权本身包含财产权为前提，可以将形象权视为人身权。这种解释与这里所说的人身权说又有些许不同。渡边·前注26第39页；渡边修「人格メルクマールの利用権——人格権の一元的構成に関する覚書き」法学60巻6号（1996年）286頁。

36　关于马克·莱斯特案，有人认为隐私权与形象权在一个人的人身权中是互为表里的关系，可以理解为如果隐私权缩小，那么形象权就会扩大，但笔者认为判决中并未表明存在这种此消彼长的关系。判决仅表明，演员等名人因他人未经允许使用姓名、肖像的行为遭受精神痛苦而可以请求赔偿的情形虽然减少了，但对于商业性利用造成财产利益的侵害，依然能够受到法律救济，人身权与财产权是两种不同的权利。

3.保护对象

自然人形象权的保护对象是姓名和肖像，但若认为形象权的本质是可以归于人格权，姓名和肖像也不过是其中最典型的对象，除此之外，只要是能表现出人格性的个人识别信息均应能够成为形象权的对象。"矢泽永吉弹珠游戏机案"立足于人格权说，认为形象权具有控制顾客吸引力的法律地位，其在裁判要旨中指出，不是肖像但是与肖像相类似的画像如果具有顾客吸引力也可以成为形象权的对象；财产权说则认为本质在于顾客吸引力，主张除姓名、肖像外只要是具有顾客吸引力的均可成为形象权的对象，但其范围应该仅限于与姓名、肖像相当。虽然姓名、肖像之所以受到保护是由于其具有顾客吸引力，但若离开姓名、肖像谈顾客吸引力自身的保护则是与形象权的概念相矛盾的。[37]

260　关于物的形象权后面也会提及，除其本质上具有顾客吸引力这一点与自然人的形象相同外，其他没有任何共同之处。在讲述自然人的形象权时，笔者以为顾客吸引力不能全部作为形象权受到保护，同样地，物的名称等也不能仅仅因为其具有顾客吸引力而受到保护。笔者认为物的形象应从另外的角度进行探讨。

4.权利主体

形象权的主体是否应仅限于名人？可以看出判例的前提都是以演员等的名人身份为顾客吸引力的来源。在"土井晚翠案"中，裁判所认为因为与演员身份不同，诗人的姓名、肖像不会产生形象权的问题。但是，应该说这种前提是错误的。诚然，不可否认名人的

37　虽然从逻辑的角度来看是不缜密的，但是有观点认为，在法律理论上保护姓名、肖像免受冒用的形象权是成立的，那么对姓名、肖像以外的顾客吸引力的保护问题可能应作为商标法、不当竞争防止法的问题进行考虑。

姓名、肖像可以产生很强有力的顾客吸引力，但是即使某人知名度较低，若其姓名、肖像被用于宣传广告的话，也会产生相应的顾客吸引力，进而应当承认与其顾客吸引力相对应的形象权。况且，是否知名也是一种相对价值判断，不可能设定有明确的判断标准。如此一来，主体就不一定都是演员，一般人也有产生形象权的余地。知名度是利用价值的问题，其意义在于计算损害赔偿额的大小。

那么，权利的主体是否仅限于姓名、肖像的本人呢？根据人格权说，毫无疑问，姓名、肖像的主体本人是权利主体。根据财产权说，由于艺人等形象权的本质——顾客吸引力在很大程度上得益于艺人事务所等在教育、宣传、推广活动方面的投资，因此会产生财产性权利可否归属于艺人事务所等的讨论。[38] 然而，形象权的目的在于保护姓名、肖像之本人的财产性利益，而不在于对获取顾客吸引力的投资进行保护。本人与事务所之间既不存在类似于职务著作这样的关系，也没有必要将形象权的原始归属主体认定为是事务所。[39] 另外，如后所述，由于形象权是可转让的，所以本人与事务所之间的合同可以进行约定：若成立形象权，则其归属于事务所。但是，形象权并非原始归属于事务所的权利。

261

5.可转让性

根据人格权说，由于形象权是人格权的一部分，可想而知其是专属于一身、不能转让的。另一方面，假设形象权虽然是人格权的

38　井上·前注31第171页讲到，不限于本人，事务所也享有诉权。

39　田倉·前注29第491页讲到，普通艺人的艺名与相扑手的四股名、歌舞伎的名迹或屋号、日本舞蹈的宗家、落语的艺名等具有艺名继承制度的艺名不同，后者确立了艺人的所属集体可继承其艺名的惯例，故其艺名不属于个人。

一部分但其控制财产利益从而获取法律地位，也可以得出形象权与财产权一样可转让的结论[40]，但这样一来就承认了其属于财产权从而与人格权说相矛盾。根据财产权说，形象权是财产权因而可以进行转让。[41] 那么，依据财产权说当形象权转让给第三人时，出让人是否就不能行使形象权了？形象权的转让并不会涉及登记等问题。对此，由于转让仅仅是当事人之间形成的债权性转让，所以可以认为虽然在转让的当事人之间出让人不能行使形象权，但并不妨碍出让人向第三人行使形象权。然而，这样一来，就不能保证对从受让人处取得再许可的第三人的保护。所以，应该认为转让人是不能行使形象权的。另外，姓名权及肖像权由于是人身权、不可转让，因此转让人可以行使。也就是说，作为财产权的形象权和作为人格权的姓名权、肖像权可以归属于不同的人。这与著作权和作者人格权的关系是同一个道理。

262

6. 死后的权利

当权利主体——名人死亡时，形象权是否消灭？将形象权视为人格权时，由于其专属于本人，本人死亡后其权利当然就消灭了。[42] 如果是依据财产权说，由于形象权是财产权，所以本人即使死亡，在其具有顾客吸引力的期限内形象权是不会消灭的，并且可以进行

40　五十岚·前注26第189页中讲到，由于权利的中心在于财产利益，故可以进行转让。

41　参见阿部·前注2第578页；作花·前注27第169页。另外还有井上由里子·前注31第168页讲到，不以登记制度为前提只能否定可转让性。

42　参见設楽·前注14第556页。

继承。[43]

那么，若形象权可以继承，其存续期限是多久？如果在其具有顾客吸引力的期限内不消灭的话，名人在成为历史上的人物后，其子子孙孙也都享有形象权。而且，只要对继承没有作特别的规定，形象权可以在细分后进行继承，于是形象权成了为几百人所共同共有。因此，为了避免此种情况，不得不假定形象权经过一定期限会消灭。对此，有类推著作邻接权的50年存续期限说[44]、10年说[45]、个案判断说[46]等。另外，承认形象权在一定期限后消灭，也意味着顾客吸引力的存续与权利保护期限并无联系。但是，从理论上讲如果顾客吸引力消失了，形象权也消失了，顾客吸引力是权利存续的必要条件但非充分条件。因此，若因本人死亡而失去顾客吸引力，但之后又由于某种原因再度产生顾客吸引力的，或者生前完全默默无名的人死后出名了的，这些情形下权利是否存续？[47]说起来，权利存续期限是立法事项，如无制定法则不能确定存续期限。因此，既然没有明文规定，那么本人死亡后权利即消灭的思路应该是最具有说服力的。但话虽如此，若认为在名人死亡后第二天就可以随意对其姓名、肖像等进行商业性使用，那么这种想法也是欠妥的。

263

43　参见阿部·前注2第579页；作花·前注27第170页；五十岚·前注26第190页；竹田·前注2第288页。另外还有井上·前注31第168页讲到，形象权原则上随着本人死亡而消灭。

44　参见阿部·前注2第587页。

45　参见五十岚·前注26第190页。

46　参见作花·前注27第171页。

47　可以解释为潜在性的顾客吸引力是存续的。

另外，形象权是保护具有顾客吸引力的财产价值的权利，但顾客吸引力并不稳定，是逐日变动的，因此形象权也是每天都在形成的。并且，本人死亡不可能导致顾客吸引力产生新的人身权，也就不可能产生新的形象权。所以，这样下去的话，形象权作为财产权，按理在本人死亡后20年应该会随时效而消灭（民法第167条第2款）。据此类推，笔者认为形象权的存续期间为死后20年是比较妥当的。

7.侵害行为

由于形象权是"出于商业性目的将他人的姓名、肖像用于广告、商品的权利"，因此侵害行为就是"未经允许出于商业性目的将他人的姓名、肖像用于广告、商品的行为"。有的判例立足于财产权说，指出形象权是"排他性支配姓名、肖像以及其他具有顾客吸引力的个人识别信息所具有的经济利益或价值（形象价值）的权利"，因此未经允许使用这种形象价值的行为即是侵害行为。[48] 有的判例立足于人格权说，认定"未经允许将姓名、肖像等与自己身份相关的信息用于商业性质的广告、宣传或商品、服务"[49]属于侵害。[50] 而对于具体的侵害判断标准，判例认为"要对使用他人的姓名、肖像等的目的、方法及形式进行全面客观的考察，在此基础上分析其使用是否着眼于他人姓名、肖像等形象价值并以利用为目的，以此为依据进行判断"，据此关于书籍的侵害标准是，"如果是利用名人的顾客吸引力的行为，该行为必须只着眼于名人的顾客吸引力并利

48　前注·King Crimson案件第二审判决（注17）。

49　前注·矢泽永吉弹珠游戏机案件判决（注22）。

50　这样考虑的话，"土井晚翠案件"中应该解释为，虽然利用了形象价值，但并非是以商业性目的将姓名用于宣传或商品，所以不存在侵害。

用其经济利益或价值，如果仅仅是在知晓名人的顾客吸引力的基础
上进行介绍等行为，则不能说是利用了该名人的顾客吸引力"[51]，"在
探讨权利侵害的成立及救济方法时，不能过度强调人格权的支配权
性质，也必须考虑到表达自由、经济活动自由等的对立利益，即衡
量个别利益也是必不可少的，必须对所使用的与个人身份相关的信
息内容或性质、使用目的、使用形式以及由此造成的损失程度进行
综合衡量、综合判断"[52]。

上述判例指出两种不同的观点，即强调是否主要以顾客吸引力
的利用为目的，抑或是认为对于包含损害程度在内的个别性利益进
行衡量这一点必不可少。笔者认为，损害的程度虽然影响损害赔偿
额，但与侵害的有无并无直接联系，而以个别性利益衡量进行侵害
判断的话存在许多不确定因素，从法律稳定性的角度来看是存在疑
问的。因此，是否构成侵害应以前者的标准进行判断。

8.损害赔偿请求权

对于形象权侵害，财产权说和人格权说都认为财产损害是基于
顾客吸引力产生的财产利益的损害，支持这部分的财产损害赔偿。
判例亦是如此。关于精神损害赔偿费，人格权说根据不同情况有时
会支持，但财产权说认为除非姓名、肖像的使用形式达到了损害人
格权的程度才能予以支持。

具体案例分析如下。"马克·莱斯特案"中将电影的部分镜头
作为宣传广告照片进行使用，裁判所将在拍摄商品宣传广告照片的
情形下可获取的对价认定为损害额。猫咪俱乐部案件则是未经允许

51　见前注48。

52　见前注49。

将原告方的照片用于日历中，一审支持了原告的主张，按许可其他日历（制造商）使用照片时可获取的许可费这种计算标准计算出损害额和精神损害赔偿费；二审虽然肯定了按照将照片许可使用于日历情形下通常的计算标准计算出的金额为损害额，但否定了精神损害赔偿费，理由是并没有达到损害人格权的程度。"克里姆森国王案"一审认为损害额是"原告在出版本案书籍之际通过许可使用其肖像照以及封面照片等通常可获取的金额"，以通常版税定价的10%为参考依据，认定损害额应约为版税的5.7%。"长岛一茂案"中，裁判所认定损害额是"在杂志、报纸等纸媒体广告中许可使用长岛的肖像等所能获取的金额"。

9.差止请求权

形象权侵害行为属于不法行为。通说及判例认为，不法行为是以损害赔偿为原则的，承认差止侵害请求的情形仅限于物权、人格权遭受侵害时，以及著作权法、专利法、不当竞争防止法等特别法作出规定时。关于形象权，法无明文规定，而将其视为人格权的人格权说认为在实务中承认差止侵害请求具有可能性。根据财产权说，形象权是财产权，所以对不法行为的通常理解是，若财产权遭受侵害是不承认差止侵害请求权的。但是，大多数的财产权说都承认差止侵害请求。例如，竹田法官支持差止侵害请求权，认为"形象权是对姓名、肖像这种人格权具体化后所具有的经济价值进行利用的权利，姓名权和肖像权是个人人格的象征，也可以说是基础性的人格权，一般具有排他性"[53]。其他的财产权说中也有大致同样的主张：在差止侵害的问题上，财产权属性退居后

53　竹田·前注27第290页。

位，人格权的要素突显。

判例中的"王贞治先予处分案"[54]"猫咪俱乐部先予处分案"[55]"中森明菜先予处分案"[56]"光GENJI案"[57]等先予处分案件[58]都作出了差止侵害的决定，但相关依据却并不明确。"猫咪俱乐部案"第一审判决基于人格权支持了停止侵害请求，该案第二审[59]也表明"一审认为，该艺人享有排他性地支配这种顾客吸引力所具有的经济利益或价值的财产权利，这一观点是适当的。所以，为了不法行为真正停止及达到预防侵权的实际效果，基于前述权利可以请求销毁侵权产品，这一解释也是妥当的"，基于财产权作出了支持差止侵害请求的判决。"克里姆森国王案"第一审判决[60]也一样，将形象权视为财产权，并基于财产权支持了差止侵害请求。与此相反，"中田英寿案"[61]基于财产权对差止侵害请求提出了质疑；"矢泽永吉弹珠游戏机案"[62]则认为"根据人格权说的观点，也可以对该行为提出停止侵害请求、精神损害赔偿费请求、针对财产性损害的赔偿请求乃至采取信用恢复手段的请求等"。另外，"急速赛马案"第三审判决指出，物的名称等虽然具有顾客吸引力，但由于法律上没有相关根据，故不应当承认其排他性的使用权。

266

54　东京地决昭和53·10·2判夕372号97页。

55　东京地决昭和61·10·6判时1212号142页。

56　东京地决昭和61·10·9判时1212号142页。

57　见前注11。

58　见前注12。

59　见前注13。

60　见前注16。

61　见前注18。

62　见前注22。

　　若是法律制度依据不法行为通常承认差止侵害请求权，那么在这一制度下，即使将形象权解释为财产权，也不影响认可差止侵害请求权。但由于日本并没有相关法律制度，故只凭形象权是财产权就认定权利人享有差止侵害请求权，难免有些勉强。所以，在差止侵害的问题上，财产权说就不得不主张，财产权属性退居后位，人格权的要素突显。然而，这样一来就导致了财产权统一性的缺失。笔者认为，对不法行为通常有主张差止侵害请求权的余地，但既然这样的解释通常无法予以承认，那么依据作为财产权的形象权主张差止侵害请求权也就更加无法予以承认了。但是，若侵害形象权的方式是冒用姓名、肖像，那么极可能也同时侵犯了姓名权、肖像权。因为姓名权、肖像权是人格权，所以对冒用行为可以人格权受到侵犯为由请求差止侵害。

267　　以人格权为依据的猫咪俱乐部案件第一审认为，请求差止侵害的依据在于，"不得违背意志使用自己的姓名、肖像"这种人格权性质的利益受到了侵害；矢泽永吉弹珠游戏机案件中裁判所认为"姓名、肖像等与自己的身份相关的信息未经允许被随意……使用时，人格利益遭受损害"，构成对人格权的侵犯，并且对于具有"管理控制顾客吸引力这种经济利益的法律地位"的形象权的侵害，不能依据人格权请求停止侵害。即使是依据人格权说，从形象权的财产性地位来看也应否定差止侵害请求，而应从姓名权、肖像权这种人格权的侵害出发肯定差止侵害请求。所以，以财产权为依据时，有必要差止侵害的情况应该是在形象权、肖像权这两种人格权也遭受侵害的前提之下，依据这些人格权肯定差止侵害的理由应该很充分了。

二、所谓"物的形象"

（一）"物的形象权"相关判例

关于未经允许使用物的名称、形式的行为，以商标法、不当竞争防止法为依据作出判决的判例非常之多。由于无法适用这些法律，而以所有权的权能或者物的形象权遭受侵害为由请求差止侵害、损害赔偿，这样的判例也是有的，一般这些判例会介绍与"物的形象"相关的其他判例。另外，若将形象权概括为"为了实现商业性目的将他人的姓名、肖像用于广告及商品的权利"，那么物的形象权可以概括为"为了实现商业性目的将物的名称、肖像用于广告及商品的权利"。但是，在"急速赛马案"之前，被认为是与物的形象权相关的案件判例也没有确立物的形象权这一概念，每个判例都是从利用物的照片的行为是否侵犯了物的所有权等观点出发进行讨论，没有形成对顾客吸引力的讨论，仅仅是从所有权权能的角度进行判断。[63] 所以，下文首先介绍指出了物在无体层面的利用与所有权权能的"颜真卿案件"最高裁判所判决，以及物的形象权成为争议焦点的"急速赛马案""德比赛马（Derby Stallion）案"。

---

[63] 判定物之所有权人享有控制该物之照片的使用权利的判例有"广告瓦斯气球案"（东京地判昭和52・3・17判时856号64页）、"长尾鸡案"（高知地判昭和59・10・29判夕559号291页）、"巡航型快艇案"（神户地判平成3・11・28判时1412号136页）；判定照片的使用这种无形使用不及于所有权权能的判例有"颜真卿案"（见后注64）、"枫树案"（东京地判平成14・7・3判时1793号128页）。

1. "颜真卿案"最高裁判所判决[64]

在本案中，针对将不享有著作权的水墨画图片制作出版成水墨画集的行为，水墨画的所有权人请求差止。

最高裁判决指出，"由于所有权是以有体物为客体的权利，所以应该认为，对美术作品的原件所享有的所有权仅仅是针对有形物所具有的排他性支配权能，对于无体物之美术作品本身并不享有直接的排他性支配权能"，明确了所有权的权能不及于无体财产。

2. "急速赛马案"第一审判决[65]

本案中，赛马所有权人以未经允许将著名赛马的名字用于游戏软件并制作、销售的人为对象，以侵害形象权为由请求差止销售以及赔偿损害。

裁判所认为，要承认形象权，需要大众对名人的关心、好感、憧憬、崇敬等感情延伸到该名人的姓名、肖像等，并且对关于该姓名、肖像等的商品产生的关心、所有愿望，即所谓的顾客吸引力充分发挥了作用并带来促销的效果，使得人们一致认为带有姓名、肖像等具有顾客吸引力的个人识别信息具有经济价值。这样一来，同样地，当大众对动物、特定物抱有好感、憧憬等感情时，需要对有关特定物名称的商品产生的关心、所有愿望成为一种顾客吸引力并充分发挥作用，达到大众以为其具有经济价值的程度。意图将人气用于商业性使用时，优良赛马的知名度、好感度与名人一样发挥着顾客吸引力，其名字有时也会可以认为具有形象价值，因此并不是没有承认"物"具有形象权的余地，而且形象权可以理解为是与人

64　最判昭和59·1·20民集38卷1号1页。

65　名古屋地判平成12·1·19民集58卷2号330页。

格权相独立的经济价值，所以没有理由将权利人限定于具有人格权的名人。以此为基础，由于物的名称等所具有的形象价值来源于该物的名声、社会评价、知名度等，因此应将其作为财产利益乃至权利归属于该物的所有权人并进行保护。但是，物的形象权与人格权并不具有关联性，因此不能与名人的形象权作相同解释，其必要成立要件是：有客观事实证明物的名称等具有顾客吸引力；该权利属于所有权人；通过物的转让等进行所有权的转移时，转让后的形象权亦转让；物在消灭之后只要还存在形象价值，其形象权就不消灭；物的形象权受到侵害时，可以构成不法行为并以此为由请求损害赔偿；物的形象权仅仅是取得了经济价值的权利，所以不能肯定其具有差止请求权。

3. "急速赛马案"第二审判决[66]

这是上述案件的第二审判决。判决的说理与第一审大致相同，肯定以物的形象权为依据的损害赔偿请求，但不认可差止请求。对于物的形象权与所有权的关系，判决认为物的形象权并非是以有体物为支配对象的所有权，而是以物的无体价值为支配对象的无体财产权，该无体财产权的内容、成立、存续、消灭及权利归属不过是参照所有权进行解释而已，所以物的形象权并非是所有权与无休财产权的混同或者是所有权概念的扩张。

4. "德比赛马案"第一审判决[67]

在本案中，原告认为被告使用自己享有所有权的赛马名字制作、销售家用视频游戏软件的行为属于侵犯形象权的行为，请求停

66　名古屋高判平成13・3・8民集58卷2号353页。

67　东京地判平成13・8・27判时1758号3页。

270 止软件的制作等侵害，并基于不法行为提出损害赔偿请求，行为事实与前述"急速赛马案"基本相同。

裁判所认为：（1）承认排他性权利需要实体法上的依据，不能将所有权或人格权作为对物的经济价值进行排他性支配的权利之存在依据；（2）参照与知识财产制度规定有关的全部现行法制度，在知识产权法的保护力不能及的范围内，并不能肯定排他性权利的存在。由此判决否定了物的形象权，甚至认为该行为不属于一般不法行为。

5."德比赛马案"第二审判决[68]

这是上述案件的第二审判决。裁判所认为，名人享有的形象权来源于人格权，应该认为赛马等物不享有来源于人格权的形象权，仅基于具有顾客吸引力这一点理由就承认物享有排他性支配权——形象权，并没有实体法上的依据。

6."急速赛马案"第三审判决[69]

本案是基于上述"3.'急速赛马案'第二审判决"的第三审判决。最高裁判所认为，"首先，赛马等物的所有权仅仅是该物作为有体物层面所具有的排他性支配权能，并不及于该物的名称等作为无体物的直接排他性支配权能，第三人若没有在赛马的有体物层面侵犯其所有权人的排他性支配权，那么即使该第三人在赛马的无体物层面（赛马的名字等具有的顾客吸引力）上利用其经济价值，该利用行为也没有侵犯赛马等的所有权"，并且关于物的无体（物的名称的使用等）层面的利用，在现行法上主要是与知识产权相关的

---

68 东京高判平成14·9·12判时1809号140页。

69 最判平成16·2·13民集58卷2号311页。前述"5.'德比赛马案'第二审判决"也提起了上诉，但在本案判决当日被驳回上诉，作出了不予受理的决定。

法律赋予了特定范围内的人在特定要件下的排他性使用权，以达到
权利保护的目的；"其次，从上述法律的宗旨、目的来看，虽然赛　271
马的名字等具有顾客吸引力，但在赛马名字等的使用（物的无体层
面的利用形式之一）问题上，在没有法律依据的情况下就承认赛马
的所有权人的排他性使用权是有欠妥当的；再者，对于未经允许随
意使用赛马名字等的行为是否构成不法行为，目前法律还未明确违
法行为的范围、形式等，所以不能就此得出肯定结论"，从而否定
了物的形象权，撤销了日本高院的判决。

（二）对"物的形象权"的思考

综上，可以认为物的形象权经最高裁判所审理后被否定，无法
成立。[70]

若依据财产权说认为，自然人形象权的本质在于保护姓名、肖
像等具有顾客吸引力的财产价值，对于物的形象权，其观点应该
与"急速赛马案"第一审名古屋地方裁判所的判决一致（相反，若
依据人格权说，则其观点应该与"德比赛马案"的说理及"急速赛
马案"最高裁判所的判决如出一辙）。笔者个人比较赞赏名古屋地
方裁判所判决的理论，仅根据顾客吸引力这一点不可能得出与人的
形象权相同的结论。这是因为形象权是保护人的姓名、肖像所具有
的顾客吸引力这种财产利益的财产权，但并不是说只保护顾客吸引
力。因此，不能仅以顾客吸引力为依据就承认物之形象权。

另外，前述最高裁判所判决指出：第一，"第三人若没有在赛

70　"急速赛马案"最高裁判所判决后，出现了"东京开花案"判决（大阪地
判平成16·9·28），版画所有权人对于随意复制彩色浮世绘版画并用于单行本封
面的行为请求损害赔偿，判决主文引用了"颜真卿案""急速赛马案"的最高裁判
所判决，否定了物之形象权。

马的有体物层面侵犯其所有权人的排他性支配权，那么即使该第三人在赛马的无体物层面（赛马的名字等具有的顾客吸引力）上利用272其经济价值，该利用行为也没有侵犯赛马等的所有权"，认为第三人即使利用了物的名称等所具有的顾客吸引力，也并不意味着侵犯了所有权；第二，"赛马的名字等即使具有顾客吸引力，但在赛马名字等的使用（物的无体层面的利用形式之一）问题上，在没有法律依据的情况下就承认赛马所有权人的排他性使用权是有欠妥当的"，认为在没有法律依据的情况下，不能承认对物的名称等的排他性使用权；第三，"对于未经允许随意使用赛马名字等的行为是否构成不法行为，目前法律还未明确违法行为的范围、形式等，所以不能就此得出肯定结论"，但本判决的前提是，只有知识产权法中规定的侵害行为才属于不法行为，指出由于法律并未明确规定侵害物的形象权之行为范围、形式，所以不能肯定其属于侵犯知识产权的不法行为。[71] 故最高裁判所并未就一般不法行为是否成立作出任何指示。

在前述"4.'德比赛马案'第一审判决"（东京地方裁判所判决）中，裁判所虽然否定了物的形象权，但是认为其有可能成立一般不法行为并进行探讨，然而结论是不符合一般不法行为的构成要件。这里所说的不法行为是日本民法第709条的不法行为，是关于是否构成对"他人权利或法律所保护利益"的"侵害"的问题。所以，换作是物的形象权，就成了物的名称等是否具有"顾客吸引力

71　一般不法行为的要件规定在民法第709条之中，其不法行为的范围、形式等无须其他法律再作明确的规定。木目化妆纸案（东京高判平成3·12·17知的裁集23卷3号808页）、翼系统案（东京地中间判平成13·5·25判时1774号132页）等判例认为，虽然不构成知识产权法中规定的不法行为，但可能成立一般不法行为。

这种财产价值"、某些情况下是否属于"法律所保护利益"的问题以及是否构成了"侵害"的问题。[72] 财产权说、人格权说都认为，自然人的"顾客吸引力这种财产利益"属于法律所保护的利益是毫无疑问的。如果是这样的话，物的名称等具有"顾客吸引力"，而且该"顾客吸引力"还具有"财产价值"，那么这就与自然人的情形一样，没有理由认为其不属于法律所保护的利益了。

273

这样想来，虽然"物的形象权"这种权利被否定了，但是"顾客吸引力这种财产价值"仍有受到保护的余地。因此，物的形象权问题，应作为是否构成一般不法行为的问题进行讨论。附带说明一下，当财产权说认为不应该承认侵害行为的差止请求权时，不管基于物的形象权还是基于一般不法行为都是损害赔偿的问题，"物的形象权"只是表达上的问题。

小川宪久

律师

72　最高裁判所认为"没有排他性使用权"并不等于"没有法律所保护的利益"，而且"不构成所有权的侵害"也不等于"非财产利益的侵害"。

第九章　周边领域的许可
——生成中权利等的地位

椙山敬士

　　知识产权保护问题不仅存在于专利权、著作权等法律上的"权 275利"之中，同时广泛存在于法律地位模糊的周边领域中。在法律、裁判、交易实务等各个方面，对这些领域中存在问题的处理方式很不统一。第九章将对整体情况进行概述，尝试进行若干的整理工作并提出意见。

276

一、概论

（一）问题所在

对于被明确认定为"知识产权"的专利、著作权等领域（本章称为"本领域"）[1]之外的周边部分，可依何法理予以保护或不予保护之领域（"周边领域"），本章对其进行探讨和整理，以求对该领域相关许可的意义进行研究。

（二）许可的意义

"许可"是贯穿本书的主题。本书旨在从各个角度对其意义进行探讨，但是本章在这个阶段并不建议对"许可"下定义，而是要在研究各种资料之后再尝试赋予其一些意义。

1.和法律的关系

首先，从形式上看。根据"权利"及其"许可"在法律上有无明文规定进行分类。

（1）法律上既规定"权利"又规定其"许可"的情形

专利法在"权利"之外另行规定了专用实施权（第77条）和通常实施权（第78条）。[2]

1　一般而言，专利、实用新型、商标、外观设计等都是被划分为"权利"构成，不当竞争防止法的保护则是被划分为"行为规制"构成，但是本章并不进行严格区分。根据上下文，应当足以判断是广义使用还是狭义使用。

2　商标法上规定了专用使用权（第30条）和通常使用权（第31条）。著作权法在出版权（第79条以下）之外还规定了利用许可（第63条）。

（2）法律上规定"权利"但未规定其"许可"的情形

譬如不当竞争防止法第2条第1款第1—3项规定了对周知标识等的保护，第4—9项规定了对商业秘密的保护。

（3）法律上既未规定"权利"又未规定"许可"的情形

形象权、字体、无创造性的数据库、博物馆所有的著作权保护期届满的艺术作品等。

以上无论何种情形中，以"权利"或其他主题缔结许可合同都 277 很常见。

2.许可的对象

许可的对象包括各种的"权利"、"权利"与"权利"以外之物组合而生成之物，同时将"权利"以外吸引顾客的成果与"权利"一起进行许可的情形也很多。譬如，（1）将某一产品制造相关的专利和技术进行结合，（2）将商标和综合性经营指导信息作为一个系列（垄断经销权、各种学校），（3）与运动选手相关的商品（广告宣传活动、商标、照片等作品），（4）汽车厂商的商品（通过商标将汽车对消费者的吸引力扩展至服装）等。

3.许可的内容

虽然使用了"许可"这一个词，但并不限于上述主题，被许可人被许可的内容根据合同会各有不同。例如，通常的专利许可合同中，竞争业者间为了制造产品会对物及其制造方法进行许可（暂且先称为"A级许可"）。与之相对，例如在软件的利用许可合同中，用户只能获得消极许可，即以个人使用为目的使用对象软件。此时，被许可人（合法的）利用行为不会产生新的产品（称为"B级许可"）。

4.禁止权和许可

"许可"合同中"许可"的意义不一定与理论上定义的概念完

全相符。换言之，"本领域"中，法律上赋予了专利权人、著作权人对他人行为的禁止权，[3]合同则是解除了这种禁止或特别约定了不行使禁止请求权。[4]但是法律上没有明确规定在该领域的禁止权，所以这样的定义很难适用。但尽管如此，还是存在许可合同。[5]

278

（三）与专利相关的许可

1.发明的处理方式

企业有所发明之时，可以选择提出专利申请，在公开的同时在一定期限内独占，也可以选择作为商业秘密不公开，予以事实上或不当竞争防止法上的保护或两者并用进行保护。

同时，可能成为许可对象的包括专利、专利申请中的获得专利授权的权利、商业秘密以及这些的混合。

2.违约规则

若成立专利，定会产生专利法上的效果（专用实施权的规定——专利法第77条，登记是成立要件，第98条第1款第2项；通常实施权的许可——第78条，登记是对抗要件，第99条第1款）。暂且不论对抗要件，通常实施权原则上不需要登记，但是如果登记就相当于对世性地授予独占性通常实施权。这种独占性通常实施权的情形下，专利权人固然无法向被许可人之外的第三人授予进一步许可，但专利权人自己是否可以实施？这虽然是合同解释的问题，但在约定不明之时，普遍认为基于违约规则专利权人也不能实施。

3　专利权法第2条第3款定义了"实施"，第68条规定了"专利职务发明的实施权专有"，第100条规定了侵害行为是禁止对象。著作权法第21条以下规定了复制权等"分支权"由著作权人专有，第112条规定了侵害行为是禁止对象。

4　中山信弘『工業所有権法（上）』(弘文堂、第2版増補版、2000年) 443頁。

5　关于许可合同，参见：前田哲男「ライセンス契約について」ジュリスト1283号（2005年）180-187頁。

提出专利申请后，在尚未公开的阶段也存在签订许可合同的情形。在专利申请尚未公开的阶段，专利权人和被许可人没有公开的就是秘密信息，构成Know-how许可。

3.Know-how许可

Know-how许可，即将"发明"或专利中不想保留的技术信息进行许可。实际许可的对象可能包含技巧或技能。信息本身可能是公开的甚至是完全过时的（例如，中小学校里信息从老师传给学生，尽是些没有新颖性和进步性的信息；即使这样，只要存在知识的差距，知晓者向不知者重复传授信息的行为本身就是有意义的）。尤其当被许可人是新的参与者，且许可人与被许可人之间存在技术差距时，事后看来无趣的信息也有可能成为有意义的许可对象。

被许可人由于很多问题都不明白，为提高技术水平、短时间内学习、快速获取具体信息、进行有关联性或系统的学习，常常指望前辈传授思维方式（经验）、耳提面命以相助。

这样一来，许可对象不再限于专利或与之相当的技术信息，也存在许多将这些合并许可的情形。仅仅从禁止权的解除角度思考，无视当初存在的技术差距和时间要素而对许可合同进行解释，会造成对事实的误认。

4.技术援助合同、技术导入合同

日本在技术落后的年代里，经常使用技术援助合同或技术导入合同这类合同。如文义所示，不仅包括针对实施特定的"发明"或技术信息这样的行为不能行使权利这样消极的内容，也是为了如前段"3"所述将关联知识进行综合传授。在解释每个许可合同之时，需要准确掌握从单纯解除禁止到如此广泛的教学、何为合同订立时各方的目标。

（四）差止与损害赔偿

1.研究课题

"本领域"中，差止请求的请求权基础是专利法第100条、著作权法第112条等各法律中的规定，损害赔偿请求的请求权基础是民法第709条。差止请求是为预防现在和未来的侵害，损害赔偿请求是对因过去的侵害受到的损害进行填补。

因此，"本领域"中认定权利侵害之时一定会认可差止请求吗？"周边领域"中一定不会认可差止请求吗？有必要对这些问题进行研究。

2.两个判例

在否定著作权侵害的同时肯定不法行为的案件中，在损害赔偿之外也有请求差止的情况。无论哪一案件中，虽然都未认可差止请求，但裁判内容却显示出基本观点的差异。

（1）木目化妆纸案（东京高判平成3·12·17知识产权裁判集23卷3号808页、判时1418号120页）

> 以对方的不法行为为理由请求禁止产品的制造、贩卖以及发行，尤其该不法行为乃法律上没有规定之情形时，该不法行为侵害的权利仅仅在为排他性支配权时才能认可差止请求。本案中不法行为侵害的不是此种权利。其尚且属于交易社会中应当被法律保护的商业活动之范围，不能以对方的不法行为为理由请求禁止产品的制造、贩卖以及发行。

（2）读卖新闻案（知财高判平成17·10·6）

> 一般而言对不法行为被害人的救济，可允许损害赔偿请

求而非差止请求。本案中即使探讨有无应当认可禁止请求的事实，根据前述认定的本案事实，如果不禁止被控诉人将来相关的行为，也不会招致无法恢复的损害这样严重的情况，即使根据本案全部证据，也无法找到可以肯定差止请求的事实。

综上所述，对于基于不法行为的差止请求，前者的判决很严格，后者的判决则采取了根据事实可以认可差止的口吻。　281

3.禁止与损害赔偿概论

（1）不仅仅是知识产权，也包括公害、名誉毁损等问题的差止一般处理方式均在井上治典等编的《差止与执行停止的理论与实务》[6]"序言"中有所涉及，记载如下：

> 现代社会中法学家对于差止，需要对'金钱赔偿中心主义'这一共识重新进行反思，考虑未来走向，从司法以及法律应当履行角色的传统消极主义思路中跳脱出来。这时，考虑到对未来作出终局性、确定性的决断，应当具有暂且先行尝试、若情况恶化再重新思考改正这样临时性的想法。这正是最优秀的经营者应当具备的经验资质、感觉。（第2页）

（2）此外，根据同书：

> 当初，学说判例中认为，除非损害比赔偿更严重否则不会

6　井上治典＝高橋宏志＝塩崎勤＝小山稔編『差止めと執行停止の理論と実務』判例タイムズ臨時増刊1062号（2001年）。

肯定差止，违法性阶段说处于支配地位。最近，其他学说也在兴起，其主张赔偿的目的是对过去侵害的回复，差止能使可能的侵害被抑止，因此作出作为或不作为的判决，应当结合各种要件进行个别性判断（个别要件说）。（第54页，角森正雄）[7]

以下引用泽井裕的《公害裁判的公共性》：[8]

关于差止，①被害必须是日后发生的，②必须证明将来时点的因果关系，且必须根据将来时点被害的重大性和发生概率进行综合判断，③基于个人利益禁止侵害者行为，同时也会阻害侵害者带来的社会利益，④由于投资和效果之间的不均衡，采取防止侵权措施对侵害者可能过于严苛。根据侵害行为实施防止措施，可能会出现投资和效果不均衡、对侵害者造成不利后果过大的情形。③④是抗辩，当然要根据被害和相关关系进行判断。（第27页）

（3）一般认为差止原则上只能用于物权请求权、准物权、知识产权、人格权这样的"强权利"。同样从井上等编的《差止与执行停止的理论与实务》"座谈会"[9]中，对记载了这种观点之处进行了摘录。机场诉讼、高速公路诉讼中的"侵害者"一方当然有必要对

———————

7　角森正雄「差止めと損害賠償との関係について」井上等前注（注6）53-57頁。

8　澤井裕「公害裁判における公共性」平成法学4・5合併号(2000年)1-35頁。

9　高橋宏志＝大塚直＝瀬木比呂志＝秋山幹男＝井上治典「座談会：差止めと執行停止の理論と実務」井上等前注（注6）8-36頁。

加害行为的社会要求和公共利益部分作出某种考虑。

　　差止是物权请求权项下的权利虽然是先入为主的偏见，但学说正是就此发展起来的。（第12页，高桥宏志）

　　制作权利目录的意义在于尝试对其功能进行思考，对法官而言作为差止依据的权利，临时判决中被保全的权利……对审判具有指导作用。可谓是框架。（第14页，濑木比吕志）

　　不法行为，在不是判例法的日本很容易产生草率的争辩。如此一来很难生成规制裁判的原理。（第15页，濑木比吕志）

　　不法行为领域中，私认为，正如不当竞争防止法这种特定类型的法律，立法上判断应当认可差止请求，则可以认可差止请求，不得不对此进行整理。（第15页，秋山干男）

　　所谓差止，意味着阻止现行之事，很难否认这样做需要很大勇气，因此裁判所也难免踌躇不决，考虑这样做究竟好不好，可能这正是司法的谦抑性所在。（第21页，井上治典）

　　还有相当大的公共利益部分，若两项权利发生冲突，差止将产生决定性影响。因此还是要根据被侵害的利益进行判断，简而言之，若被侵害的利益是生命、身体则可以（认可差止请求），若被侵害的利益是其他周边生活利益，则仅可认可损害赔偿。不知道是不是正在形成这样的区分呢。（第21页，濑木比吕志）

（4）对知识产品，根据同书，引用如下：

　　对于他人利用知识产品的权利，原本就与有体物上权利不

283

同，后者在物理上属于自由领域，谁都可以擅自人为设定禁止权，仅特定人可利用之，前者则意味着具有侵占他人自由领域的权利。因此，知识产权法制度宗旨在于防止没有必要的禁止权范围扩大以至于过度阻碍竞争、侵害他人自由。（第64页，田村善之）[10]

4.个人观点

虽然引用颇多，但是以上述概论为基础，对知识产权领域（包含"本领域"和"周边领域"）中差止及损害赔偿的区分似乎有点僵化。

（1）首先，本章的对象"周边领域"中某一行为是否构成不法行为，一般而言，认定损害赔偿是对过去的侵害进行填补，同时期待对将来违法行为进行抑止。即便需要平衡行为与法律强制力，一般而言已经足够。但是，若被告仅变更商品名称又继续从事违法行为，若仅做出细微变更又可以从事同样行为，这样可行吗？仅仅填补赔偿将不具有抑止力时，为制止违法行为，此时不是认可差止请求比较好吗？再者，即使第一次裁判中，也存在由于被告行为的违法性极其显著且该违法行为没有带来任何社会利益而直接判决差止的情形。

（2）相反，即使在"本领域"（不涉及"周边领域"），根据案情不是也存在判决损害赔偿而不判决差止的情形吗？

284　　①例如肯定专利权侵害的同时一定会判决差止吗？其中关系，可以参考最近美国最高法院的判例。[11]

对于在网络上经营拍卖的Ebay，基于软件相关专利提起过专

10　田村善之「特許権侵害における差止め」井上等前注（注6）64-80頁。

11　Ebay Inc. v. Mercexchange, L.L.C.［May 15,2006］547 U.S (2006). 解说参见：玉井克哉「特許権はどこまで『権利』か」パテント59巻9号（2006年）45頁。

利权侵害诉讼。地方法院肯定了专利的有效性和对专利的侵害，也判决了损害赔偿，但却以"原告希望许可"和"原告没有将专利用于商业实施"为由没有判决差止。高级法院以"除去例外情形，法院原则上应当对专利权侵害判决永久差止禁令"为由撤销原判。

最高法院将高级法院的判决撤销并发回重审。最高法院认为一审、二审都有错误。不限于专利权，法院发出差止禁令应以原告证明以下四点为前提，即：a.原告遭受了无法恢复的损害；b.以损害赔偿这一普通法上救济手段进行赔偿并不适当；c.考虑到原告和被告苦难的平衡以及衡平法上的救济正当化；d.永久禁令不会损害公共利益。最高法院以专利法第283条中"may issue"的规定为依据。

②首先形式上，日本专利法第100条、著作权法第112条均规定了"为了停止和预防损害可以请求"，即并非一定会判决差止。此外，虽然著作权法第115条中规定了恢复名誉等措施"为了恢复名誉或声望可以请求适当的措施"，但是法院判决在广告中致歉却是非常稀少的。只判决损害赔偿也可以认为是法院的强制许可制度。[12]兼顾权利的性质、"侵害"行为的社会价值以及金钱上的平衡，也存在不应当判决差止的情形。[13]

（3）简而言之，差止与损害赔偿的区分没必要过于死板。换言之，存在所谓中间阶段，阶段性处理或许可以提供更适当的保护。这样处理，法院的和解程序是否还可以正常进行？在判决程序中引入同样的方法，将会降低裁判的可预测性而过于依赖法院。但是，有所谓"和解中正义的处理不会为判决所承认"这样精妙的箴言。 285

12　即为美国所厌弃的强制许可，不是由司法作出而是由行政作出。

13　也请参照经济产业部《关于软件的知识产权相关准则》（平成18年6月13日）。

予以明确无疑是好的，同时具体判断其妥当性也很重要。法院的合理判决无论如何都应当实现，可以通过制度、运用、教育实现。笔者认为，虽然原则上根据传统的观点即可，但是对上述限制是否可以稍微放松一些？不是也存在"总之先尝试去做，情况恶化再重新考虑修正"这样临时性的思考和想法吗？

（五）周边领域的梳理

下文将根据客体和行为的不同对周边领域进行整理（表9-1；此外，著作权的外延很模糊，那里有很多周边领域，因此也加上著作权）。

表9-1　周边领域

	客体	行为
所有权	有体物	使用、收益、处分
人格权	人名、肖像	使用行为＝宣传、贩卖商品
著作权	著作物（有创造性的作品）	复制等分支权
独立类型	数据库	抽出、再利用
周知标识	商品等标识	使用等
商业秘密	商业秘密	取得、使用、公开等
不法行为	权利、法律上受保护的利益	违法侵害

286　**（六）与合同的关系**

1.交易惯例

周边领域中，即使并不一定明确受到法律保护，或者说即使裁判中不予法律保护，试图使用之人也会向与其客体存在某种关系之人请求许可、支付金钱。这是因为担心可能会有人主张行使法律上的权利，于是考虑到回避事前风险，便为了避免麻烦先打声招呼。

2.相对方和许可范围

存在很多权利，如形象权等，"许可权"归谁所有以及能够延及何种范围均不明确。例如，与运动相关的选手、队伍、比赛等"权利"的区分，虽然在各业界形成了惯例，但是还是存在许多情况不明的情形。[14]尤其事关外国选手之时，经常会涉及中间很多人，存在无法确定是否从正确的"权利者"处得到许可的情形。[15]

3.合同上的处理方式

即使在形象权中，即使在技术等中，即使严格意义上不能称之为"权利"，合同上也常以与权利相同的方式进行处理。确实，合同上那样进行处理更容易书写。

二、各论

以下主要对"周边领域"中存在问题的各领域进行梳理并对问题点进行探讨。

287

（一）字体

1.字体的判例

印刷用文字字体（字体、字型）的保护是一个令人苦恼的问题。虽然有1973年《保护字型及其国际注册维也纳协定》，但并木

14　比如日本棒球领域，主张合同选手的肖像权归属球队之约定应属无效而提起了一审后，裁判所承认了这一约定的有效性（东京地方裁判所平成18·8·1）。该判决存在一些问题。

15　以笔者的经验，在日本已经商品化，但在美国棒球大联盟的权利和选手的权利界限不分明，多次在最后都被判决为无权许可。纯实务上，对各种职业运动根据国别进行整理很困难。笔者稍作整理。参见：升本喜郎「スポーツ・ビジネスの法実務」第二東京弁護士会知的財産権法研究会編『エンターテインメントと法律』（商事法務、2005年）229頁。

生效。[16]文字本身属于公共之物，对其提供强力保护不利于社会。但是，完全抄袭他人创作的字体并进行贩卖的行为明显不当。

1985年最高裁判所在字体相关的两个案子上促成了和解。"Yagi bold（ヤギボールド）案"和解中，最高裁判所提出："上诉人及被上诉人桑山，今后创作的字体被出版物引用时，应当努力使得创作者在已然得知的基础上，得以表明其姓名，且应当努力使这种做法成为惯例……被上诉人桑山对上诉人，在本案出版物上引用上诉人创作的本案字体时，由于对创作者是上诉人这一事实调查不充分，引用时未能获得上诉人的许诺且在引用部分未能表明上诉人的姓名，非常令人遗憾。""Typos（タイポス）字体案"中，"关于东京地方裁判所昭和51年（ワ）第6007号不正当竞争行为差止请求案，被上诉人自今日起禁止贩卖、制作该裁判所在昭和55年3月10日判决中附录第二部分所记载的字体相关活字及字模。"[17]最高裁判所极少进行和解，促成此两案和解表明最高裁判所也认为原判决（创作者败诉）有失妥当。

2.字体保护的法律构成

（1）著作权

从书体本身的创造性表达来看，可以寻求著作权保护。对此不仅存在一些案例，而且最高裁判所还通过"Gona（ゴナ）案"以先288 例的形式予以确定。[18]

16　作花文雄『詳解著作権法』（ぎょうせい、第三版、2004年）551頁。

17　大家重夫『タイプフェイスの法的保護と著作権』（成文堂、2000年）。

18　最高判平成12・9・7民集54巻7号2481頁。参见：佐藤惠太「デザイン書体」斎藤博＝半田正夫『著作権判例百選』14事件（別冊ジェリスト、第3版、2001年）。也可参见以下论文集所收录的内藤义三、大家重夫评释：村林隆一先生古稀記念論文集刊行会編『判例著作権法』（東京布井出版〔キャリイ社〕、2001年）。

　　著作权法第2条第1款第1项将作品定义为"思想或感情上具有创造性表达的文学、学术、美术或音乐领域之物"，符合此处作品定义的印刷用书体，必须比通常的印刷用书体具备显著特征即独创性，且其本身必须具备美学意义上的特性以致可以成为美术鉴赏的对象。

　　该判例中，对于是否将"其本身必须具备美学意义上的特性以致可以成为美术鉴赏的对象"这一要件归属于美术作品，提出了疑问，这与字体的实用性不能兼容。[19]以这样的基准作为要求的话，大部分字体都无法受到保护。至今为止，尚不存在以此为基准肯定作品性的例子。可见，作为保护字体的法律机制，著作权法并不适当。

（2）依不当竞争防止法保护

　　获得周知性的字体根据不当竞争防止法第2条第1款第1项"他人的商品等标识"提出差止请求并胜诉的判例只有一个。[20]

　　即使是无体物，当其经济价值获得社会承认、独立成为交易对象之时，也可以构成不当竞争防止法第1条第1款规定的不当竞争行为类型当中的某一类（关于这一点，不仅包括将字体记录在软盘上并在国内贩卖的行为，也应一并包括向汉字使用国出口。即使是无体物也可以"贩卖""扩散""出口"，且很明显其"品质""内容""用途""数量"等也可能成为问题，极有可能构成前述不正当竞争行为中的某一类），不构成前述

19　前注佐藤评释（注18）也提出了疑问。

20　Morisawa案。属于当时的不当竞争防止法第1条第1款第1项规定的"显示他人商品的标识"。

"商品"进而无法适用本法，并不意味着会忽视对本法目的和"商品"内涵的解释。

如此，在肯定"商品"性的基础上，同时须认定其周知性、类似性以及混同的要件。该判例在案件解决上值得肯定，但即使是在获得周知性之前，作为一个系列而完成创作的字体也应当给予一定的保护，可见不当竞争防止法的保护作为法律制度也并不十分妥当。

3.应有的法律制度

对字体设计新的法律制度比较妥当。作为保护要件，应当要求字体的创作性（不是美学意义上的创作性亦可）。保护期间以15—20年为妥。将字体进行系列性复制（并符合达到酷似程度的类似性）构成侵权。

此外，现在的字体许可合同中，用于宣传广告或商品包装题字的，常会约定单独许可的条款，不可否认这略显过度。（无论是立法时还是现行法中的）规制应当仅及于进行组合使用。

（二）数据库

1.数据库保护的法律制度

数据库的保护与字体的保护一样，通过制定特别法比较合适。

现行法上，1986年修订的著作权法中，第12条之二第1款有如下规定，"数据库中信息的选择以及体系的构成具有创造性的，作为作品保护"。[21]这是参照汇编作品的规定（第12条）进行处理。[22]

一方面，众所周知，数据库可以此种创造性为根据进行保护，

21　同时，著作权法第2条第1款第10项之三对其定义进行了规定。

22　著作权法第12条第1款，"汇编物（构成数据库的除外，以下同理）中其素材的选择或组合具有创造性的，作为作品保护。"

但是另一方面即使是没有创造性的数据库也应该得到一定保护。基于这种观点，欧盟在承认按著作权保护的基础上，又承认了独立类型（sui generis）[23]的保护并制定了指导意见。

这是在规制对基于一定投资而形成的数据库、从中抽出数据并进行再利用的行为，保护期间为15年。[24]现状是，欧盟指导意见中创设了对等主义规定，其他国家也相继在创设同样的规定，但是美国数次出台法案均未通过，日本则在观望美国的动向。

2.与数据库相关的判例

（1）以信息的选择、整体上构成的创造性为依据进行保护的案例有"office caster案"。[25]这类案件中，按著作权保护会产生严重问题。

（2）在后述"翼系统案"中，一面否定了作品性，一面又认定成立不法行为。该案中由于欠缺创造性要件不能作为作品进行保护，但裁判所可能考虑到如此判决会导致结果不当。

3.单独立法的方式

"翼系统"这类欠缺创造性的数据库案件中，认可差止请求被认为是妥当的。现行法下，如本章"一（四）"中所述，在一定程度上认可差止请求未尝不可，但考虑到希望能使数据库的保护单独形成一种类型，还是单独立法比较合适。单独立法的方法包括权利型与行为规制型，考虑到转让、担保化、包含许可的权利处理（合

23　拉丁语，英语为"of its own kind"。

24　关于数据库保护，可以参见：拙作『ソフトウェアの著作権・特許権』（日本評論社、1999年）55頁；由上浩一「データベースの法的保護」工业所有権法研究38卷2号（1993年）1-37頁；梅谷真人『データベースの法的保護』（信山社出版、1999年）。

25　东京地判平成14·2·21。房屋售卖信息数据库案件。

同）的便宜性，还是权利型更为合适。

（三）形象的权利

1.名人的权利

明星、运动选手等名人对自己的姓名、照片的商业性使用享有独占性权利，[26]目前可以说是由判例法加以确立的。

该权利的性质，判例法曾经将其作为财产性权利进行理解。如"马克·莱斯特案"（东京地判昭和51·6·29判时817号23页）中所谓的"姓名以及肖像相关的财产性利益"，"猫咪俱乐部案"（东京高判平成3·9·26判时1400号3页）中指出，"姓名、肖像使用权不是人格权"。

但是，后述以赛马名字为争议的案件却认为"形象"是基于人格权而产生，驳回了所有权的请求。其中关系，设乐法官解释道，"基于商业目的擅自将他人姓名、肖像用于广告等行为原则上是不允许的，可以认为该行为侵害了该人的人格权。即使是未获得社会承认的企业商品，以宣传为目的擅自使用自己的姓名、肖像，即使并非演员、运动选手而是一般人，同样是难以容忍的。"[27]

但是，这种说法略显牵强。虽说人们具有姓名、肖像不得被擅自公开发布的人格权，这是在消极意义上"不得为～的自由"，但是名人具有的"形象"权在性质上却是积极意义上对姓名、肖像进行商业使用的权利。根据这一权利，仅仅是那些具有特殊财产价值

26　内藤笃＝田代贞之『パブリシティ権概説』（本鐸社、第2版、2005年）；龍村全「パブリシティ権の理論と実務」第二東京弁護士会知的财产法研究会前注（注15）87頁以下。

27　設楽隆一「パブリシティ権利」牧野利秋＝饭村敏明編『新·裁判実務大系22 著作権関係訴訟法』（青林書院、2004年）546頁。

的名人才可以进行商业性使用，这正是因为具有顾客吸引力这一特征。换言之，一般人和名人同样具有消极意义上的人格权，但是"形象"这种积极意义上的人格权却是名人独有的财产权。当名人名物出现时，必定具有"顾客吸引力"，如此一来只要"物"具有"顾客吸引力"，便可能会进行同样的保护。为避免这一点，才会强调人格权。作为价值判断，现下在人和物之间划出法律保护的界限本身是可能的，否则对何种意义上的"物"进行保护会成为一个难题。但是，若根据人格权和所有权的区别划出一条界限，日后"物"会随着世事而变化，即使认可对"物"的"形象"权进行保护、这一保护也成为常识，也无法再进行保护。立法虽然是一种很好的解决方式，但在这种场合下多少会显得有些依据不充分。笔者认为，从性质论出发，直接考虑顾客吸引力即可。[28]

2.不成立权利侵害的使用

对名人姓名、肖像的使用行为并不全然会构成对形象权的侵害。譬如，登上电视或周刊杂志的情形。作为评论等对象（meta）进行使用而非对顾客吸引力的直接利用，[29]且即便从表达自由观点的角度来看也应当允许。[30]

3.特征的利用

"矢泽永吉案"（东京地判平成17·6·14判时1917号135页）

28　肯定物之"形象"，存在让渡性、相续性、存续期间等方面不明确的缺陷，这和人的"形象"大相径庭。

29　与商标中"商标的利用"争议很类似。

30　克里姆森国王案（东京地判平成10·1·21判时1644号141页、东京高判平成11·2·24；内藤博等·前注26）、中田英寿案（东京地判平成12·2·29判时1715号76页、东京高判平成12·12·25判时1743号130页）。

中，关于"弹珠游戏机的预告画面中有一身着白色衣裤、肩披红色围巾、右手指地、左手横持白色支架麦克风的人物画像"，虽然是以人格权为依据，却做出了慎重的评价，"对于在实际上产生的与个人同一性相关的信息，其使用样态千差万别，探讨能否成立权利侵害及其救济方法之时，不应过度强调人格权的支配权性质，而应考虑表达自由、经济活动的自由等相对利益，进行个别利益的衡量，必须综合考察判断其所使用的与个人同一性相关信息的内容、性质、使用目的、使用样态、个人遭受的损害程度等。"对此，通常情况下世人似乎会认可这种评价，但如果全部以此标准加以控制，会导致过度保护。是与否的判断基准，如本判决所言个案差异巨大，很难进行一般化。

（四）所有权

也存在基于有体物的所有权请求保护无形财产的情形。如基于著作权保护期间届满的原作品的所有权、珍稀生物的所有权以及珍稀工业产物的所有权，主张对其照片等的复制、发行权。

1.保护期间届满的作品

首先，若是著作权保护期间届满的文字作品，对于从合法拥有照片感光板的所有者处受让并复制出版之人，原件的所有者会基于所有权请求禁止贩卖、销毁已复制部分，对此情形最高裁判所裁判如下（"颜真卿自书告身帖案"，最判昭和59·1·20民集38卷1号1页）：

> 美术作品的原件，其自身是有体物，但同时能体现出作为无体物的美术作品。由于所有权是以有体物为客体的权利，对美术作品原件的所有权仅意味着对其在有体物层面上具有排他性支配权，但不能理解为对于在无体物层面上的美术作品本身

293

享有直接的排他性支配权。

　　若原件的所有权通常意味着，基于所有权可以主张对作品复制等享有许可的权利，则著作权法规定作品保护期限将完全丧失意义，即使存在前述惯例，也不应认可将其作为法律规范所进行的论证。　294

2.珍稀生物
关于珍稀生物存在一些判例。

（1）长尾鸡案（高知地判昭和59·10·29判夕559号291页）

"长尾鸡的饲育需要通过交配改良品种，这是种特殊的管理饲育方法（有时要夜不能寐地进行管理）。"这虽然获得了普遍认可，但不能认定是作品。然而，作为"侵害所有者的权利"却可以认定成立不法行为。

　　本案中长尾鸡如前述具有独特之美感，其管理、饲育也需花费与之相符的精力和不为人知的辛苦，是常年努力积累的结果。考虑到是如此饲育而来，对本案中长尾鸡拍摄照片、在明信片上复制并向他人贩卖的行为，应当属于长尾鸡所有者权利控制的范围之内。未经其所有者的许可将照片复制、制成明信片并向他人贩卖的行为，具有侵害所有权者权利之不法行为的要件，侵害该权利之人理应赔偿损害。

（2）枫树照片案（东京地判平成14·7·3判时1793号128页）

　　基于原告所有的土地上枫树的所有权，对拍摄枫树照片并出版之人请求出版差止。

　　由于所有权是以有体物为客体的权利，本案枫树的所有权内容仅为，针对作为有体物的本案枫树的排他性支配权，不包含对本案枫树摄影照片、复制并将刊载复制物的书籍出版的排他性权利。如此一来，即使第三人对本案枫树拍摄照片、复制并将刊载复制物的书籍出版、售卖，也不构成侵害作为有体物的本案枫树的排他性支配权。因此，本案中出版、售卖书籍的行为，不构成对原告的本案枫树所有权的侵害。因此，原告上述主张不成立。

（3）赛马的"形象"

赛马培养模拟游戏中是否可以使用赛马的马名成为一个问题。

①德比赛马案（东京地判平成13·8·27判时1758号3页）

本案中提出了损害赔偿和差止请求。

　　排他性权利的认定必须以实体法为根据（包含人格权等没有明文规定的），原告方虽然主张'对物的经济价值具有排他性支配的权利'，但即使对一向作为排他性权利进行认定的所有权、人格权进行扩张性解释，仍然难以成立。

　　这类排他性权利，毕竟是自然人本来具有的人格权受到侵害时，才被首次认定成立的权利。与之不同，第三人即使使用他人所有物，也不会直接侵害物之所有者的人格权，以人格权为基础实在无法认可原告方所主张的排他性权利。

　　这样一来，知识产权关系法中的排他性权利，在性质上对于权利人而言是划出了一条独占性保护的界限，对于第三人而言则是划出了一条行为适法性的界限。因此，在知识产权关系法中规定的排他性权利范围之外，第三人所为的其他行为，应属适法行为。

②同案二审（东京高判平成14·9·12判时1809号140页）

自然人原本基于人格权，对其姓名、肖像享有第三人无正当理由不得擅自使用的权利（参照商标法第4条第1款第8项），名人原本基于人格权，对其姓名、肖像也享有第三人无正当理由不得擅自使用的权利。

③"急速赛马案"名古屋地裁（平成12·1·19民集58卷2号330页）

对此，同类案件"急速赛马案"中，名古屋地裁以不法行为判决支持将商品售价的3%（其他合同中的使用费率）作为损害赔偿。

如此，即使并非"名人"而是"物"之名称等，也可能 296 存在承认其形象价值之情形，承认"物"的形象权并非没有余地。此外，在名人上被承认的形象权，与隐私权、肖像权等人格权不同，其核心是具有独立经济价值，因而，没必要将形象价值限定在有人格权的"名人"上。

这类物之名称等具有的形象价值，是由物之名声、社会评价、知名度等派生出来的，作为归属于物之所有者（如后述，物消灭之时所有者就变成了权利者）的财产性利益或权利，应受保护。

本案各赛马中，在G1比赛中出场的马应认为具有顾客吸引力。

④同案二审（名古屋高判平成13·3·8民集58卷2号353页）

以同样理由判决对不法行为的损害赔偿，"在G1比赛中参赛优胜的赛马具有顾客吸引力，擅自使用其名称的行为应认为构成对形象权的侵害。"

⑤最高裁判所平成16·2·13民集58卷2号311页

（1）一审原告方拥有，或者曾经拥有本案各赛马，但所有者对赛马等物享有的所有权，是对其作为有体物而享有的排他性支配权，并不意味着在其名称等无体物层面上也享有排他性支配权。第三人并未在赛马作为有体物层面上对其所有者的排他性支配权进行侵害。赛马的名称等具有顾客吸引力，这是赛马作为无体物层面上的经济价值，即使对其进行使用，该使用行为也不会侵害赛马的所有权［参照最高裁昭和58年（才）第171号同59年1月20日第二小法庭判决·民集38页1号1页］。本案中，根据前述事实关系，一审被告制作、贩卖本案各游戏软件的行为明显不是对本案各赛马在有体物层面上一审原告基于所有权而享有的排他性支配权的侵害，一审被告的上述制作、贩卖行为没有侵害一审原告方对本案各赛马的所有权。

（2）现行法上对于物之名称的使用等物之作为无体物层面上的使用，商标法、著作权法、不当竞争防止法等关于知识产权的各法律赋予了一定范围内、一定条件下的排他性使用权。虽然赋予了一定的权利保护，但另一方面为使赋予的使用权不致对国民的经济活动、文化活动自由产生过度约束，各法律规定了各种知识产权的产生原因、内容、范围、消灭原因等，对排他性使用权及其范围进行了明确限定。

　　鉴于上述各法律的宗旨、目的，即使赛马名称等具有顾客吸引力，对赛马名称等的使用是对物之作为无体物层面上的使用方式，由于没有法令根据，也不能认为属于赛马所有者的排他性使用权等。此外，对于擅自使用赛马名称等行为是否成立相应的不法行为，现下根据法令等规定尚未明确被认为属违法行为的范围、方式等，因此不应当予以肯定。故本案中并未认可差止请求以及不法行为的成立。

　　（3）此外，如原判决所示，即使案例中缔结了以支付赛马名称等使用费用为内容的合同，这些合同在于提前避免纷争使业务得以顺利进行，是因各种各样的目的而缔结。缔结上述合同的原因在于，赛马所有者能够独占性地使用赛马名称等所具的经济价值，但不能说明这已经成为社会习惯或称习惯法。

　　（4）综上，一审原告方对于一审被告既不享有损害赔偿请求权，更不享有差止请求权。

3.珍稀工业产物

（1）气球照片事件（东京高判昭和53·9·28东高民时报29卷9号206页）

本案中，原告购买广告用的气球并以宣传为目的放飞气球，被告对此拍摄照片并在汽车公司海报等上使用。

　　一般而言，除非不属于所有权范围或者侵害他人权利、利益，物之所有者可以对其所有物以任何手段、方法进行使用、收益。除非从所有者处获得使用、收益许可，无论是直接地还是间接地，法律上都不应当允许第三人通过使用他人所有物妨

298

碍所有者使用、收益。如前所述，作为广告宣传业者的原告方，其拥有本案气球的目的在于，通过将气球作为特定商品或特定企业的广告媒体进行使用从而获得利益，第三人在原告方实现该目的之前将该气球用于特定商品或特定企业的宣传。据此，原告方主张该气球被赋予了特定商品或企业的形象，使得作为所有者的原告方之使用、收益目的不再可能达成，这是对原告方作为该气球所有者的利益之侵害。第三人应当能够预见原告方拥有气球的目的及其侵害结果的发生，却敢于做出前述行为，不可否认做出这样的行为是很可能要对原告方的损害赔偿承担责任的。而且本案中拍摄气球并将照片作为海报素材用于宣传的行为应当解释为对气球的使用行为。

（2）游艇案（神户地判平成3·11·28判时1412号136页）

本案中，进口商将作为旅馆经营者之原告所有的观光用游艇用于杂志广告，裁判所进行了简单的认定，"原告作为本案中游艇的所有者，显然具有使第三人不得擅自利用本游艇照片进行广告宣传的权利。"此外，"由于该照片包含船名，正确做法应当是同时明示所有者姓名，未做到这一点则不得不认定为无法免除责任。"又因"现下数名船舰爱好者看到包含该船名的广告照片，误以为本案中游艇要出售，出现了由于经营恶化、原告经营旅馆要出售的流言蜚语。由于原告在本案游艇所在地小豆岛上经营了海洋酒店、其将之作为酒店形象加以使用，这种未经原告许可的行为明显对原告在酒店经营上的信用、名誉造成了侵害"。因此判决了100万日元的损害赔偿。仅因其作为形象得以使用，便认定所有者有此种权利，这明显不妥当。此外，一般不法行为的认定亦有争议，即侵害信誉、

299

名誉的认定本身具有疑问。本案不仅很难认为其具有先例价值，在对无形性使用上轻易判决赔偿，这一点反倒可能成为反面教材。

4.土地所有权等

（1）并非基于对象物本身具有的所有权，而是通过将该物放置于建筑物中进行管理、基于管理权可以给予一定程度的保护。前述枫树判决有如下论述。

> 为谨慎起见，被告B摄影的方式等被评价为对本案中枫树所有权以外的法律上利益的侵害，是否构成不法行为还需进一步探讨。"（着重号为笔者所加，下同）
>
> 其后，原告担忧本案中枫树的状态，出于保全的考虑，对以营利为目的的摄影行为采取了附条件的许可。同年七月，在本案土地上设置了告示牌（本案告示牌），记载如下："请珍惜树木，禁止踩踏、折枝等。所有者享有在私有土地上对本案中枫树摄影以及使用该影像的权利。为个人欣赏以外的目的拍摄影像请取得摄影、使用许可。禁止擅自公开使用。"
>
> 鉴于上述情况，第三人在原告设置本案告示牌之后，若以做出原告明令禁止之行为为目的进入本案土地，则会对本案枫树的生长产生不利影响，这明显构成侵害原告本案土地所有权的不法行为，应当赔偿与本案土地所有权侵害行为具有相当因果关系的损害。

（2）据此判例，进入原告所有的地域内是构成不法行为的要件，则在原告所有地外对本案中枫树进行摄影的行为不被禁止，其后果为，即使对拍摄的照片复制发行也不违法。但是，是否为在原

300 告所有地内拍摄的照片，大概并不会有太大差异。因此，基于对有体物享有的所有权，必须要求存在物理上的侵害行为。

此外，以做出原告明令禁止的行为为目的进入原告所有地，构成不法行为。[31]且无视土地所有者禁令拍摄照片也构成不法行为。但是，很难将其后的复制发行行为认定为与物理性侵害行为具有"相当因果关系的损害"。基于土地所有权得禁止进入——作为解除这一禁止的条件，合同中约定了"为个人欣赏以外的目的拍摄影像应取得摄影、使用许可"的情形——若是违反了该约定的复制发行行为，便可以通过合同进行处理。

（3）枫树案中，若要禁止从土地外的摄影，只能在土地内修筑遮蔽物。这与美术馆等建筑物入口的管理、附加条件相同。既然著作权法第120条之二、不当竞争防止法第2条第1款第10项中规定了技术保护（限制）手段如电磁访问或复制控制手段，那么也可以将基于土地或建筑物所有权的进出口管理评价为物理性访问控制手段。解除物理性访问控制的要件为一定的使用条件，若是不遵守使用条件导致了债务不履行，这便是损害赔偿的对象。此外，对于从此类违反者处被动地获取并复制发布之人，由于不会直接导致债务不履行，仅在有恶意的情形下才构成权利侵害。

（五）不法行为

1.判例

存在数个判例，在主张著作权侵害的同时，也主张不法行为。

31　基于土地所有权，"春日大社境内擅自经营照片案"认为"限制业务性拍摄照片"有效。奈良地判昭和31·5·15下民集7卷5号1255页、大阪高判昭和33·7·18下民集9卷7号1311页（大家重夫编著『最新肖像権関係判例集』〔ぎょうせい，1989年〕829頁以下）。

对此先予介绍。

（1）佐贺锦袋带案（京都地判平成1·6·15判时1327号123页）

> 原告认为，由于被告制造贩卖本案中袋带乙，批发商误以　301
> 为原告将与本案袋带甲相类似但品质低劣的袋带以低价另行贩
> 卖，原告为此多次交涉，使与本案袋带甲相关的经营活动以及
> 原告经营活动上的信用受到侵害。没有证据足以否认前述事实。
>
> 据前述认定事实，虽然如前所述原告基于不当竞争防止法
> 对本案中袋带甲或本案图样甲不享有差止请求权或著作权，但
> 被告制造贩卖本案中袋带乙的行为无疑构成不法行为。……因
> 此，前述范围内的原告之致歉广告请求可以成立，范围外的请
> 求则不能成立。

（2）木目化妆纸案（东京高判平成3·12·17知的裁集23卷3
号909页）

> 权利侵害是构成民法第709条不法行为的成立要件之一，
> 不一定严格要求侵害了法律上具体的权利，侵害值得法律上保
> 护的利益亦可满足条件。人在物品上施以具有创造性的图案，
> 因其创造性要素，商品的价值得以提高。在制造贩卖该物品的
> 营业活动中，将与该物品同种类且图案外观实质性相似的物品
> 在前者进行销售的竞争地域进行廉价销售、阻碍前者经营活动
> 的行为，在奉行公正自由竞争原理的交易社会中，属于利用显
> 著不公正手段侵害他人值得法律保护的营业活动上的利益，成
> 立不法行为。

（3）翼系统案（东京地中间判平成13·5·25判时1774号132页）

权利侵害是构成民法第709条不法行为的成立要件之一，不一定严格要求侵害法律上具体的权利，侵害值得法律上保护的利益亦可满足条件。因此，人花费金钱、劳力收集、整理信息，做成数据库，并制造销售该数据库，在此营业活动正在开展的情况下，将该数据库的数据复制、做成数据库并在原先进行销售的竞争地域中进行销售的行为，在奉行公正自由竞争原理的交易社会中，属于利用显著不公正手段侵害他人值得法律保护的营业活动上的利益，成立侵权行为。

……根据上述事实，被告将本案中数据库的数据在被告的数据库中进行组合、加以贩卖的行为，严重背离交易社会中公正自由竞争原则，构成对值得法律保护的原告营业活动进行侵害的不法行为。

（4）才望子案（东京地判平成14·9·5判时1811号127页）

本案中，原告主张即使被告制作、贩卖软件的行为并不构成对原告软件之著作权侵害或不正当竞争行为，被告的行为也应当符合承担民法上一般不法行为责任的要件（同法第709条）。但是，一般而言鉴于市场中的竞争本应自由为之，对于不应构成著作权侵害或不正当竞争的行为，该行为若并非为追求市场中利益、并不存在以故意损害相对方为目的等特殊情形时，亦不应构成民法上的一般不法行为。因此，在未能认定此类特殊情形的本案中，原告以软件表示画面的类似性等为由主张的一般不法行为不能成立。

（5）测量软件（Auto君）案（大阪地判平成14·7·25）

权利侵害是构成民法第709条不法行为的成立要件之一，不一定严格要求侵害法律上具体的权利，侵害值得法律上保护的利益亦可满足条件。由于是他人的程序作品，除去程序表达上具有创造性的部分，仅对双方作出的具有同一表达的表单进行分离复制，并制作成与原软件在构造、机能、表达上不具有同一性的软件，不构成对于程序作品之复制权或改编权的侵害……但是，为创作成与高知县指定格式相近的成果，表单部分也是在作者对字体、细胞数进行数次试错之后，花费相当的劳力与金钱创作成的。对于如此创作而成的表单部分进行复制、在作者进行销售的竞争地域无偿发布的行为，会使得他人花费劳力以及资本运作而成的商品价值降低，他人很难收回投入资本，这是利用显著不公正手段侵害他人值得法律保护的营业活动上的利益，构成不法行为……。因此，被告因本案中不法行为不得推脱原告受到损害的赔偿责任。 303

（6）Bit Gang（PC配件、时间表管理软件）案（东京地判平成15·1·28判时1828号121页）

原告主张即使被告制作、贩卖制品的行为并不构成对原告制品之著作权侵害或不正当竞争行为，被告的行为也应当构成民法上的一般不法行为（第709条）。

但是，鉴于市场中竞争以自由为原则，对于不构成侵害著作权或不正当竞争的行为，该行为不存在以故意损害对方为目的等特殊情形时，亦不应构成民法上的一般不法行为。因此，在未能认定此类特殊情形的本案中，原告的一般不法行为主张不能成立。

（7）高尔夫文摘案（大阪地判平成17·7·12）

但是，即使原告A个人构建出独特的初动负荷理论，并通过原告方的实践取得社会信用、名声，对于"初动负荷理论""初动负荷训练"这类名称，原告方并不能以著作权等知识产权为依据享有独占性使用权。换言之，现行法上对于与营业、劳务、理论、方法的名称使用，通过商标法、著作权法、不当竞争防止法等关于知识产权的各部法律授予了一定范围内、一定要件下的排他性使用权；虽然进行了权利保护，但另一方面由于授予使用权不应对国民经济活动、文化活动的自由产生过度制约，各部法律又规定了各种知识产权的产生原因、内容、范围、消灭原因等，对排他性使用权及其范围进行了明确限定。鉴于该各法律的宗旨、目的，对于"初动负荷理论""初动负荷训练"这类理论、训练方法之名称等的使用，在没有法令等依据的前提下，名称的提出、使用者不应享有独占性使用权。

因此，原告方主张因不法行为被侵害利益为值得法律保护的利益，不能成立。

（8）读卖新闻事件（知财高判平成17·10·6）　　　　304

　　成立不法行为（民法第709条）侵害的并不一定是著作权法等法律明确规定的严格意义上的权利，也可以是违法侵害值得法律上保护的利益。网络世界中大量信息飞速流转，众所周知这对于访问者而言帮助巨大。但是，有价值的信息，不花费大量精力收集是不可能自己存在于网络上的。正因存在对信息进行收集、处理并将信息公开于网络上的人，网络上才会有大量信息。因此，新闻报道中的信息正是由原告方作为新闻报道机构花费大量劳力、金钱进行取材、原稿创作、编辑、标题制作等一连串日常工作而完成的，继而成为网络上有用的信息。

　　因此，探讨前述认定事实，尤其本案中YOL标题，是原告方作为新闻报道机构花费大量劳力、金钱进行一连串工作实现的成果，虽然不能受到著作权法保护，但是鉴于其是花费相当的劳动、工夫才创作成的，其通过简洁的表达，使该机构自己报道的事件等新闻概要可获得大致了解，仅YOL标题本身也具有可收费交易的独立价值，YOL标题应当属于法律上值得保护的利益。一方面据前述认定事实，被告在YOL标题刚刚创作完成之际即信息新鲜度较高之时，对其以营利为目的擅自利用且反复实施，依据YOL标题及YOL报道，无需额外劳动，便能对其完全复制或实质性复制并做成LT链接标题，不仅是在主页上的LT表示部分，而且是在约2万站点的安装注册用户的主页上显示LT表示部分等，这实质上是将LT链接标题进行发布。不可否认这类Line Topics服务＊处于与原告YOL标题相关的业务竞争领域之中。因此，被告关于Line Topics服务的一连串行为超出了社会容许的限度，构成侵害原告值得法律保护利益的不法行为。

305

2.探讨

这一论点与美国优先权（preemption）讨论有一定共通之处，因此对后者应先予以探讨。美国宪法第1条第8节第8项规定（专利及）著作权是联邦会议的权限。因此，联邦法优先于州法适用。因此，对于著作权法所辖范围，州不能制定与联邦法不同的法律。换言之，著作权法所辖范围中不给予著作权保护时，应为合法。[32]

美国著作权法第301条规定如下：

（b）根据本编任一规定，与以下相关、基于普通法或州制定法的权利或救济手段均属无效或不构成限制。

……

（3）侵害普通法或衡平法上权利的行为，且该权利不构成第106条特别规定的著作权一般范围内的排他性权利。

————————

＊ 是指一种代替设置者、将每一天里最新新闻报道的标题链接进行概括性地延续的服务。——译者

32 "Goldstein v. California"案（412 U.S. 546）与著作权相关。该案中，处在不对唱片进行著作权法保护的时期，加利福尼亚州却规定了唱片复制的刑事处罚。虽有反对意见，但多数意见认为合宪。此外可参照专利法优先权相关的 "Bonito Boats,Inc. v. Thunder Craft Boats,Inc."案［489 U.S. 141（1989）］。以上参见前注论文（注24）第1页；同时参见内藤等前注书（注26）。

因此，对于"侵害普通法或衡平法上权利的行为，而该权利构成著作权一般范围内的排他性权利时"，普通法或州制定法之规定无效。是否"构成著作权一般范围内排他性权利"非常微妙，美国诸判例亦体现出这一点。

日本法详细规定了著作权法中权利的对象、保护类型、期间、例外等，明示著作权人权利范围，不仅是为著作权人的利益，也是通过限定著作权人权利外延使著作权人以外之人自由活动的范围得以明确。因此，在著作权法管辖范围内不涉及具体著作权的行为，原则上（不仅没有侵害著作权）应属合法行为。因此，在既因著作权侵害、又以不法行为为由提出请求的案件中，不构成著作权侵害之时不能轻易认定构成不法行为。

3.梳理

一般而言：

（1）对著作权法管辖范围有明确规定之时，不构成著作权侵害的行为原则上应当认定为合法。

（2）在保护问题上争论对象物的创造性是不恰当的，即使不能依据著作权法保护，否定其依据不法行为进行保护的可能性原则上也很低（数据库以及字体基本上要对其中付出的劳动进行保护，数据库保护上即使其选择、体系构成等没有知识产权意义上的创造性，字体保护上即使其不具有与书法同等意义美学上的创造性，也仍然是值得保护的客体）。

（3）行为须显著违法。应考察对"权利者"造成损害的巨大性、"行为者"的行为类型、收获利益、社会获得的便利等。一份判例中很难通过举例对存在恶意的情形作出限定。"行为者"的行为对"权利者"造成的损害，大多是经济上的，"行为者"此时通常是以自己的利益为目的，不至于达到恶意侵害"权利者"的程度。

（六）销售权等

1.主体的扩大

不是"本领域"中权利人或"周边领域"中通常主体（作为形象权的主体等），与这些人（以下称为"一次主体"）具有某种合同关系之人（以下称为"二次主体"）是否与一次主体享有同等权利，是一个有争议的问题，包括销售权人（distributor）、商品化权人、使用权人、获得使用许可之人等。其中既有专利专用实施权人（专利法第77条、第100条等）、商标专用使用权人（商标法第30条、第36条等）等明文规定并无争议的情形，亦有是否可基于其他原因认定为某一"权利"这种存在争议的情形。

2.独占销售权人

关于不当竞争防止法第2条第1款第3项的完全复制规定，"权利"主体是否限于开发、销售商品之人，还是也可以包括独占销售权人，判例之间存在分歧。[33]

（1）球童报案（东京地判平成11·1·28判时1677号127页）。"通过考察不当竞争防止法第2条第1款第3项之宗旨，对于他人投入资金、劳动进行开发、商品化而产生的商品形态，明明有其他选择项却进行模仿并将之作为自己的的商品置于市场，是利用先行者开发成果的行为，可以评价为竞争上的不公正行为。此外，若允许此类行为，即模仿者在不需对商品形态开发投入资本、劳动的情况下便可在市场中竞争，则将会降低社会上开发新商品的热情。因此，

33　高部真規子「営業上の利益」牧野利秋=飯村敏明編『新·裁判実務大系4　知的財産関係訴訟法』（青林書院、2001年）424頁以下。

将模仿者的该类行为作为不正当竞争行为进行规制，使得先行者的开发利用不受模仿者侵害，符合该规定的宗旨。""基于不当竞争防止法第2条第1款第3项规定之不正当竞争行为可以请求差止或者损害赔偿的主体，限于对作为模仿对象的商品进行开发、商品化并置于市场之人。"否定了独占性销售权人的差止、损害赔偿请求。

（2）与之相对，大阪地裁在胸贴案中认为独占性销售权人亦可以成为请求主体。[34] "以该第3项之宗旨为前提，考察第3项所保护主体之范围不仅是自己投入资金、劳动进行商品化的先行者，也包括从先行者处取得独占销售权的人（独占销售权人），这类人为保护自身利益必须阻止模仿等不正当竞争行为，以维持对先行者商品形态之独占，且其与独占商品形态具有紧密利害关系。这样的解释才能实现前述第3项的宗旨，维持公正竞争秩序。其他的，例如可以单独销售先行者商品化商品之人，即使与商品销售量增加具有利害关系，但并非与独占先行者商品形态之间具有紧密利害关系，则不能成为保护主体。"

（3）对于日本境内独占销售权人是否可依不当竞争防止法（旧法）第1条第1款第1、2项之规定成为请求主体，最高裁昭和59·5·29判决（NFLP事件中）如下："不当竞争防止法第1条第1款规定，可能被侵害营业上利益之人是指，与周知标识商品化业务相关的周知标识使用许可人以及接受许可的使用权人，同时包含可能因同款第1项、第2项规定的行为，对再使用权人的管理统筹、

308

34　大阪地判平成16·9·13判时1899号142页，大阪地判平成18·1·23，大阪地判平成18·3·30。但是胸贴案否定了多数类似品及平行进口品存在的公知性，见大阪地判平成17·9·8判时1927号134页及其二审大阪高判平成18·4·19。

周知标识商品的出处识别技能、品质保证技能以及顾客吸引力遭受侵害之人。"

不当竞争防止法（现行法）的第2条第1款第1项、第3项中，没有根据主体进行区分的特殊理由，因此根据最高裁判所判决可以考虑肯定独占性销售权人的主体性。独占性销售权合同、商品化权合同中，对于同一领域内的未经许可商品，且不论销售权人、接受商品化许可之人（二次主体）进行的诉讼等抑制行为，与之相关的条文也是众多，即使认可这类人的请求，在不存在双重支付风险之时，也不会有不合适之处。

3.其他情形

309　（1）在缔结尚未登记的外观设计专用实施权设定合同案件中，可以认可其完全独占性通常实施权人身份，[35]却不能认可其差止请求。但是，对于损害赔偿，"梳子案"作出了"可以对权利实施品的制造贩卖相关市场及利益享有独占性地位"等认定，该案中被剥夺该期待利益之实施权人可以固有利益为由提出请求。[36]

（2）在"ELLE案"（东京地判平成10·11·27判时1678号139页）中，对以商标权人商标的主要部分作为标识并取得了在背包类上排他性使用许可的人提出了差止请求，并获得了支持。判决

35　由于约定外观设计权人自己亦不得实施，学界称呼其完全独占性通常实施权人。

36　大阪地判昭和59·12·20无形财产裁判集16卷3号803页，判时1138号137页。長谷川俊明「意匠権の完全独占通常実施権者による差止請求、損害賠償請求の可否」山上和則先生還暦記念文集刊行会編『判例ライセンス法』（発明協会、2000年）331頁。其后，专用实施权按规定登记，在大阪高判昭和61·6·20无形财产裁判集18卷2号210页中认可了差止请求。

理由未特别记载。

（3）对于通常的出版许可，"太阳风交点案"判决（东京高判昭和61·2·26判时1201号140页）中，驳回了著作者以及后续取得出版许可之人的差止、损害赔偿请求。该案中，由于被告并非毫无权限之人，结果理应如此。

（4）笔者认为由于通常实施权本身不具有排他性使用权限，应当不予支持差止和损害赔偿请求，但是独占性通常实施权人与前述销售权人一样，在没有双重支付风险之时可以支持差止和损害赔偿请求。独占的情形下，可以认为二次主体分开享有一次主体的权利、权限，因此无疑可以禁止无权限者的行为。

（七）结论

作为有体物所有权的取得根据，民法上列举了无主物先占、遗失物拾得、发现、添附等。制造无疑是其中之一，买卖、继承这类继受取得也当然同理。

实践中可以被认为使无体物取得某种特权地位的根据，整理如下：

创作、发现、收集、饲育、物之所有或保存或管理、场所之管理（访问控制）、投资（额头出汗）、通过结合或者联想过去的成果进行转嫁（品牌、顾客吸引力是通过商标、名称、照片、人物得以具体体现）、血缘、正统性等。 310

这些情形中存在各自各样的问题，如客体本身是否值得保护、客体与主体结合（关系性）后是否值得授予主体某种特权。如前所述，专利法、著作权法等明确规定的"本领域"之外存在各式"周边领域"。这些"生成中的权利"（但不限于生成中），本章希望对于字体、数据库独立立法，授予15年左右的保护期限。对于形象

357

权,也应基于保护要件、让渡性、继承性、保护期间、公示方法等参考美国立法使得保护明确化。对于销售权人等主体的扩张,应意识到其分有一次主体的权限,只要明确该范围,即能使法律上的安定性得到一定保障。对于所有权,第206条虽然明确规定了"收益"权限等,但显然原则上应当对某种形式的访问控制仅在一定范围内进行保护。对于不法行为,应综合考虑被侵害利益的性质、行为的恶性等,但此时在"本领域"范围内,若非恶性显著的情形,不得轻易给予保护。各"本领域"通过精心设计的法律制度,对"权利"的界限,即对使用者而言自由的范围作出规定。[*]

椙山敬士

律师

---

[*] 本稿执笔时幸得市川穣律师宝贵建议,特此感谢。

第十章 GPL

平岛竜太

　　软件行业和开发领域中开源软件的存在感急速增加，在此商　
业化不断发展的社会状况下，将开源模型的"规则"与作为一般社
会规则的法律之间衔接的真实形象进行明确，在法理、法律实务、
商业的各方面都起着十分重要的作用。最为广泛使用的GNU GPL
（General Public Licence ）许可作为开源模型的"规则"，第十章将
从理论的角度，以日本法律制度下的法律性质以及各条款解释为中
心，进行探讨，明确在许可实务的交易过程中应掌握的特征，并解
决可能产生的问题。

一、开源模型的概况

计算机软件可以说是最典型的信息财富。换言之，由于可以非常明显地显现出共有可能性和非排除性，若是软件以产品的形式产生，亦即维持所谓的软件产业，以何种形式对所享有信息财富的本质特征进行修正则将成为重要的课题之一。[1] 作为其具体方法，自软件产业兴起以来，人们一直讨论知识产权法对软件保护的必要性。目前，将构成软件的计算机程序作为著作权法上的作品予以保护的做法，在国际条约[2] 的框架结构中得到了确认，并在各国的制度上获得肯定；专利法对软件背后的技术思想所提供的保护在一定范围内获得了肯定，虽然仍存在大量的争议，但在实务层面，美国、日本、欧洲之间已逐渐达成某种程度的共识。

然而，从实际上软件创作的角度来看，对于将软件融入知识产权法所保护的客体所持有的批判意见根深蒂固，在软件开发领域里，长期以来采用的是通过广泛发布、提供自己开发的软件并由其他获得该软件的人继续修改，从而进一步获得稳定的改进开发方法。可以说就是在这样的操作下，开源模型才初具雏形。

"开放源代码"一词在软件开发过程中，本身具有对源代码利用的（是计算机在使计算机程序运行的前一阶段，并且由程序

1　对此，平岛竜太《系统 LSI 的保护法制》（信山社出版，1998 年）第 185—217 页中进行了考察。

2　TRIPs（《与贸易有关的知识产权协定》）第 10 条。

员进行程序设计制作而成的形式）开放（自由）这样的基本含义。
这样一来，在"开放源代码"软件中，通过使他人获得对应的源 313
代码，便可暗示提供了对该源代码进行自由添加、改良、修正的
机会。

因此，开源模型基本思想的特征是，通过对构成了软件的程序
源代码进行公开，使尽可能多的人获得软件自身的"构造"，从而
为反思检讨该内容提供契机，并且为发现问题点和改进点的人提供
机会，使其能够积极参与到对内容进行自行修正和改进的过程中。
如此不断积累得到的结果就是，实现软件开发在技术上的进步和更
高的可信赖性。换一个角度，只有具备了这样特征的构造才能称之
为开源模型吧。埃里克·雷蒙德（Eric Raymond）是普及开源模型
的核心人物，其在著作《寺庙与市集》中，将长期以来封闭式的软
件开发模型比喻为"寺庙"，并将开源模型与人多嘈杂的"市集"
相类比。[3]

开源模型的参加者一般来说以不特定的多数人为主，但是在
以特定程序开发为目的的项目上，实际能够参加的人员仅限于想要
参加并追随到模型活动中的，或者具有软件专业知识和程序开发能
力的，并且能够起到先导作用的人。因此若考虑到将开发成品的软
件进行相互交易的话，原先也能认识到参加者在某种程度上存在地
理上的限制。从这个意义上讲，开源模式是在初始阶段中，由相对
有限的程序员集团所组成的社区，换言之可以称其为如同"局部社
会"的本地社会系统，并且不具有向全球扩展的空间。但是随着互 314

---

3 Eric S. Raymond, The Cathedral and the Bazarr. 山形浩生译。原文的最新版参
见http://sagan.earthspace.net/~esr/writings/cathedral-bazarr/。

联网大规模的普及，周围环境也发生了巨大变化，目前像这样的本地社区已经在全世界显著扩张，由此也证实了以Linux为象征的优于商业基础软件的软件确实可以得到开发。

另一方面，一般来说许多商业基础软件的价格并不便宜，发展中国家的政府和公共机关等凭借引进的这些软件，在推进信息化的过程中产生障碍时，通过开源模型，开发卓越的软件。这种做法能够只花费极低的成本，于是以发展中国家政府为中心，积极引入开源软件的趋势也逐渐高涨。[4]

从这种形势来看，对开源模型造成的社会效果进行再评价以及开源软件的商业化发展，可以说是近来的新潮流了吧。[5]

此外，虽然现已在实务上通过专利法确立了对软件的保护，但是近来人们越来越担心，对于在保护软件中的创作以及实现通过保护软件促进创新方面，现有的专利制度不仅不一定能发挥充分的作用，反而还会有可能产生阻碍作用。[6]这成为另一种趋势。不依赖

4　例如，巴西正致力于在联邦政府层面引入开源软件，并制定法案使得公共机关有义务使用开源软件。参见2005年11月28日的：CNET Japan「ブラジルの『コミュニティ志向』とオープンソース」(http://japan.cnet.com/news/ent/story/0,200056022,20091658,00.htm)。此外还可参见2005年11月24日的：CNET Japan「発展途上国から見たオープンソースソフトウェア市場」(http://japan.cnet.com/special/story/o,2000056049,20091418,00.htm)；比屋根一雄「政府調達におけるオープンソースソフトウェアの有用性」(http://oss.mri.co.jp/reports/ossgov/ossgov.html)；『Linuxオープンソース白書2006』(インプレス、2005年) 230-245頁。

5　Linux中有关商业实体的详细论述，还可参见平野正信《伟大的商品化之旅》(日经BP社，2005年)。

6　有关此种情势的概要，参见：平嶋竜太「ソフトウェア関連発明と知的財産法——特許法による保護とイノヴェーション促進の調和の視点から」渋谷達記=竹中俊子=高林龍編『知財年報2006』(別冊NBL116号，2006年) 255-270頁。

于知识产权法制框架来推进革新，这样一种新方法可以说是该问题 315
的解决方案，于是开源模型的作用备受关注。

这样一来，开源模型可以说是指，不同于以知识产权法保护
为前提、以商业许可为核心发展既有的软件产业，对自由使用、复
制、改变软件的行为予以极大容许，具备可开发出优越软件的潜能
的模型。如果积极发掘这种潜力的话，在现在和将来，以互联网为
核心的网络环境将不断得到普及和落实，在此过程中，就可能推进
对计算机软件开发和法律保护之间的关系，乃至对知识产权法制本
身存在方式进行反思，并且可以将其理解为一种具有重大潜在影响
力的社会新现象。

但是社会系统发展至今，若是将其适用范围以本地社区为
中心进行扩张，可以说必然会出现与一般社会法则发生抵触的情
形，随之而来则须进行必要的协调。这种情形下，"规则"作为
开源模型的骨干部分，也无法避免地要从确定其法律性质和解释
其法律效力的角度予以评价。于是，在法律上进行定位的结果
是，在本地社区中原本能够发挥的特定作用可能无法充分实现。因
此若以开源软件商业化为前提，明确最初源自于该开源软件的开
源模型中"规则"是否具有法律意义和有效性，具有极其重要的
意义。

基于上述背景，对于在开源模型中"规则"之一的、最基本也
最为广泛采用的 GNU GPL 许可，下文将对其未来发展进行理论性研
究，在此基础上，期望对其在许可实务处理上应当掌握的特征和固
有的课题予以把握。

二、GPL——历史背景和思想

自埃里克·雷蒙德设立开放源代码促进会（OSI）[7]以来，"开源"一词于1998年首次被官方使用。开源模型绝非新兴产物，正如前述，随着软件的发展与普及，法律保护的必要性开始得到广泛争议，开源模型正是作为与此对应的另一极端，它是自电脑软件出现以来初期阶段产生并运营而来的。其来源可以追溯至始于20世纪50年代后期的黑客[8]以及UNIX的出现。UNIX是最初由AT&T贝尔实验室开发的操作系统，但在此之后出现了各种分流，其中在加州大学伯克利分校改进的版本中，正由于任何人都可在极少限制的许可条件[9]下对BSD进行使用和改进，因此它与其修正许可 free BSD版本在全球范围内都被广泛传播和使用。这些许可今天仍被认为是OSI认可的开源许可之一。此外，与该类许可起源于同一系统的还有Apache许可[10]，MIT许可[11]等。因此，正因为有了这样的趋势

---

7 Open Source Initiative, Products（http://www.opensource.org/）.

8 黑客在今日大多是用于表示贬义用法，指违法入侵电脑系统的人或破坏系统的人等。在原本意思上，该单词用法并不准确。根据理查德·斯托曼（Richard Stallman）的观点，黑客是指"热爱编程并对编程具有较深造诣的人"。Richard Stallman, "The GNU Project"（http://www.fsf.org/gnu/thegnuproject.html）.

9 有关BSD许可的具体内容，可通过OSI（http://www.opensource.org/license/bsd-license.php）获得。

10 有关Apache许可的具体内容，可通过OSI（http://www.opensource.org/license/apache2.0.php）获得。

11 有关MIT许可的具体内容，可通过OSI（http://www.opensource.org/license/mit-license.php）获得。

才可能有现今开源模型起源中的一个支流。但是由于在BSD系列的许可中，没有对已经修改或改进的软件进行再传播的许可条件进行任何限制，使得原本已经可以自由访问的原始软件，在其改进之后却无法保证任何人都能对该改进版本包括软件代码进行访问。因此，下述探讨以当今典型的开源模型GNU GPL为中心，不同于此，应将上述开源模型作为不同的形态进行梳理。

现在从作为确立开源模型的方案来看，可以认为根基在于，由理查德·斯托曼于1984年开始的GNU项目和它的核心机构自由软件基金会（Free Software Foundation: FSF）[12]团体，进一步而言，还包括其中最重要的GNU General Public Licence（GNU GPL许可，[13]以下称为GPL）。

理查德·斯托曼本身的想法[14]正如他在反版权[15]思想中所展现的那样，本是十分激进的。

在计算机创建以后，原本软件在程序员和用户之间可以共有，自由开示相关内容并进行改进，但是基于知识产权这一排他性权利，不再允许软件在程序员和用户之间共有和自由更改，琢磨着对软件进行使用反倒成了反社会的、不合逻辑的行为。因此斯托曼原本持有的想法与立场便是，应当否定对软件的知识产权进行无论何

12　http://www.fsf.org/。

13　http://www.gnu.org/。

14　参见：Richard Stallman, Why Software Should Not Have Owners, http://www.gnu.org/philosophy/why-free.html。理查德·斯托曼思想著作的日文译本可参见：R・ストールマン（長尾高弘ほか訳）『フリーソフトウェアと自由な社会』（アスキー、2003年）。

15　反版权（copyleft）是指，一种对于以用户能够自由使用为目的的GNU程序，为避免通过扩展条件使得通过该程序开发的软件成为特定人的财产权利而采取的手段。

种形式的保护。随着计算机创建以来，一直存续的程序员社区逐渐
318 消失，对于可以自由使用软件的社区进行重建则成了主要活动，至
此GNU项目也便孕育而生。在这样一个GNU项目下，各种软件开始
广泛传播，又回到了任何人都可能访问的状态，GPL原本的定位便是，
一种在程序员社区之上，通过进一步改进实现持续开发的规则。

换言之，为避免在GNU项目下开发的软件被之后特定人的财
产权利所支配、封闭，通过反向使用软件著作权的机制设计正是
GPL的本意，也可称此活动为反版权。从这一意义上来说，斯托曼
本身是将反版权定位为，为实现原本目的的、带有实用主义思想的
理想主义[16]，但是他不应该忽视，在他原本所拥有的理想和通过GPL
开展的现实活动之间，具有不容忽略的差距。[17]恐怕当下通过GPL
实现开源软件的流通已经与斯托曼最初的意图完全不同了吧。尽管
如此，无论斯托曼自己的原始想法是否实现，基于GPL的GNU项
目本身也在逐渐地扩大。在GPL下所开发并公开的各项软件中，
Linux是1991年由芬兰学生（Linus Torvalds）开始开发的操作系
统，由于它以极快的速度达到了与商业操作系统相当的水平，因
此引起了人们的关注，并且以此作为契机之一使得人们开始意识
到开源模型的软件开发潜力。[18]与此同时，对于一直以来运营松散

16　参见：Richard Stallman, Copyleft: Pragmatic Idealism, http://www.gnu.org/
philosophy/pragmatic.html。

17　参见：Richard Stallman, The GNU GPL and the American Way, http://www. gnu.
org/philosophy/gpl-american-way.html。虽然十分希望开源模型能够有效利用GNU
GPL许可，但是这些行为并非与这一考虑相一致。

18　有很多关于Linux开发的背景，比如可参见：平野・前注5第33-109页；グ
リン・ムーディ（お山裕司訳）『ソースコードの反逆』（アスキー、2002年）。

的，并代表GNU项目的"草根"般的软件开发方案，开始进行统 319
一整合。

因此，区别于FSF，由埃里克·雷蒙德于1998年建立了开源计划（OSI），"开源"一词首次被明确使用。在OSI中，其与蕴含着FSF理念的运动划清了界限，通过"开源"概念的明确化、开源许可的认证等开源模型中相当于"标准化"的工作，以实现对其进行普及和发展。

基于OSI开源模型的定义（The Open Source Definition Version 1.9）[19]，经过适当修正，目前主要有以下所列的10项。

1.自由再扩散的可能；

2.必须公开源代码；

3.必须允许制作修改版和衍生版；

4.源代码整体性的保持；

5.无差别对待许可对象（个人或集体）；

6.不划分使用领域；

7.许可条件的维持；

8.原许可不约束特定产品固有之处；

9.不影响其他软件的许可条件；

10.相对于技术来说许可必须是中立的。

为了构建满足此类定义的新开源模型，OSI下实行了许可的认证。目前经OSI认证的开源模型已有58项许可（目前为2007年1月）。新发布的开源许可，大多是基于GPL进行适度修改后构成的形式，正由于仍有基于GPL提供的软件，因此目前GPL作为开源 320

---

19 http://www.opensource.org/docs/definition.php。

许可的基本形态，最为广泛地被运用。另外，目前的GPL是1991年发布的 Version 2（第二版），下文对GPL的论述也请注意，是以Version 2的英文版[20]为前提进行的。

三、GPL的构造

GPL的结构与软件使用许可合同等的一般许可合同相比较而言具有很大的差异。这也正如上文探讨的那样，可以说GPL本身就受到了反映理查德·斯托曼思想的宣言表明书的影响。

首先在序言中，就实现GPL的思想背景、目的等基本内容进行了阐述。

换言之，GPL试图保证使用和修改免费软件的自由，为保障这种自由，对GPL下的软件副本进行发行和修改时，GPL列举了如下内容：将会受到一定的限制；该种自由下"权利"的保障包括以下两个条件，一是软件受到著作权的保护，二是提供相应的许可，表明对该软件的复制、发行或修改进行了合法许诺；为保护软件著作权人，应确认该软件上不存在任何担保；认识并避免软件专利权带来的威胁，明确是否可以提供相关的专利权许可。

在序言中明确了自身的定位，对于GPL具体的内容，并非完全理解为仅限于在概述和附录中的意思。即使是在与GNU相关

---

20 根据FSF，英文版才是正规的内容，网页上提供的其他翻译版本都是廉价的。因此，下文也将基于英文版的各项规定进行探讨。此时，需要注意日本翻译版与英文版在各条编号上的出人。

的FAQ[21]中，对于是否可以省略序言这一问题，与其说序言是不 ₃₂₁
容许被省略的[22]，不如说是在GPL的法律性质和解释中承担着重
要的作用。

序言之后，由0—12条条款组成，后半部分的第11条和第12
条是关于软件的保证免除，也就是说免责条款，实质内容则规定在
第0条至第10条部分。以下就相关条款内容进行论述。

在第0条中，规定了GPL适用对象的范围及词句的定义。即
对如下定义进行规定：GPL适用于包含着表示（notice）的任何
程序或其他成果（work），而这些表示表明了可能在著作权人的
GPL条件下予以发行；以及，下述GPL的各条款中的"程序"（the
Program）是指GPL所适用的任何程序或其他成果；"基于程序而产
生的成果"（work based on the Program）是指"程序"或者著作权
法下产生的演绎作品（derivative work）等。此外，GPL不包括复
制、发行、修改以外的行为，同时，对于"程序"操作行为未进行
任何限制，即使是操作"程序"的产物，也只有在该产物属于"基
于程序而产生的成果"的情况下才能被GPL所涵盖和适用。

第1条中规定了，无论何种形式的媒体，只要是保持获取"程
序"时的状态不变，便都能够对"程序"源代码进行复制和发行，
并对该种情形下的条件（应当在各个复制品上附加关于著作权的适
当表示和免责；对GPL及无保证作出了完整的表示；向"程序"接
收者提供"程序"的同时提供GPL的副本）进行了规定。此外，在

21　Frequently Asked Questions about the GNU GPL（http://www.gnu.org/licenses/
gpl-faq.html）．

22　问题条目中的"Can I omit preamble of the GPL, or the instructions for how
to use it on your own programs, to save space?"得到了明确否定。

提供复制品时，允许收取与物理行为相对应的对价。

322　　　　第2条中规定了，能够对"程序"或其部分进行修改（modify）[基于程序而产生的成果（work based on the Program）]，并对其修改物按照第1条规定的条件进行复制和发行。同时还规定了该情况下的相关条件 [（a）~（c）]，以及修改物不适用这些条件的情形。

在第3条中，列举了根据对象代码或其他可行的形式，在第1条及第2条下对"程序"（不依赖于源代码）进行复制和发行的情形。对其具体条件进行规定的同时，就源代码一词所表示的意思范围也进行了规定。

第4条对违反GPL情形下的处理进行了规定。还规定了，除了在GPL下明示性地提供之外，禁止以其他形式对"程序"进行复制、修改、再许可、发行；并规定了与GPL相抵触的其他试图复制、修改、再许可、发行的一切行为均无效，否则本许可关系即为终止。在该情况下，对于那些从GPL违反者处获得该"程序"相关的副本及权原的人来说，只要遵守了GPL，本许可关系就不会终止。

第5条对GPL的生效进行了规定。阐述了可以任意选择是否同意GPL，并明确了在此基础上不同意时，将不得对其进行修改或发行。此外，对"程序"或"基于程序而产生的成果"进行修改或发行的，则将视为对GPL指定条件的全部同意。

第6条中规定了，每当对"程序"或"基于程序而产生的成果"进行再发行时，则该"程序"的受领者将自动从原许可人处获得对"程序"进行复制、分发、修改的许诺。此外还明确了，不会进一步限制该"程序"受领者行使GPL认可的权原，以及不会发生323　任何因第三方遵守GPL而产生的相关责任。

第7条对与专利权之间的关系进行了规定。若裁判所对专利权的权利侵害等作出了裁判结果，施加与GPL条件不相符的条件时，GPL中指定的条件将不能作为逃避接受这些条件的根据。

因此，GPL的条件与上述条件下的业务并存且无法发行时，最终结果是，该"程序"不得发行。另外，即使因特定情形使得部分本条款被认定无效的，也应在该情形之外的其他情形下对本条款的适用进行调整。本条款的目的和主旨并非为了诱导对专利权的侵害，而是为了保护免费软件发行系统的统合性。

第8条针对在特定场合下对GPL加以一定限制进行规定。也就是说，如果有国家对受著作权保护的界面或者依靠专利权对"程序"的发行或使用行为进行限制的，在GPL下提供"程序"的原著作权人，还应追加发行以排除适用于这些（施加限制的）国家为内容的明示的地理限定。

第9条对GPL修正版的可能性及其处理内容进行了规定。

第10条规定了，若将部分"程序"导入至不同发行条件的其他免费软件，应当如何处理。

四、GPL的法律性质

正如我们所看到的，一直以来开源模型主要适用于软件的研究者、专家或有志之士这类相对封闭的社区中。因此，关于开源许可，其法律性质和条款处于极其模糊不清的状态已是事实，但又不能完全认识到其中可能存在的具体问题。然而，在以商业为基础的

当今世界，随着开源软件的实际运用以及出现将开源软件用于商业
324 的行为，围绕着开源许可的法律性质与以开源软件为核心的知识产
权保护方式，问题便突然显现了出来。正因为作为开源许可中最具
代表性的GPL已经得到了广泛采用，因此更需要对其法律定位进行
明确化。

总而言之，最为本质而基本的课题便是GPL的法律性质。若
是不对GPL自身的法律性质进行规定，那么，一旦GPL下开发的
开源软件产生了具体的争议，构成何种法律问题便成了一个难题。

此外，对于是否在任何法律结构下都能够对所列的许可内容进
行定性、解释，这样的关于确定准据法问题的考量，正是判断GPL
的法律性质所不可或缺的。在GPL中未就GPL指定的规则应适用
哪国法律这一准据法问题予以规定。因此，若是有必要对GPL的
法律性质进行认定，那么理论上来说任何国家的法律体系应当均能
作为准据法予以适用吧。此外，确定准据法的程序本身也是一大问
题。围绕着确定GPL准据法的问题，另有考量；本章中，将以日
本法为准据法，从GPL的法律性质和各条款解释出发，由此展开探
讨。因此，围绕GPL的法律争议类型将是本文的背景预设，在此基
础上设想，日本国内经营者之间围绕GPL下所提供的软件因提供、
使用、修改等而提起诉讼。

首先，在GPL中，从前文探讨的结构中可以明显看出，对于
其中规定的在某些许可条件下所提供的程序，由于其免费使用、复
制、修改、发行行为受到条件限制，因此有可能出现规定了这样的
法律行为：将与程序有关的某些法定权原向任意第三方许可。

325 因此从这一角度来看的话，GPL所提供的程序，基本上能够向
获得该程序的人授予任意使用该程序，并按其原样进行复制或对其

予以修改后向其他人再发行的法律依据和权利。此外GPL条款中也明确规定了，对原程序本身的复制、发行或对其进行软件修改时应当按照GPL中的许可条件履行相应义务。此外，序言中明确表明了，GPL是指为实现目标的"1.对软件依据著作权进行保护；2.提供关于该软件的许可，授予得以进行复制、发行或者修改的合法许可"。同时，如果考虑到应当对复制、发行、修改等行为的许可施加哪些条件的话，则可以将GPL进一步理解为以著作权法为基础而产生的权原，具体来说就是，因构成软件的程序著作权而产生的一定权利义务关系。

进一步来看，GPL不仅仅意味着拥有由程序提供者授予著作权的权利依据，还可能包含程序被提供者同意在遵守一定的条件下使用该程序的意思，总体来说，尚可将其作为一种双方达成合意内容的合同来理解其蕴含的法律性质。这样解读的话，GPL将可能被认为是著作权许可合同的类型之一。著作权法第63条第1款确认了，著作权人可以明确向他人许可使用自己的作品；第63条第2款中规定，被许可人在相关使用方式和条件的范围内可以使用该作品。这种许可的授予，以及对相关使用许可的方式和条件的设定，产生了著作权许可合同的效果，也使得GPL成为了多样化著作权许可合同的其中一种形态。

GPL下的程序提供者，对一定程度上使用程序著作物的行为进行授权许可，与此同时，作为程序被提供者，不仅应在授予许可范围内使用程序，还应承担履行GPL各条款规定的义务（这是因为该合同不是只由程序提供者授予程序权原的单务合同，而是含有双方义务内容的双务合同）。基于这种理解方式，下文将对GPL下的程序提供者和被提供者之间产生的具体权利义务关系进行整理和总结。

首先，GPL下的程序提供者对其自有的程序著作权，应当许可与运行该程序相对应的权原（第0条）；在一定条件下，对基于源代码（第3条为例外）的复制、发行行为予以许可（第1条）；以及在一定条件下对部分源代码的修改、复制并发行的行为予以许可（第2条）。

因此在著作权法下，可以将程序的著作权理解为，对该程序在电子计算机上操作范围内的复制权和改编权的许可、制作复制品相关的复制权的许可、改编该程序相关的改编权的许可、发行该程序或修改该程序后所得二次程序作品相关的公众传播权、传播可能化权、转让权的许可。此外，若是关于作者人格权，那便是在该程序电子计算机上操作范围内以及修改该程序相关范围内，作出不行使同一性保持权的承诺（作者人格权不行使合同）。

此外，GPL下的程序被提供者，就所获得的程序在电子计算机上单纯的运作行为或者是单纯的复制这一程序的行为，不承担特别的义务。但是，对复制后的程序进行发行时，有义务遵循第1条规定的相应条件。第1条特定条件的核心内容是，在提供程序，并且表明以源代码形式进行发行以及以GPL为基础的同时，也应提供GPL。

对所获得的程序进行修改时，原则上仅在修改的范围内可以不承担义务，但是对该修改后的程序进行发行的，则应承担着遵循第2条规定的条件相应的义务。第2条的特定条件的核心内容是，不论是包含了所获得的全部或部分程序，抑或是由所获程序派生出的程序，若是将改变后的程序加以发行，则必须对于GPL下的任意第三方免费提供。此外，在适用第3条的例外条款的条件范围内，源代码通常不予披露，而是允许在第1条及第2条下以对象代码或其他可行的形式进行复制和发行。

从上文内容来看，GPL各条款可以理解为，规定了对构成程序著作权（作者人格权）的分支权进行许可的许可合同之具体内容。尤其是对程序被提供者而言，授予对该程序著作权的使用许可的相对义务在于，"原程序提供并开示了源代码，对该程序或其修改后的产物进行发行时，应当维持与之相同的GPL条件"。从前述内容来看，可以说与一般著作权许可合同存在很大的差异了。根据这样的结构，程序被提供者将成为下一个程序的提供者并对GPL的许可条件进行传播，由此GPL下所提供的软件便能实现用户的广泛"自由"了。因此，该传播性也成为GPL的一大特征。

由于目前日本裁判所中还未有以GPL的法律解释为具体案由的相关判例，对于判例的解读以及学说等学术性的探讨也几乎是不存在的，因此目前日本法律对GPL法律性质的解析仍然还未出现。然而，根据对GPL各条款具体内容加以解释并进行分析的结果来看，GPL作为以著作权（作者人格权）为基础的许可合同的形式之一，从某种程度上来说也是符合逻辑且具有合理性的。 328

考量国际动态，美国法律肯定并同意将GPL理解为是一种与程序相关的著作权许可合同。此种理解和观点，自从开源许可被广泛使用的早期阶段以来，大多是作为学说被认识和接受[23]。在欧洲也出现过类似的肯定性观点，如德国慕尼黑地方法院在2004年5月19日的判例中支持GPL作为有效合同的相关判决[24]。纵观世界各国的

23　Ira V. Heffan（1997），Copyleft: Licensing Collaborative Works in the Digital Age, 49 *Stan. L. Rev.*, 1487; Teresa Hill（1999），Fragmenting the Copyleft Movement: The Public Will Not Prevail, *Utah L. Rev.*, 797.应当理解为，在拆封许可和共享软件许可被解释为有效的范围内，GNU GPL许可合同也是有效的。

24　36 IIC 733-736（2005）.

情况，将 GPL 的法律性质解读为一种基于程序著作权的许可合同更具有说服力。即使在美国，对于 GPL 的合同性质也曾出现过强烈的反对声音[25]，也并非所有人都对这种理解达成一致看法。

如上所述，将 GPL 的法律性质定义为一种关于著作权的许可合同时，可以围绕其有效性就以下两大问题进行探讨：第一点，GPL 作为合同成立的有效性；第二点，GPL 合同内容本身的有效性。

329　　　对于 GPL 作为合同成立的有效性，毋庸置疑，依据日本法律关于合同成立的理论，必然应当符合要约和承诺一致性原则[26]。当下，还应当考虑将多数开源软件的发行和提供行为放置于互联网的媒介下进行探讨和研究。正因为如此，便引发了以下的问题，即在对 GPL 下提供的程序进行发行时，是否可以作出普遍适用的判断：该程序的提供者和被提供者之间达成合意，则该程序的著作权相关的许可合同有效成立。但由于 GPL 下提供的程序进行发行的形态具有多样性，严格来说，还应根据每一个许可合同的具体形态判断该合同是否成立。

从这点来看，GPL 第 5 条中规定，若是对该"程序"或"基于该程序而产生的成果"进行修改或发行，则将视之为对 GPL 规定的条件全部予以承诺。围绕着合同成立的有效性问题，该条款能够提

25　Kumar, Sapna（2006），Enforcing the GNU GPL, available at SSRN: http://ssrn.com/abstract=936403. 基于美国法 GPL 的法律性质进行探讨，并指出合同成立要件的不完全性。另一方面，有论文指出美国法结构下 GPL 的法律问题点，同时强调在 Linux 开发等特定情形下作为所谓的"绅士协定"，起到了充分的作用。参见：Hass, Douglas A.（2006），A Gentlemen's Agreement: Assessing the GNU General Public License and Its Adaptation to Linux, *Chicago-Kent Journal of Intellectual Property*, forthcoming, available at SSRN: http://ssrn.com/abstract=951842。

26　星野英一『民法概論 IV 契約』（良書普及会、合本新訂，1986年）25-30頁。

示出在软件使用许可合同中，即拆封许可合同以及点击包装许可合同中所出现的类似问题。

然而对于GPL下提供的程序，GPL第1条还要求应始终保持一种容易附加或获取GPL的状态，并且GPL下提供程序的获得者可以轻易了解到GPL的具体内容和条件，且在发行或修改该程序之前可以轻易地判断该程序的获取者是否接受GPL指定的条件。[27]

此外，即使将GPL视为一种合同，但是若仅限于在电子计算机上对该程序的操作、复制等"有限"的使用方式时，那么该部分的合同性质也可以解读为是由一方授予程序权原的单务合同。若是作为双务合同，则有必要履行GPL规定下实质性义务，但这实际上也仅仅是指，根据发行该程序或其修改后的程序，产生了主动履行GPL指定条件的义务。对于仅向第三人发行所得程序时应履行的GPL条件的义务来说，该内容几乎不含积极主动的履行内容（仅修改所得程序的，也几乎同样不含积极主动的履行内容），而是限于以获得时的状态提供GPL，只有在对修改过的程序进行发行时才产生了积极主动的履行义务。

这样一来，通常来说在程序和GPL被提供，且受领方充分理解GPL所规定内容的前提下，才能将GPL作为著作权许可合同认定为有效成立。因此，GPL中规定的内容可以解释为"对GPL条件下的著作权许可合同的要约"，对于上述对单务合同的解读可以理解为，对该程序仅在电子计算机上的操作和复制行为的要约表示承诺时，合同得以成立。关于双务合同部分，则可以理解为，如GPL

330

---

27 也有负面评价认为将正规版本的GPL定位在英文版本的话，对于无法判读英文的程序开发者而言，他们将无法轻易理解和判断其中的内容。但是在FSF中也提供了GPL的日文翻译，对其内容理解把握并不困难。

第5条规定的，将该程序的发行和修改产生的（积极主动地）履行GPL指定条件视作承诺，合同得以成立。

接下来将对GPL合同内容本身的效力进行探讨。首先，如上文所述，作为GPL的内容，对于在电子计算机上对所提供的程序进行操作并进行相应的复制和改编，以及单纯的复制、单纯的修改等行为，一般来说是向对方授予未附加任何实质性相对义务的许可。仅在对复制后的发行和修改后的（复制）发行等情形下，上述的相对义务包括，源代码等级下的无偿提供以及GPL条件下的再发行等。因此，最大的问题可能在于，评价GPL合同内容的效力时，相对于复制后的发行和修改后的（复制）发行时提供著作权使用许可，被提供者无偿提供源代码以及在GPL条件下的再发行义务等内容是否可以评价为违反强行规定。[28]

首先，关于复制品的发行，由于原程序的被提供者对其自身在GPL下所得程序进行复制，因此对于该复制品也应对其赋予义务，使其在当初获得程序相同条件下进行提供，也不过是以"平移"的方式提供原程序。使其履行以此为内容的义务，也找不到任何否定其效力的理由。

其次是关于修改品的（复制）发行，一方面，程序著作权的排他性权利原本是为了防止权利人以外的其他人在电子计算机上进行操作、复制、改编等，然而在GPL的条件下则可以对此类程序的

331

28　在美国法中，应当引起注意的是在GNU GPL许可的条件下，限制任何人进行自由的复制、修改、再扩大分发、使用行为是过度的反竞争且违反公序的行为，换言之能够构成"copyright misuse"的依据，该许可合同存在无效的可能。Shawn W. Potter（2000），Opening Up to Open Source, 6 *Rich J.L. &Tech.*, 24.然而，作为结论，很难说是仅仅与传统商业许可合同中的限制相比而言极小的东西作为依据而构成了"copyright misuse"。

广泛使用进行无偿许可。另一方面，若是原程序二次作品的修改内容，应当在合同中施加义务，要求开示相应源代码，以及再发行时在GPL的条件下进行无偿提供。一般来说此类合同义务很大可能给原程序的修改者施加了沉重的负担。因此，正因为存在合同中的义务，于是难以对合同内容的效力进行否定。

此外，则是关于因修改产生的不行使同一性保持权合同的有效性问题。若是对不行使同一性保持权合同本身效力进行讨论，首先其具有作者人格权的性质，因此不应对其进行先验的否定[29]，此外在GPL的情况下，如果程序的被提供者仅要求其对所修改作品的一部分不行使同一性保持权，原则上对于该部分内容也不得否定其有效性。

根据上述的探讨，理论上极有可能将GPL的法律性质看作著作权许可合同（作者人格权不行使合同）中的一种类型，并且作为合同有效成立并生效。

然而，GPL是作为程序著作权所产生的一定权利义务关系的具体化意思表示而被认知和理解的，因此讨论至今是否可以将其理解为具有法律含义的"合同"，仍存有疑问。比起近来制定的其他开源许可，GPL背后所阐述的基本思想具有更强的特性。法律上的合同文本未必涵盖所有内容，因此GPL的法律性质可能并不是"合同"，而不过是一种在法律构成上由第三方在一定条件下作出的不行使程序著作权表示的单独行为［附解除条件的、著作权以及作者人格权不行使的意思表示（宣言）］[30]。

332

29　田村善之『著作権概説』（有斐閣、第2版、2001年）409-412頁。

30　情報処理振興事業協会（IPA）「オープンソース・ソフトウェアの現状と今後の課題について」（SOFTIC研究会報告書、2003年、http://www.meti.go.jp/kohosys/press/0004397/1/030815opensoft.pdf）70-73頁〔小川憲久〕。

确实，如果对于在电子计算机上对GPL下提供的程序进行操作并进行相应的复制和改编，以及单纯的复制等行为，一般将其理解为向对方授予未附加任何实质性相对义务的许可，那么该部分构成了单务合同，因此可能也没必要对复制品的发行和修改品的复制、发行等情形下的相应相对义务部分进行整体解释。也就是说，可以将在电子计算机上对GPL下提供的程序进行操作并进行相应的复制和改编，以及单纯的复制等行为理解为是，GPL所作出的无条件的不行使任何该程序相关的著作权权利的不行使权利相关意思表示。

另外在GPL第5条中规定了，若不承诺GPL的内容的，将不允许对该程序及其演绎作品进行修改或发行。因此，仅仅是单纯的修改行为，原则上是向对方授予未赋予任何实质性相对义务的许可行为，但是难以将其解释为是作出无条件的不行使权利的意思表示。另一方面，对于该程序及其演绎作品进行修改或发行行为，还可以理解为是作出附解除条件的不行使权利的意思表示，即仅仅在源代码等级下进行无偿提供，以及同等条件下进行发行等GPL各条所规定的条件下（将不遵守此类条件的行为作为解除条件）不行使著作权（作者人格权）权利。该种情形下，由于该程序被解释为著作权人的单方行为，因此可以理解为不论该程序被提供方出于何种意图，只要存在违反GPL指定条件的行为时，著作权人可以根据最初的原则通过行使差止请求权禁止该被提供方继续使用该程序。[31]但须注意的是，权利行使对象应只限于由该著作权人最初提供的程序

31　此外，差止请求权可行使范围将可能产生争论。如之前所述，即使GPL的法律性质作为附解除条件不行使权利的意思表示，但无论原本该解除条件如何成就，对于在电子计算机上的运营所产生的复制、改编、单纯的复制可以理解为是无条件下权利不行使的意思表示。

范围内，权利行使不应该影响到程序的修改部分，这一点毋庸置疑。因此这与将GPL解释为合同相比存在一定的差异。在GPL作为合同而构成的情况下，出现合同违约行为时，可以行使合同上的债务履行请求权作为法律救济的手段（当然也可根据合同关系的解除，一并对著作权侵害行为行使权利）。根据GPL指定的条件进行履行债务的，可以请求实现：包括修改部分内容在内的源代码无偿提供、GPL下的再发行等内容。若将GPL的法律性质认定为附条件不行使权利的意思表示，则可以在原先的程序著作权范围（行使权利的著作权人的作品范围）内对著作权侵害行为行使权利。

然而，关于不行使权利的条件，程序修改部分的著作权人应与原程序著作权人保持同一不行使条件（即GPL中规定的内容），若是将之视为实质性内容，或者评价为有效的单独行为，便还是存有疑问的[32]。此外，若附条件不行使权利的，则一方对GPL下提供的程序进行修改后再发行之际，（应当满足GPL的条件内增设不行使权利的条件）原则上也应增设（同时满足GPL的条件）新的条件，对该修改方根据其自由意志进一步修改GPL进行限制。但是GPL第6条本身明确禁止了增加该限制。从中也可以看出，仅仅凭借附条件不行使权利是难以完全阐明GPL的法律性质的。

根据上述的探讨，GPL的法律性质仍然存有很大的探讨空间。但是将其解释为一种程序的著作权许可合同，并将程序操作所伴随的复制、改编以及单纯的复制部分理解为（附条件）不行使权利的意思表示，或者将其解释为著作权许可合同（单务合同），从理论上来

32　以对修改部分不行使同一性保持权为条件，不行使原程序著作权的行为本身，就是在约束本应被确保可以任意行使的著作权人格权，有可能作为不法行为（民法第132条）被认定为该单独行为本身是无效的。

看较为合理，实务中也能确保一定的实效性以及处理上的可预见性。

五、软件商业化及GPL解释上的课题

正如本章第一部分所述，随着近年来所谓开源模型商业化日趋发展，人们开始意识到法律问题的重要性，这些法律问题是以规定着如何处理开源软件的开源合同为核心予以展开的，其他各国也开始出现了现实的法律纠纷。[33]下文将参考关于法律性质的现有探讨

33　例如，在美国发生了一起诉讼，2001年7月，MySQL AB是数据库软件的开发企业，NuSphere 则是对含有MySQL的产品的开源软件进行了销售、宣传，这起诉讼便是其两者之间违反合同（违反GNU GPL许可）的诉讼。争议点是，对于GNU GPL许可下所提供软件的周边新软件进行开发时，是否应当遵循GPL许可。结论是，2002年2月部分支持对NuSphere作出差止的临时处置，从这一判断来看，主张以违反GNU GPL许可为依据并未得到支持。参见：PROGRESS SOFTWARE CORPORATION, et al., v. MySQL AB, et al., 195 F. Supp. 2d 328（U. S. D. MASS. 2002）。另外，在美国围绕SCO v. IBM 的法律争议一时间成为焦点。这是2003年3月SCO以IBM为相对方在美国犹他州联邦地方法院提起的诉讼。SCO承继了UNIX相关软件的著作权并向IBM提供了许可，SCO以违反许可合同以及侵犯著作权为依据，对IBM违反许可合同无条件将该软件编入Linux并基于所获许可开发新的程序编入Linux的行为提起诉讼。本案中，SCO强烈否定GNU GPL许可的有效性并对今后开源模型的开展产生的影响。此外，问题还有，SCO主张Linux用户等因不接受许可也构成著作权侵权，要求实施Linux相关业务的各企业签订许可合同，此外许可费用的收费也明显高于最初价格。此后一时之间这种权利行使的对象从美国国内的大型企业扩大至包括在欧洲、日本等的中小型企业，这样的趋势成为了隐患，带来了担忧。作为站在维护开源模型立场上的FSF和OSI，反对SCO的主张并继续推动当前诉讼进行审理，这使得情况陷入了困境。联邦地方法院于2007年2月26日决定进行陪审审理。

结果，与此同时，试着对 GPL 在商用软件中的适用以及用于软件商业化时可能发生的相关释义上的问题进行讨论。

（一）关于 GPL 适用对象范围的相关解释

336

首先将围绕 GPL 适用对象的范围进行相关内容的解释。那么在开源软件的商业化中，开源许可规则与其自身的商业化边界在哪里呢？为了明确这一问题，笔者认为应当对开源合同使用对象延伸范围的标准进行明确。例如对 GPL 下所提供的程序进行使用时，如果其成果包含在 GPL 适用的对象范围内，则应当按照 GPL 各条款的相关内容进行处理。

GPL 中该内容已规定于第 0 条中，此外还规定了最初 GPL 下所提供的程序，乃至 GPL 基于该程序而产生的成果，均可作为 GPL 的适用对象。作为该内容的补充，在第 0 条中表示"该程序自身或著作权法下的演绎作品"，此外还包括该程序或其中一部分，因此对未变更表现形式的内容、翻译成其他语言的内容、未修改的内容也进行了示例说明。在第 2 条中，将修改（modify）定义为"基于该程序而产生的成果的制作"，"基于该程序而产生的成果"则含有在 GPL 下为修改后程序的发行产生的效果（如果认为 GPL 构成合同，那便是合同上的债务）划定界限之意。

若是对 GPL 的规定进行解释，在 GPL 的适用范围中，GPL 下所提供的程序自然涉及"基于该程序而产生的成果"。至此对于"基于该程序而产生的成果"的具体范围边界的解释或其判断标准的界定便是一大难题。为明确该点内容，GPL 第 0 条中规定了"基于该程序而产生的成果"以及之后所描述的示例说明。虽然两者难以被认为具有相同的概念，但是对于示例说明，考虑到前置性用语"that is to say"后记述的内容，以及 GPL 本身不具有法律文书的严

337

谨特性，终究难以对其进行示例说明，大致来看"著作权法下的演绎作品"的用语基本还是合理的。但是该情况下，从解释论上看仍存有疑点。

换言之，以此为前提，著作权法究竟应该是哪国法律，又成了一大问题。由于GPL的正式版本为英文版本，同时FSF也以美国作为活动据点，同时演绎作品被解读为美国著作权法下的概念，因此理论很有可能认为"著作权法下的演绎作品"应理解为属于美国著作权法下演绎作品[34]的范畴。但是，由于未明确记述GPL适用哪一国家的著作权法，因而不该将GPL仅在美国地区使用。若考虑到美国外的其他各个法域的使用者，对GPL的适用范围的理解应当考虑其他国家法律（著作权法）的演绎作品的范围，以及广泛利用GPL时可能存在的阻碍因素。从起草GPL时的宗旨（序言）来看，难以得出仅将该宗旨限定于美国著作权之内的结论，因此合理来说，准据法是解释GPL全部内容的前提，应当将GPL全部置于准据法下的著作权法中，根据对应的概念划定该著作权法下的"著作权法下的演绎作品"的范围，对GPL上的"著作权法下的演绎作品"进行解释。

因此，本章写作的前提问题，即向日本法院提起的针对日本国内GPL软件的提供、使用相关的民事诉讼法律纠纷之中，难道不应该将GPL的适用对象范围理解为，以最初GPL下提供的程序著作权为基础，包括该作品的保护范围，并且涵盖了日本著作权法中的二次作品吗？

此外，围绕GPL上发行（distribute）概念的解释，也产生了诸

34　17 U.S.C§101,§103.

多议论。虽然对于GPL中的发行概念主要是以美国著作权法为准进行考量[35]，但是正如本文前提所述，"将日本法作为GPL解释时的准据法时，发行是否可以解释为包括著作权法上的其他分支权"，这将成为一个问题。在日本著作权法中发行权（著作权法第26条）仅限定于电影作品，不应采用这种解释；与这一概念相对，通过媒体的发行行为即转让权（第26条之二）、通过网络发行方式的公众传播权、传播可能化权（第23条），都应当解释进去。对于GPL中发行的解释，应将其认定为：不论具体的发行形式，如果可以以某种手段提供作为对象的程序的，即为发行。如此，就会有更广泛的内容，这种理解更为妥当。

（二）GPL第2条后半部分的解释问题

GPL第2条后半部分的解释问题，即GPL提供的程序在修改后的统一性界限问题，下文将对此进行举例说明。具体来说，对通过GPL获得的程序进行改进的，虽然存在一部分全新的内容，但是再发行的时候是否必须在GPL下提供，或者是否可以回避，究竟有多大必要考量发行的方式，这些都将可能成为问题。对此，在GPL第2条后半部分中表示，修改后的成果适用于GPL第2条前半部分的相关条件。

若修改后的产物中可以明确识别的部分并非来自于（修改前 339 的）原程序，而是可以将之合理地认为是独立的个别成果，那么在其作为个别成果进行发行之前，都将无法适用GPL第2条前半部分。换言之，即使在该种情况下，将"基于（修改前的）原程序而产生的成果"作为整体的一部分发行时，该程序整体将适用于GPL

35　17 U.S.C§106（3）.

的条件。如此一来，不同于GPL提供的原程序，修改部分作为新的成果可以明显区别于原程序时，只有其发行方式也区别于原程序，才无法适用于GPL。然而，将原程序的修改部分和原程序作为整体进行发行的，则可在其发行后视其为GPL提供的程序。这种方式也被认为是第0条中规定的GPL适用对象范围的一种例外情形。

那么，对于那些与原程序相比连二次作品都称不上的程序作品而言，通过整体的发行方式，便可以产生在GPL条件下进行提供的效果，从理论上说，这样的规定是否应该认定为有效，仍是存有疑问的。确实，考虑到判断该修改部分与原程序之间是否存在任何关系还是比较容易的、是否将修改部分与原程序作为整体再发行这一判断也是可以任意决定的，以及GPL第2条中对这种处理方式进行了明确的规定，修改部分的程序创造者，即修改部分的著作权人将修改部分与原程序作为整体进行再发行后，将其理解为是对在GPL下予以提供进行许可，也存在一定的合理性吧。

然而正如第2条后半部分所规定的，"自己的修改部分是否来自于（修改前的）原程序"在判断上存在一定的难度。此外，还需探讨，在实际中若将其修改部分和原程序分别予以提供，其在多大程度上具有实效。从这些观点来看，如果将GPL看作著作权许可合同，就连通过运用GPL提供的程序、将整体中极其细微部分创作成新的程序，也要履行将程序整体在GPL下予以提供的义务，理论上来说还有可能在合同上被认定为无效。

此外，在第2条后半部分还一并规定，若是仅根据"以GPL所提供的程序为基础而产生的成果"之外的其他程序和GPL所提供的程序合并、记录在单一的记载媒介等之上的行为，这一非GPL程序

340

将不受任何影响。第0条中规定了适用对象的原则，作为作品，既然与GPL下所提供的程序不存在任何关联，那么不受任何影响，从上述来看，可以说是改变了这一原则吧。

（三）源代码的定义

源代码的定义中也有应当注意的地方。根据第3条后半段，源代码定义为，是为修改程序而采取了适当的形式，从这一点来看定义的范围很广，但此外还包括为编译出可实行的形式所必需的接口定义文件、脚本等内容。而例外是，其中无需包括那些通常伴随着与运行个别程序的OS主要组成部分一起提供的要素。因此，一般来说可以理解为，源代码无需包含在个别程序的操作环境OS下所分担的组成部分。因此，笔者认为，若要作为"源代码"在GPL下提供，所要求的具体范围也可能根据个别具体程序的技术性质而产生变化。

（四）违反GPL的法律后果

发生违反GPL的行为时是否会产生法律后果，这一问题不仅在实务中十分重要，在理论中也是值得探讨的内容。在GPL第4条中，GPL明确授权范围以外的复制、修改、再许可、发行行为无效，根据该行为，GPL所赋予的权原将自动丧失。正是因为这一十分概括性的规定，便有了进行解释的余地。但是进行解释的前提在于，有必要以前文探讨的GPL法律性质以及对GPL下所提供的程序被提供者赋予的义务内容为依据。

首先，如果将GPL整体作为著作权许可合同的一种类型，以此为前提，违反GPL是指不履行GPL下程序被提供者本应承担的债务，即违反GPL下规定的义务行为，或者因不履行义务的不作为行为使得债务进入不完全履行的状态。具体来说是指，对复制的程序进行发行时未按照第1条规定的一定条件履行义务，未进行一定的表示、未提供源代码、在GPL以外的条件下发行等；对接受的程序予以修改后发行时未按照第2条规定的一定条件履行义务，未进行一定的表示、未在GPL下对修改后的程序进行发行、未提供修改部分的源代码、实质上未对修改后的程序予以无偿提供等。如此不履行债务时，GPL下的程序提供方应当有权解除该著作权许可合同，即可以将GPL第4条规定的内容理解为约定解除权。

然而，因债务不履行产生法定解除权时，原则上应当作出催告履行和解除的意思表示[36]，但是在GPL第4条中规定了所谓的失权特约的约定解除权，只要实施了明示范围外的复制、修改、再许可、发行的行为，便直接产生自动解除GPL的法律效果，这一解除权是否可以被认定为有效则成了一大疑问。例如，关于不动产租赁合同中无催告解除特约的效力，曾有判例认为，即使不予催告也不会认定为不合理，这种情况也是有的，在此情形下无需催告即可行使解除权的约定属于有效；[37] 一般来说，无需催告的特别约定也被认定为有效。[38] 笔者认为，在GPL中不能否定继续性合同的这一特性[39]，因此出现任何类型的违反GPL的行为时，按照GPL第4条规定，通常也不得解释为无需催告即可行使解除权。换言之，违反GPL的

342

---

36 民法第541条。星野・前注26第78页、第84—85页。

37 最判昭和43・11・21民集22卷12号2741页。

38 星野・前注26第80页。

39 继续性合同可以解释为，解除规定的适用本身不受到排斥。谷口知平编『注释民法（13）债权（4）契约総则』（有斐阁、1966年）369-370页（谷口知平执笔）。

行为显然将GPL下所提供的程序合并到未公开源代码的商业软件中，并将其"私有化"，对GPL的方案而言，破坏了参加人员之间的信任关系。由此看来，如同修改后的程序，究竟在多大程度上影响了GPL的效力，这一点很难判断，对此不应毫不犹豫地一概认为行使解除权，而应当根据个别的违反GPL行为，对解除权行使的承认与否进行适当调整，如此对第4条的效力进行解释更为妥当吧。[40]

此外，若对行使解除权予以认可，那么，如第4条所规定的，著作权许可合同授予了权利原因使得可以复制、修改、再许可、发行，因著作权许可合同的终止，也导致解除权行使的对象将不能从事对该合同内容（即GPL）相应的著作权客体程序的复制、发行、修改行为。这种情况下，使该程序得以运行的权原归于何处，仍有探讨的空间。在第4条中，大规模的复制、广泛的修改一般将导致丧失权原，但是考虑到程序运行的同时也不可避免地发生复制或编码的变更，进而在原则上该程序的运行也可能构成著作权侵害，因此，对此不予接受的观点并非不可采纳。但是，解除权行使在性质上可以理解为是以双务合同为中心的[41]，正如我们所探讨的，在GPL中，整体来看即使是著作权许可合同，但对于单纯的运行该程序等行为仍应当理解为是作为单务合同而授予权原。因此，解除权行使的结果可以理解为是以双务合同部分为中心的，而第4条的效力不及于该程序的运行行为，如此解释也是有余地的。（正如在本章第

343

40　对催告要件的评价规范进行的探讨，参见：森田修『契約責任の法学的構造』（有斐閣，1966年）377-449页。信赖维持义务这种概念受到关注。

41　当然从理论上来说，在单务合同中也包含法定解除权并可以行使解除权。谷口・前注39第368—369页。

四部分中所探讨的，即使是单纯的复制行为也可以理解为是单务合同的对象，这种情形下明确的"复制"行为则可能成为解除权的行使对象。这一点便是讨论的余地吧。）

同时，对于从该GPL违反者处获得该程序或复制修改后程序的人来说，正如在第6条前半部分规定的那样，与原程序的著作权人之间（修改部分的著作权人）以及与该GPL违反者之间，各自分别成立了著作权许可合同（GPL），因此如第4条后半部分所规定的，解除权行使的效果是不产生任何影响。

另一方面，如果将GPL作为附条件不行使权利之意思表示，如前述所论，其法律性质应当理解为，附解除条件不行使著作权（作者人格权）的单独行为，而解除条件就是不遵守GPL中规定的各项条件，而GPL违反行为正可以说是指相应的解除条件成就的情形。因此，含有著作权不行使的意思表示要素的单独行为在这一时点失去效力，结果便是，该程序的著作权人可以立即向该GPL违反者行使权利（当然，权利行使的前提是，通过警告等事实上"催告"对方遵守GPL）。该情况下，可行使权利的范围成为一大争议点。大体上来说，从GPL第4条中的允许复制、修改、再许可、发行行为来看，这一范围应当理解为权利不行使的对象。因此可以认为，当将GPL定位为合同时，对于该GPL违反者而言，是不允许对该著作权客体程序进行复制、发行、修改的。这种情况下，对于从该GPL违反者处获得该程序或复制修改后程序的人来说，由于个别的解除条件达成，因此不会产生影响。

如上所述，从违反GPL情形的结论来看，若以构成许可合同为前提，在判断解除权行使时，可以考量违反者的方式在某种程度上对解释进行调整，并通过催告以确保GPL得以遵守；相反，若以构成附条件不行使权利为前提，违反者可以立即成为权利行使的对象，从这点来看可以说是存在差异的（当然，如本章第四部分中所探讨的，GPL整体构成附条件不行使权利的意思表示本身仍存有疑问）。

（五）Linux中因技术特性而产生的GPL解释问题

GPL下提供的软件中以Linux最具代表性，伴随着其技术特性，GPL解释主要在以下情形中产生了问题，列举如下：1.以GPL下提供的程序库（以下称为"GPL程序库"）和应用之间的链接为前提；2.通过例外处理将GPL下提供的内核（以下称为"GPL内核"）和应用相连；3.客户端程序通过GPL下提供的插件予以导入；4.编入GPL下提供的页眉文件（以下称为"GPL页眉文件"）的程序；5.GPL下提供的内核与动态可加载模块相连接等。[42] 以上各类情形中，对于那些与GPL下提供的程序有关联的各个程序是否也能成为GPL适用对象，在实务上成为了大问题。

若将GPL的法律性质定位为著作权许可合同，探讨的方向在于：第一，1到5的各个情况下的GPL是否可以作为合同而成立。换言之，就各种关联程序等，是否可以将如GPL第5条中所规定的对原程序的"修改或者发行"行为评价为对GPL许可条件的承诺。第二，作为该GPL的合同效果，1到5各种程序是否包含在GPL下提供所要求的范围内（若以附条件不行使权利为前提，可以认定条件已成就时，以上两点也同样成为问题）。下文将日本著作权法中"改编""改变"相应理解为"修改"的概念，"转

---

42 此类技术特性是基于在信息处理振兴事业协会前述报告（注30）中所提炼出的研究成果。

让""公众传播""传播可能化"理解为"发行"的概念,分别予以探讨。

1.以GPL程序库和应用之间的链接为前提

(1)通过形成链接,是否可以将该GPL程序库作品认定为是进行了"修改或者发行"?

首先,GPL程序库和应用之间形成链接,GPL程序库这样的原作品表达难以评价为著作权法上的"改编"。

其次,发行应用后,通过形成的链接使用该GPL程序库的,原则上难以评价为是对该程序库的"发行"行为。而且,链接形式是静态抑或是动态,这是有差异的,这种考量易于忽略。通常通过链接将应用一体化的情况下,实质上是通过应用的发行将该程序库进行"传播可能化",进而将其评价为"发行",这样的可能性也不能全盘否定。

(2)是否可以将被链接的应用作品认定为"包含该程序库"或"GPL下的(相对于程序库)二次作品(派生物)"呢?

346   是否能够通过链接将GPL程序库涵盖在应用中,应当考虑到具体的应用与该程序库之间存在何种依存关系,以及以何种链接方式结合,进而针对个别情况作出具体判断。一方面,由于应用本身大多数情况下被认定为二次作品,因此对于程序库作品来说存在一定的困难。程序库和应用各自都具有较高的独立性,不能理解为是单方面改编的结果。

基于以上内容,可以理解为,原则上相关应用的著作权行使是不受GPL程序库影响的。

2.通过例外处理将GPL内核和应用相连

(1)通过例外处理并结合应用形成的作为GPL内核的作品,

是否可以将其认定为是进行了"修改或者发行"？

对于仅通过例外处理予以结合的，则难以对其认定为"发行"行为。同样，如果内核这种程序作品仅仅是通过例外处理将其与应用进行结合的，也难以立即将内核本身所发生的"改编"认为是"修改"行为。

（2）对于所形成的该应用作品，是否可以将其通过例外处理与该GPL内核进行的结合认定为"包含该内核"或"GPL下的（相对于内核）二次作品（派生物）"呢？

要解释为应用中包含内核，或应用本身就是内核的改编物，是存在一定难度的。

基于以上内容，可以理解为原则上相关应用的著作权行使是不受GPL内核影响的。

3.客户端程序通过GPL下提供的插件予以导入　　　　　　347

（1）对于通过导入该插件而成的客户端程序作品，是否可以将通过GPL下提供的插件予以导入认定为进行了"修改或者发行"？

虽然不能对"修改"的解释进行全盘否定，但是考虑到一般情况下客户端和插件各自在一定程度上保持独立性，因此也不能将其评定为修改的成果。

（2）基于相应的该客户端程序，是否可以将形成的该插件作品认定为"包含该客户端程序"或"GPL下的（相对于客户端程序）二次作品（派生物）"呢？

笔者认为，难以将插件理解为包含客户端程序，也难以将插件本身理解为客户端程序的派生物。

基于以上内容，可以理解为多数情况下，相关插件程序的著作权行使是不受GPL客户端程序影响的。

4. 编入 GPL 页眉文件的程序

（1）对于通过编入该程序页眉文件而成的该页眉文件作品，是否可以将通过编入该程序页眉文件认定为进行了"修改或者发行"，以及页眉文件是否本身就是作品呢？

笔者认为，将其解释为页眉文件的"修改"是存在可能的。

（2）通过编入了页眉文件，是否可以将程序作品认定为是"包含该页眉文件"或"GPL下的（相对于页眉文件）二次作品（派生物）"呢？

笔者认为，应将其理解为是包含页眉文件。另一方面，作为页眉文件的改编生成物，难以掌握该程序本身。

综上所述，对于在 GPL 提供下的且编入了页眉文件的程序来说，较多情况下可以将其理解为 GPL 适用对象。

5. GPL 内核与动态可加载模块连接

（1）对于通过接入该动态可加载模块而成的该内核作品，是否可以将通过接入该动态可加载模块认定为进行了"修改或者发行"呢？

笔者认为，难以将通过内核与动态可加载模块之间的链接而形成内核原作品认定为进行了"改编"行为。至于为何，如何评价与第 1 种情况下程序库与应用之间的链接之间存在的实质性差别，这一点上产生了一定的差异。

（2）通过连接了内核，是否可以将该动态可加载模块认定为"包含该内核"或"GPL下的（相对于内核）二次作品（派生物）"呢？

应当考量这一问题，是否可评价为动态可加载模块中包含内核，以及两者之间具体存在何种依存关系并以何种形式链接，从而作出个别具体的判断。此外，将动态可加载模块作为内核的改编生成物进行理解也存在一定的难度。

综上，可以认为在多数情况下，动态可加载模块程序的著作权行使将不受GPL内核的影响。

（六）准据法的问题

GPL中未就应以何国法律为标准进行解释这一准据法问题作出任何规定[43]（与其将之作为宗旨性的内容，不如作积极的解释，即使 349 未设置准据法相关的规定也可以通过推测）。但是，另一方面，通过互联网的介入，GPL下所提供的程序首次向全世界提供、复制、修改而被使用。因此，不同法域的人之间将自然地围绕GPL的解释以及GPL下所提供的程序使用而产生争议。在这样的情况下应以哪国法律解释GPL，通常认为这一问题的结论是影响巨大的重要事项。但是现行的GPL中，包括FSF提供的常见问题解答，对此未予作出任何建议，那么对于就现实的法律争议提起的诉讼，将不得不根据审理法院所属国家的准据法来决定法律解释的适用，进而作出判断。

因此，本文将围绕GPL就法律行为的解释以及著作权问题，从适用日本法为准据法的设定基础上出发，对法律解释进行探讨。然而，在这种情况下，肯定日本裁判所对于围绕GPL的法律纠纷享有裁判管辖权，并在选择准据法时，选择日本法倒不如说是限于日本法，也存在选择其他国家的法律作为准据法的情形。

---

43 OSI认证的许可中规定了一些合同准据法明示性条款，包括有Mozilla Public License, The Q Public License, Python License, IBM Public License, 以及在 Mozilla Public License 基础上制成的 Nokia Open Source License 等。

首先，即使在日本裁判所认定准据法的情况下，适用法例[44]第7条第1款的意思表示不明确时，应当根据第7条第2款按照行为地法予以认定。[45]因此，若是GPL下的争议当事人均在日本国内，且在日本国内提供GPL下生成的程序并产生法律争议等情形下，根据本规定，日本法应当作为准据法予以适用。该情形下，作为GPL解释基础的著作权则也可理解为日本著作权了。

然而，由日本以外他国的人制成的，且以GPL提供下的程序为基础而产生法律纠纷，并在日本裁判所中对准据法进行选择时，根据法例第9条第1款及第2款，那么，在GPL所规定的条件下提供该程序这一意思表示的通知或者合同要约的发出地的法律，将可能成为准据法。[46]

44　《关于法律适用的通则法》(以下称为《适用通则法》)对法例整体进行了修正，并于2006年6月公开发布，2007年1月1日正式实施。因此，一直以来基于法例各项规定下的探讨也应当在《适用通则法》的各项规定下予以转换思考。关于对法例的不同观点参照本书第11章。另参见：神前祯『解説 法の適用に関する通則法』(弘文堂，2006年)；座談会「法適用通則法の成立をめぐって」ジェリスト1325号 (2006年) 2—39頁。

45　与法例第7条相对应，《适用通则法》第7—9条对法律行为的成立及效力进行了规定。GPL中在没有可供当事人选择准据法的情况下，根据《适用通则法》第8条第1款最紧密联系地法将作为准据法。此外，在GPL中 (尤其是对程序的运用和单纯的复制进行许可的部分)，《适用通则法》第8条第2款所规定的，还可以理解为一方当事人特定的给付，根据这种理解则推定提供者的经常居住地为最紧密联系地。

46　在《适用通则法》下，根据《适用通则法》第10条第2款、第3款、第4款的规定，在GPL所规定的条件下进行提供的意思表示通知或者合同要约发出地的法律将可能作为准据法。此外，当存在最紧密联系地法时，该法将可能被认定为准据法。

因此，假设由美国国内的程序员所制成并就GPL下所提供的程序产生法律纠纷的，对于GPL的解释，应当将该程序员发出意思表示的通知或者所在的美国国内的特定州民事法作为准据法之一进行适用。另一方面，GPL解释的结果，若是认定了有关该程序的适法权原不存在，同时还可能产生侵犯著作权的问题。该情形下，作为认定侵犯著作权的前提，应基于哪一国家的著作权法进行判断，也是个大问题。对此，根据《伯尔尼公约》第5条第2款及其解释，如果认为用保护国法来解释是合理的话，则只要在日本裁判所提起诉讼，日本作为保护国，根据日本著作权法判断是否构成侵权的行为也将被认为是合理的。此外，对于侵犯著作权所产生的损害赔偿请求，其法律性质定位为不法行为，根据对法例第11条第1款规定的理解，作为"因果事实发生之地"国家的法律，若是在日本著作权法下认为发生了著作权不法行为且产生损害，原则上该不法行为所产生的损害赔偿请求也应该以日本法律为依据进行判定。[47]

如上所述，虽然围绕GPL的法律纠纷极有可能含有涉外因素，但是GPL对于准据法的确立规则可以说是十分开放的，它几乎是任由当事人对其进行自由设置。GPL所具有的这项特征对可预测性和稳定性可能产生严重损害，作为商业用途所涉及GPL的情形下，应当予以注意。

47　根据《适用通则法》第17条，基于（加害行为）结果发生地判断不法行为的准据法，因此不法行为的准据法应理解为是因违反GPL产生的著作权侵权而导致具体损害的发生地。在本文所述的前提下，与法例适用一样，日本法将成为准据法。但是还应当注意《适用通则法》第17条但书以及第20条内容。

六、围绕专利权和GPL的各种法律问题

可以说，围绕GPL和专利权之间关系进行探讨的空间将十分之大。具体来说，问题在于，对于实际运用于GPL下所提供的软件之中的数值处理方法和算法方式、功能特征等技术理念，凭此赋以著作权的，GPL软件的流通、使用是否会产生任何影响。

显而易见，专利权并非将构成软件的程序代码作为保护对象，而是对其背后技术理念的使用设定一定的独占权利。作为专利权客体的发明，在相同的情况下，即使独自创作该发明，专利权也因其效力范围而大大区别于著作权。

在GPL中，对如何处理与专利权之间的问题，采取的是极为消极的态度。换言之，在第7条下，依据侵犯专利权的判定或主张，在与GPL的条件之间产生抵触的情况下，应当明确停止GPL下程序的发行行为。即使是专利权的许可，除非向已获得该程序全部复制品的人进行免费的再发行，否则GPL下程序的发行行为只能停止。因此，在存在GPL下提供的程序专利权的情形下，对于该程序以及基于该程序而产生的成果而言，除非专利权人对该专利发明设定无偿实施的权利，否则该程序在GPL下的一切开发都将不得不停止。

同时，GPL中只考虑到了发行行为，但只要是以日本专利法为前提，专利发明的实施产品将不仅限于转让行为，只要生产行为、使用行为等任何可视为业务的行为，都将包括在专利权的效力范围

内。因此，一般认为安装在GPL软件中的发明被授予专利权时，构成该软件的程序本身就可能成为该专利发明的实施产品。此种情形下，该软件的复制和发行行为便包含在该专利权的效力范围内。进一步来说，将在电子计算机上操作程序进行使用的也可以作为专利发明的"业务性使用"行为而成为专利权的权利行使对象。此外，对该软件的操作也被认作是与该专利发明相关的实施行为。因此，对于仅仅使用GPL下所提供的程序的用户来说，不能否定专利权侵权人获得权利行使权限的可能性。

当与GPL所提供的程序相关联的专利权归属于该程序开发者时，比较性的问题也不多。在这种情形下，极大可能解释成，该专利权人自身对于通过该程序积极获得该专利发明的自由实施予以了肯定，也有可能解释为以默示方式向任何人免费许可实施该专利发明。然而，当专利权人是与该程序的开发毫无关联的人时，除非设定免费的GPL下所提供程序的使用、复制、发行等实施权行为，否则任何对该程序等进行开发和使用的人都可能构成侵犯该专利权的行为，同时也不得不放弃对程序的开发以及继续使用程序本身。

对此，现有开源许可的规定几乎是无关紧要的[48]，虽然关于此点对许可设置了一些规定，但原则上开源软件的用户方应当对专利权相关的权利处理负责。

结果是，专利权是对GPL来说从另一层面发生作用的权利，在GPL连锁范围外存在专利权人时，不能否认，除了接受一概

353

---

[48]　然而关于该点，在2006年4月份正在进行筹划制定的GNU GPL许可版本3即所谓的GPL v3中，进行了大篇幅的增加和变更。亦可参考 http://gplv3.fsf.org/。

免费的实施权设定外，并无其他对策。且一旦专利权的权利被行使，基于GPL的开发以及停止现有的程序使用本身也会产生绝对的影响。[49]

作为此类事态发生的对策，可以考虑将开源社区全体的合作关系予以实际运用，在可能的限度内，防止有无效事由的专利权被第三方获取；即使已经成立了的，也要尽量避免行使权利、通过无效判决的执行予以阻碍；GPL下的开发参加者应积极获取与各自开发的程序相关的专利权[50]；对于GPL下的参与者享有的有关软件专利权，在GPL条款中引入应当设定实施权的义务等。

354

七、GPL的未来和展望
——包含GPL v3的方向性

综上所述，对于开源许可中最被广泛运用的GPL而言，从其历史背景角度，在对法律性质进行分析探讨的基础上，以设想GPL

49　对此另一种观点认为，通过切换到具有相同功能且超出专利权权利范围的算法和功能，可以避免专利权侵权问题。Stephen M. Mc John（2000），The Paradoxes of Free Software, 9 *Geo. Mason. L. Rev.*, p.25.

50　尽管如此，则会产生疑问，开源模型参加人员仅仅为了继续开发开源软件而耗费巨大成本能够获得并维持专利吗？原本，在近来开源商业化的背景下，相对于开源共同体，企业更应关注于积极专利开放的动向。美国的IBM已经实现了向开源共同体开放本公司500件专利（2005年1月）。此外，2005年11月Linux的支持小组OSDL也将开放内容的专利数据库予以公开。

用于商业环境时相关解释上的问题为中心进行研究。不能否认的是，对于GPL而言，作为其法律定性前提的准据法本身还不明确，即使日本法作为准据法，其法律性质也还存在多方面解释的可能，目前仍未形成并确立相关的法律处理方式。此外，可以说只要保持这种内在特征，至少从以软件商业为目标的开源软件许可规则来看，和其魅力相比，GPL有更多应当去解决的问题。原本GPL所提供的软件资产已经十分庞大，如果在已有的资产积蓄上完成软件技术革新的话，继续对GPL的法律处理进行精细化这一工作的必要性将在理论和实务上越来越大。

　　制定GPL的FSF也深刻认识到GPL第二版中遇到的问题，同时考虑到在FSF中软件技术和社会环境将发生的变化，为适应现代环境，作为GPL的新版本，GPL第三版、GPL v3的筹划项目于2005年末开始启动。2006年1月份第一版草案已经公开发表，后在广泛征集意见的基础上，将修正案作为第二版草案于2006年7月份进行公开发表。[51]此外将对第二版进行重新修改、探讨后，于2007年年初对GPL v3予以公开发表。虽然在内容特征上仍有变动，仅以第二版的内容为基础，在对基本定义进行更正、数字版权管理（DRM）和加密等技术保护措施的考虑、行使软件专利权的应对、网络化处理等方面，比目前的第二版设置了更为详细的规定，但可以说在基本结构和思想方面没有发生太大的变化。今后在筹划制定上也需要投入更多的精力和关注。

　　至此，在愈演愈烈的开源软件商业化趋势下，可以认为，作为

51　http://gplv3.fsf.org/。下文是对目前草案进行法律分析的论述与考察：Guadamuz, Andres L.（2006），GNU General Public License v3:A Legal Analysis. SCRIPT-ed, Vol.3,No.2, available at SSRN: http://ssrn.com/abstract=909780。

许可基本形态之一的 GPL 将在未来占据重要的地位，此外也有望在世界各国对法律观点的讨论和分析进行进一步深化，并期法律规则的明确确立。

平岛竜太

筑波大学大学院副教授

第十一章　许可合同相关纠纷的
国际裁判管辖和准据法

早川吉尚

当国际案件中发生许可合同相关纠纷时，不得不考虑应在哪个 357
国家进行纠纷解决程序这一国际裁判管辖问题，以及适用哪个国家
法律这一准据法问题。本章就日本如何规定许可合同相关纠纷的国
际裁判管辖和准据法进行解说。

一、引言

　　X公司享有专利权、著作权、商标权等知识产权，并与意图使用这些知识产权进行产品开发、生产、销售等的Y公司签订许可合同。此时，X公司和Y公司为日本企业，上述知识产权在日本受保护，且上述产品的开发、生产、销售等活动只在日本进行，发生该许可合同相关的纠纷时，在日本裁判所展开纠纷解决程序，仅以日本法为准据法。

　　但是，若上述要素中任意一个要素以跨越国境的方式存在的话，就不得不考虑应在哪个国家展开纠纷解决程序这一国际裁判管辖问题，以及适用哪个国家法律这一准据法问题。本章主要围绕许可合同相关法律问题中的国际裁判管辖问题和准据法问题进行集中探讨。

　　第二部分与第三部分分别就日本如何规定与许可合同纠纷有关的国际裁判管辖，以及如何规定与许可合同有关的准据法进行解说。但是若想以下解说能够提供一定的参照，应当注意关于这些问题的规定可能会随着新的立法产生显著变化。即，目前法务省正在指导开展立法准备工作，如以下第二部分所解说的情形，因为没有明文规定而基于判例形成的规则得到了适用，在不久的将来，可能会有很大变动。

　　另一方面，2007年1月1日以后，名为《关于法律适用的通则法》（以下称《适用通则法》）的准据法相关规定开始实施，基于此前实施的《法例》第3条以下的准据法相关的规则变化显著。如此一来，今后许可合同相关纠纷仅参照《适用通则法》是不够的。即，要根据（哪怕是观念上的）合同的签订时间确定准据法。当合同签订时间在《适用通则法》实施日2007年1月1日以前，则准据法依《法例》而定，此时即使纠纷发生的时间或法院审理纠纷的时间在2007年1月1日以后，依然适用《法例》。因此，现在作为过渡期，必须注意《法例》和《适用通则法》这两个准据法选择规则应适用哪一个。

暂且搁置这一点，下文先尝试予以解说。

二、国际裁判管辖

（一）国际裁判管辖的规则

X公司和Y公司跨越国境产生纠纷的，当准备在某国裁判所展开纠纷解决程序时，会产生X公司所在国拥有管辖权还是Y公司所在国拥有管辖权，抑或是第三国的法院拥有管辖权的国际裁判管辖问题。关于这一问题，自然是希望能够通过条约等世界统一规则对此进行规定。如果在X公司所在国与Y公司所在国之间，就连两国间条约等统一规则也不存在的话，就可能导致两国分别主张各自的管辖权，使得同一案件由多个国家管辖，或者有相反的情况发生。

但是，现今并不存在国际裁判管辖相关的世界统一规则。而且即使是说两国间的条约，至少日本并没有与任何国家签订国际裁判管辖相关的条约等。即，对于什么案件才能认可日本的国际裁判管辖这一问题，日本仅存在单方面的国际裁判管辖规则。所以，在外国采用了与日本不同的规则等情况下，如上所述，因为并不能完全否认两国各自主张其管辖权的存在，导致对于同一案件有可能数国的管辖权都得到了认可，所以当纠纷发生时，日本企业有必要调查及研究对方企业所在国的国际裁判管辖规则。

关于这点暂且不谈，但有必要确认的是，现下日本对于国际裁判管辖规则没有明文规定，所以实务中一直遵循的是判例形成的规则。

（二）通过判例形成的国际裁判管辖规则

以下通过最高裁的四个判例，有助于更好地理解何为判例形成的规则。

第一个是最判昭和50·11·28民集29卷10号1554页（Cisadane号事件）。该案件中，当事人之间存在专属国际裁判管辖的合意，最高裁认为"国际裁判管辖的合意方式至少应由一方当事人书面明示指定特定国家的法院，明确当事人之间存在合意的内容即可"，无需要求"申请和同意的双方依据含有当事人署名的书面文件"。对于指定外国法院的合意，最高裁认为必须"该案件不涉及日本专属管辖权"，且"指定的外国法院在该国法律上对该案件有管辖权"。该判决是关于财产关系案件中国际裁判管辖规则的首例最高裁判决，可以说该判决明确认可了一定情形下国际裁判管辖中的合意管辖。

第二个是最判昭和56·10·16民集35卷7号1224页（马来西亚航空事件），可以说是最重要的最高裁判例。该判决认为，日本"既没有直接规定国际裁判管辖的法律法规、可适用的条约，也未确立得到普遍认可的明确国际法原则，此种情况下，为追求当事人之间的公平以及裁判的公正与及时，采用一定的道理加以决定是恰

当的"，合乎相关"道理"的情形是指"日本民诉法有关国内土地
管辖的规定"中列举的"任意一个裁判管辖在日本国内时"，可以
说这表明了最高院的指示是，将国内裁判管辖相关的明文规定借用
到国际裁判管辖规则中。于是，在不存在国际裁判管辖相关的明文 361
规定的情况下，对于有关国际裁判管辖的判断，存在因法院不同而
不同的弊端，而且当事人因为无法预测，即使提起诉讼也不确定国
际裁判管辖是否能被认可。为消除这些弊端，最高裁进行指示，将
国内裁判管辖相关的明文规定借用到国际裁判管辖规则中，于是，
日本在一夜之间形成了国际裁判管辖相关的概括性一般规则。

　　第三个是最判平成9·11·11民集51卷10号4055页。此处的
裁判所观点与上述马来西亚航空事件判决中的观点一致，但追加了
一点，即"当日本民诉法规定的裁判管辖有任意一个在日本国内
时，就向日本裁判所提起的诉讼案件，原则上让被告服从日本的管
辖权是妥当的，但若存在特殊事由，违反了当事人之间的公平以
及裁判的公正与及时，应否定日本的国际裁判管辖权"。这反映了
1981年马来西亚航空事件判决以后下级裁判所判例的趋向，其背后
反映着马来西亚航空事件判决中一般标准的弊端。即，国内裁判管
辖相关规定不过是为解决纠纷解决地是选择东京还是选择大阪这样
的问题而准备的，因此，为避免驳回起诉的情形发生，通常会准备
各种各样的管辖原因，而且，即使最终原告住所地管辖更容易被认
可，但既然是选择纠纷解决地为东京或大阪这两个地方，对于被告
来说也并没有显著的不利益，而且在证据调查等程序推进中也没有
太多不便之处。但是，当借用其作为国际裁判管辖规则时，对于不
得不跨越国境应诉的被告来说有可能遭受显著的不利益，而且，若
证据多存在于被告所在的国家，认可原告住所地管辖有可能会产生程

序推进上的问题。所以，大多数下级裁判所判例在适用国内裁判管
362 辖规定时，以附加存在"特殊事由"、进而不认可国际裁判管辖的
例外形式对马来西亚航空事件的判决加以变通运用，下级裁判所判
例的此番实际运用得到了最高裁的正式认可，可以说是与最高裁判
决具有相同的价值。

　　第四个严格来说不是国际裁判管辖的问题，是与对方当事人为
外国国家时的规则有关，即最判平成18·7·21裁时1416号8页。
本案中，当对方当事人为外国国家时，不得不另外考虑主权豁免的
特殊问题。这是在主权平等的理念下于19世纪确立的"主权国家
免受其他国家的司法管辖"这一国际习惯法。该主权豁免原则若被
绝对贯彻（绝对豁免主义），则只要该外国国家不放弃豁免权，就
不会有上述国际民事诉讼法上的各种问题，日本的管辖权亦无从谈
起。但是，进入20世纪以后，国家自身和个人一样从事商业活动，
这种行为并不罕见，大家开始重新思考在这种情况下仍旧绝对贯彻
该原则的合理性。其结果是，近来大部分主要国家开始限制该豁免
权的适用范围（限制豁免主义）。不过，日本大决昭和3·12·28
民集7卷1128页认可绝对豁免主义，在此之后，没有与这一问题有
关的最高裁级别的判决，实务中也处于不得不维持绝对豁免主义的
状况。改变这一状况的是本段开头的最高裁判决，判决认为，"如
今，对于外国国家的主权行为免受法院地国的民事管辖这一国际习
惯法，虽然可以继续认可其存在"，"但是应该说，外国国家的私法
行为或业务管理行为也免受法院地国的民事管辖这样的国际习惯法
早已不存在了"，"应当认为只要不存在日本行使民事管辖权会侵害
该外国国家主权这样的特殊事由，外国国家的私法行为或业务管理
行为不能免受日本的民事管辖"，就此日本也明确采用限制豁免主

义。关于国家放弃豁免权，该最高裁判决认为，"若是与个人之间 363
的书面合同明确约定合同引起的纠纷受日本民事管辖，明确表明遵
从日本民事管辖权的意思的，那么原则上该纠纷不得免受日本的民
事管辖"，最高裁的这一观点也值得关注。

（三）许可合同相关纠纷的国际裁判管辖

那么，以上述判例形成的国际裁判管辖规则为前提，许可合同
相关纠纷的国际裁判管辖将如何处理呢？

以下分两种情况进行讨论。1.日本企业与外国企业签订许可合
同，许可该外国企业在该外国实施日本企业自有的知识产权；2.日
本企业与外国企业签订许可合同，许可日本企业在日本实施该外国
企业拥有的知识产权。

1.日本企业许可外国企业在其本国实施知识产权

首先，以判例形成的国际裁判管辖规则为前提，该外国企业起
诉该日本企业时当然认可日本的管辖；在该日本企业起诉该外国企
业时，如无特殊事由，当该企业在日本拥有分部或营业场所的，也
受日本管辖（民事诉讼法第4条第5款）。但是，在后一种情况下，
若没有分部或营业场所的，就不能认可日本的裁判管辖。

如此，这种情况下，就变成民事诉讼法第5条各项中裁判管
辖的有无问题。这一点上，例如，关于第5条第1款的"义务履行
地"，多认为物的买卖合同中主要义务一般是指交付该物的义务，
而不包含作为对价的金钱支付义务。[1]在许可合同中就是指，许可

1　渡辺惺之＝長田真里「義務履行地の管轄権」高桑昭＝道垣内正人編
『新・裁判実務大系3　国際民事訴訟法（財産法関係）』（青林書院、2002年）77頁。
对立学说请参见：田中美穂「義務履行地管轄」櫻田嘉章＝道垣内正人編『国際私
法判例百選』（別冊ジュリスト、2004年）168頁。

364　人使被许可人使用该知识财产的义务，而不是被许可人支付对价的义务。这样一来，日本企业允许该外国企业在该外国使用其自有的知识财产，使该外国得以从事产品开发、生产、销售等活动，这种情况下认定日本为"义务履行地"就有点困难了。

另一方面，违反许可合同又同时构成许可对象之知识产权侵害的，是否属于同条第9款的"不法行为地"也是个问题。最判平成13·6·8民集55卷4号727页（圆谷制作事件）认为，必须"证明因被告在日本实施的行为导致原告的法益产生损害的客观事实关系"，所以当该外国企业在该外国进行产品开发、生产、销售等活动而在该外国损害了该日本企业的知识财产利益时，将日本认定为"不法行为地"有一定的困难。

若要将日本作为法院地，关键是要在该许可合同中加入管辖合意条款，规定与该许可合同有关的所有纠纷均由日本进行国际裁判管辖（第11条）。[2]

2.外国企业许可日本企业在日本实施知识产权

当该外国企业起诉该日本企业时自不必说，该日本企业起诉该外国企业时也一样，若无特殊事由，当该外国企业在日本拥有分部
365　或营业场所的，认可日本的管辖（民事诉讼法第4条第5款）。但是后者情况中，若在日本没有分部或营业场所的就无法认可日本的普

2　此外，这种情况下，不仅许可合同本身会产生争议，也有可能会就被许可的外国的知识财产侵害问题产生争议。在这一点上，值得注意的是近年来的最判平成9·7·1民集51卷6号2299页（BBS事件）、东京地判平成15·10·16判时1874号23页（サンゴ砂事件）是关于外国专利权是否受到侵害，最判平成13·6·8民集55卷4号727页（円谷プロ事件）是关于外国著作权，均否定了该外国的专属管辖权。

通裁判管辖，这和第一种情形是一样的。

另一方面，关于义务履行地管辖，该外国企业通过允许日本企业在日本使用知识财产，使得在日本从事产品开发、生产、销售等活动成为可能，这种情况下将日本认定为义务履行地的可能性很高。所以，以此为依据将日本设定为法院地推进诉讼进程是可能的。[3]

三、准据法

（一）准据法适用规则

当A公司跨越国境与B公司签订许可合同时，会产生应适用哪一国法律这一准据法问题。自然也是希望能够通过条约等世界统一规则对这一问题的性质进行规定。但是在当今世界，并不存在这种适用全世界、概括性的准据法确定规则。换言之，日本仅有从自身角度出发的单方面准据法规则，以确定何种情形下、何种范围内、适用哪一国的法律。因此，当外国采用与日本不同的规则时，有可能会导致，案件系属日本时的准据法规则与系属该外国时的准据法

3　除此之外，可以指出的是，围绕许可合同的纠纷，派生出是否存在知识财产侵害的纠纷时，若该日本企业通过在日本进行产品开发、生产、销售等活动而在日本损害了该外国企业的知识财产利益的，有可能认可将日本作为不法行为地进行管辖，而且若管辖合意条款指定日本进行国际裁判管辖，这一约定将受到支持。但是，这种情形下，若该日本企业在日本起诉拥有知识财产的该外国企业的，通常不会考虑自身的不法行为，而是主张义务履行地管辖。另外，可以说只要日本认可义务履行地管辖，则指定日本管辖的合意条款不如第一种情形中那么重要。

规则存在差异。为此，日本企业必须调查、研究对方企业所在国的
准据法决定规则。

366 　　关于这点暂且不谈，若要对日本准据法确定规则加以讲解，如前
所述，存在《法例》和《适用通则法》两部法律。而且，合同成立
时间是在2007年1月1日之前还是之后决定着准据法的确定依据。

（二）许可合同的准据法适用规则

许可合同的准据法是如何分别在《法例》和《适用通则法》中
得以确定的呢？

1.《法例》中的规则

首先，若当事人在签订许可合同时指定适用哪个国家的法律，
《法例》第7条第1款认可该合同适用该国法律。在许可合同中加入
准据法条款等存在明示的准据法合意时自不必说，即使没有这种明
示的准据法合意，在斟酌案件各要素后也可能认可当事人之间存在
指定准据法的默示合意，这就是该条款在判例中的灵活运用。[4]

那当默示的准据法指定不被认可时要如何处理呢？这种情况
下，《法例》第7条第2款规定适用"行为地"法，即如果是合同的
话，就适用合同签订地法。但是，很多时候决定合同的签订地具有
偶然性，适用该国法律有可能会给当事人带来难以预料的麻烦。而
且在现代社会，合同最终签订之前会历经各种各样的复杂过程，举
办合同签约仪式暂且不提，那具体什么样的行为能评价为这里的
"行为"，很多情况下难以作出决定。[5]

此外，需要注意的是，对于合同形式上的有效要件也就是"方

4　最判昭和53・4・20民集32卷3号616页。

5　《法例》第7条第2款存在这样的问题，但相反即使没有明示的准据法合意，
也可以灵活运用《法例》第7条第1款探求当事人的默示意思。

式"问题,《法例》第8条规定不论是根据上述确定的实质准据法,367
还是"行为地"法,应尽量保证合同的有效。

2.《适用通则法》中的规则

与此相对,在《适用通则法》的规定下,若当事人之间选定
了准据法的,第7条的规定和《法例》第7条第1款一样,认定适
用该国法律;[6]但若不存在此种选定的,《适用通则法》上的处理和
《法例》大不相同。

根据《适用通则法》第8条第1款,当事人之间没有选定准
据法的,该合同适用"最密切联系地法"。在此基础上,第2款将
"法律行为中的特征性给付行为仅由一方当事人做出时、该当事人
的经常居住地法"推定为最密切联系地法。物品的买卖合同中是卖
方经常居住地法,那么许可合同中就是,持有知识产权且授予使用
许可的许可人的经常居住地法。因此:(1)在日本企业与外国企业
签订许可合同,许可其在该外国实施知识产权的情况中,推定日本
法为准据法;(2)在外国企业与日本企业签订合同,许可其在日本
实施知识产权的情况中,推定该外国企业所在地法为准据法。[7]

此外,《适用通则法》第9条规定允许事后变更准据法,例如,368
事前未在许可合同中加入准据法条款,而根据第8条的规定,准

---

6 《适用通则法》第7条也和《法例》第7条第1款一样,在《适用通则法》
实施后不久的现在,很难断言是否要运用法条探求准据法选择的默示意思。

7 但是要注意该规定归根结底是推定规定。如果与该推定国不同的国家被评
价为是与该法律最密切联系地的,则将适用该国的法律。具体来说,有文献介绍,
法制审议会的讨论中有意见认为,从交易实践来看,OEM合同中的最密切联系地
法应是制造委托人所在地法,而不是推定的制造受托人所在地法。参见:『法の适
用に关する通则法关系资料と解说』(别册NBL、2006年)145页。

据法被指定为外国法时，诉讼阶段中双方出于程序上便利的考量，（溯及地）合意将日本法作为准据法也是可能的。

同时要注意《适用通则法》中设置了消费者合同准据法的特别规定。《适用通则法》第11条第1款规定，即使经营者与消费者之间的消费合同通过准据法等条款选择了准据法的，除了该准据法中的消费者保护规定之外，"当消费者向经营者表示，应适用其经常居住地法中的特定强制性规定时"，也应适用该（消费者经常居住地法的）强制性法规。如果没有选择准据法的，第11条第2款不同于上述第8条，规定适用消费者经常居住地法。经营者在向消费者销售产品的同时，又与消费者签订许可合同许可其实施知识产权的，要特别注意这一点。[8]

再者，还应注意，《适用通则法》第10条也与《法例》第8条相同，无论是根据实质的准据法，还是根据行为地法，在合同方式的认定上，规定应当尽量将合同认定为有效。

（三）许可合同准据法与知识财产准据法的关系

以上就是许可合同的准据法规则，下文意图探讨一下许可合同准据法与知识财产准据法的关系。这其实是划分合同准据法规则涵摄范围和知识产权准据法规则涵摄范围的问题。

对此，可以考察X与Y之间转让某物时的准据法规则，以作参考。为将该物所有权从X移转至Y，必须满足《法例》第10条或《适用通则法》第13条规定的物权准据法，即该不动产所在地法规定的要件。物权准据法是其要件来源之一，例如，当要求X与Y之

---

8 此外，关于消费者合同的方式，要注意《适用通则法》第11条第3款以下的规定。

间的转让合同有效成立时，这一点将在合同准据法中予以审查。当然，在合同准据法规则的范围内，X与Y之间可以自由约定合同内容。但是，如果没有满足物权准据法要求的要件，虽然X与Y之间可能会留有债权上的义务，但不会产生物权移转的效果。另外，X与Y之间在合同准据法规则的范围内可以自由约定合同效果，但是若物权准据法不认可该效果，虽然X与Y之间可能会留有债权上的义务，但不会产生物权移转的效果。

《法例》和《适用通则法》都没有关于知识产权的明文规定。但是，至少在专利上，最判平成9·7·1民集51卷6号2299页（BBS事件）指出"各国专利权的成立、移转、效力等由该国法律规定，专利权的效力仅在该国领域内有效"，最判平成14·9·26民集56卷7号1551页（读卡器事件）中进一步指出，"专利权的准据法依该专利权的登记国法律为准"。以此为前提，知识产权适用与物权准据法类似的规则，在上述分析中，合同准据法只不过规定了X与Y之间在债权上存在怎样的权利义务关系，知识产权上的效果应依据各国既存的知识产权法自身的规定。

因此，需要注意的是，上述确定的许可合同准据法不过是为了决定X与Y之间在债权上存在怎样的权利义务关系而使用的法律。

四、结语

370

综上，本章尝试着在许可合同相关法律问题中，特别针对国际裁判管辖问题和准据法问题集中说明。如前述，现下的重新立法会导致显著的情况变化，所以参考以上问题的说明时需要加以注意。

另外，超越许可合同的知识产权法，参考上文引用的判例可知，近来国际私法或国际民事程序法领域中最高裁级别的判例如雨后春笋般积累起来。[9]所以也希望参考以上说明时不要遗漏今后此类判例的积累。

早川吉尚

立教大学大学院法务研究科/法学部教授

---

9 例如，最近颇受关注的与职务发明相关的最高裁判例：最判平成18·10·17裁时1422号1页。

索　引

（条目后的数字为原书页码，即本书边码）

事项索引[*]

---

[*]　"事项索引"排序依据原书。

判例索引（日本）

判例索引（国外）

作者一览

金子宏直 KANEKO Hironao
东京工业大学大学院社会理工学研究科副教授（第一章）

泉克幸 IZUMI Katsuyuki
德岛大学综合科学部教授（第二章）

山地克郎 YAMAJI Katsuro
财团法人软件信息中心常务理事（第三章）

三村量一 MIMURA Ryoichi
知识产权高等裁判所法官（第四章）

中山一郎 NAKAYAMA Ichiro
信州大学大学院法曹法务研究科副教授（第五章）

高林龙 TAKABAYASHI Ryu
早稻田大学大学院法务研究科/法学部教授（编者/第六章）

龙村全 TATSUMURA Zen
龙村法律事务所律师（第七章）

427

小川宪久 OGAWA Norihisa

纪尾井坂法律专利事务所律师（编者／第八章）

椙山敬士 SUGIYAMA Keiji

虎之门南法律事务所律师（编者／第九章）

平岛竜太 HIRASHIMA Ryuta

筑波大学大学院商学科学研究科副教授（编者／第十章）

早川吉尚 HAYAKAWA Yoshihisa

立教大学大学院法务研究科／法学部教授（第十一章）

图书在版编目（CIP）数据

许可合同 /（日）椙山敬士等编；储翔译. —北京：商
务印书馆，2023
（企业商事法务丛书）
ISBN 978-7-100-21963-1

Ⅰ. ①许⋯　Ⅱ. ①椙⋯ ②储⋯　Ⅲ. ①合同法—研究—
日本　Ⅳ. ①D931.33

中国国家版本馆CIP数据核字（2023）第025865号

权利保留，侵权必究。

企业商事法务丛书

许可合同

〔日〕 椙山敬士　高林　龙　编
小川宪久　平岛竜太

储翔　译

商 务 印 书 馆 出 版
（北京王府井大街36号　邮政编码100710）
商 务 印 书 馆 发 行
北 京 冠 中 印 刷 厂 印 刷
ISBN 978 - 7 - 100 - 21963 - 1

2023年5月第1版　　　开本880×1230　1/32
2023年5月北京第1次印刷　印张14¹/₈

定价：86.00 元